Horst W. Opaschowski
Psychologie und Soziologie der Freizeit

W0188899

Freizeit- und Tourismusstudien
Band 2

Die weiteren Bände:

Pädagogik und Didaktik der Freizeit
Tourismusforschung
Ökologie der Freizeit
Ökonomie der Freizeit

Horst W. Opaschowski

Psychologie und Soziologie der Freizeit

Leske + Budrich Opladen 1988

CIP-Kurztitelaufnahme der Deutschen Bibliothek

Opaschowski, Horst W.:
Psychologie und Soziologie der Freizeit / Horst W.
Opaschowski. — Opladen: Leske und Budrich, 1988.
(Freizeit- und Tourismusstudien; Bd. 2)

ISBN: 3-8100-0657-2

NE: GT

©1988 by Leske + Budrich, Opladen
Satz und Umbruch: Leske + Budrich, Opladen
Druck und Verarbeitung: Druckerei Temming, Bocholt/Westf.
Printed in Germany

Vorwort

Immer mehr Menschen wachsen in eine Zeit hinein, in der das Leben genauso stark von der Freizeit wie von der Arbeit geprägt sein wird. Sie müssen lernen, sich rechtzeitig darauf einzurichten — psychisch und sozial. Wann wer wie lange fernsieht, verreist oder Bücher liest, sagt etwas über die quantitative Dimension des Freizeitverhaltens aus. Genauso wichtig sind qualitative Aussagen über das *Warum* und *Wie,* über den Erlebniswert des Freizeitverhaltens und über persönliche Einstellungen zu Fragen der Freizeit. Wie empfinden die Menschen ihre Freizeit wirklich? Wie nutzen und genießen sie ihre freie Zeit? Haben sie womöglich Probleme damit?

Der Band *Psychologie und Soziologie der Freizeit* verknüpft psychologische und soziologische Daten und Fragestellungen. Er fördert das psychologische Denken und fordert soziale Phantasie heraus. Er informiert über sozialwissenschaftliche Analysen unterschiedlicher Verhaltens- und Erlebnisweisen in der Freizeit.

Das Titelbild „Traumfahrt" von Georgi Takev symbolisiert den Doppelcharakter der Freizeit: Freizeit ist heute Illusionierung und Wirklichkeit zugleich. Viele Menschen brauchen die bunte Illusionierung, um die Alltagswirklichkeit ertragen zu können. Schon immer hat die hauchdünne Luftkugel die Menschen fasziniert. Die farbig schillernde Pracht ist allerdings nur von kurzer Lebensdauer. Inmitten des schönsten Schwebefluges kann das dünnhäutige Gebilde zerplatzen. Es bleibt nicht viel Zeit zum Träumen und Betrachten. Die Kurzlebigkeit des Glücks und Augenblicks ist allen bewußt. Und dennoch: Die Faszination dieses Freizeit-Spiels lebt von der Wiederholung in immer neuen Varianten ...

Horst W. Opaschowski

Inhalt

1. Freizeiterleben zwischen Wunsch und Wirklichkeit

1.1 Die zwei Gesichter der Freizeit

Phantasiereise zum Phänomen Freizeit

Man stelle sich einmal folgende Phantasiereise vor: Eine Expedition fremder Wesen von einem fernen Planeten kehrt von einem Ausflug zur Erde auf ihren Planeten zurück. Die Expeditionsteilnehmer erklären den Zuhausegebliebenen in naturhafter Sprache, wie sie das ,,Freizeitleben auf der Erde" wahrgenommen haben. Und so könnte ihr Expeditionsbericht aussehen:

> ,,Die Wesen auf der Erde, die sich Menschen nennen, sitzen meist in Riesensteinhaufen, oft ganz viele übereinander. Wenn es hell wird, öffnen sich die Steinhaufen und viele Menschen rasen heraus. Sie strömen zu anderen großen Steinklötzen. Das sieht so aus, als wenn Wasser in kleinen Kanälen fließt. Dort verschwinden sie für lange Zeit. Auf ihrem Weg benutzen sie merkwürdige rollende Blechkisten. Später strömen die Wesen wieder heraus, kehren in ihre eigenen Kästen zurück und nehmen dort Nahrung zu sich. Viele machen ihren Kasten oder ihre Blechkiste sauber. Andere sitzen vor einem kleinen Flimmerkästchen, in dem Menschen und Tiere eingesperrt sind, und beobachten diese. Wieder andere sausen außerhalb der Kästen herum. Dabei sammeln sich viele an grünen und blauen Flecken. Diese Wesen haben andere Laute und Bewegungen..."

Der Verfremdungseffekt der Expedition von einem fernen Planeten vermittelt ein faszinierendes Bild der heutigen Freizeitwirklichkeit: Aktivität, Mobilität, Betriebsamkeit. Die Menschen ,,strömen", ,,rasen", ,,sausen", tun fast immer dasselbe zur gleichen Zeit am gleichen Ort. Sie fliehen aus den großen Steinklötzen der Betriebe und Büros ins Grüne und Blaue, wo sie sich ganz anders geben und verhalten: ,,Andere Laute und Bewegungen" deuten auf veränderte Stimmungen und Aktivitäten hin. Ein wesentlicher Problembezug wird erkennbar: Die Menschen kommen auch in ihrer freien Zeit nicht zur Ruhe. Ein merkwürdiger Zwang scheint von ihnen auszugehen oder auf sie einzuwirken. Das beschriebene ,,Freizeitleben auf der Erde" läuft mehr mechanisch als spontan ab. Die Menschen haben nur so viel Bewegungsspielraum wie ,,Steinhaufen" und ,,Steinklötze", ,,Kisten" und ,,Kanäle" es zulassen. Die Analyse der Phantasiereise läßt den Schluß zu, daß die Menschen in ihrer freien Zeit mehr getrieben werden als daß sie selbst agieren und daß bei aller vermeintlichen Freiheit der „Bewegungen" subtile Zwänge wirksam sind. Solche differenzierten Wahrnehmungen lassen sich aus Einzel- oder Repräsentativbefragungen kaum herauslesen.

Ein zweites Beispiel für eine Phantasiereise zum „Phänomen Freizeit": Ein fremdes Wesen von einem fernen Planeten landet auf der Erde. Es will sich ein Bild über die Verhältnisse auf der Erde machen. Da fällt das Wort „Freizeit". Das fremde Wesen kann sich gar nichts darunter vorstellen. Es fragt die Erdenmenschen um Auskunft. Das fremde Wesen erfährt, daß alles im Leben auf der Erde zwei Seiten hat:

○ *Die eine Seite:* Schlafen, gemütlich essen, kochen, Musik hören, Musik machen, klönen, Sexualität, gammeln, Sport treiben, spielen, spazierengehen, Handarbeiten, Boot fahren, Haustiere, Urlaub, wegfahren, sonnen, laufen, träumen, lesen, basteln, werken, frei sein, Theater, Film, Konzert, Gartenarbeit...

○ *Die andere Seite:* Streß, Langeweile, Autoschlangen, überfüllte Kulturveranstaltungen, Frustrationen, Gewalt, Drogenkonsum, Einsamkeit, Telefonieren...

Die zwei Seiten des Freizeitlebens sind deutlich erkennbar: Die positive Dimension ist gefüllt mit Aktivitäten rund um die Uhr; hier kann man frei sein und das tun, wozu man gerade Lust hat. Die negative Dimension der Freizeit aber spiegelt psychische Konflikte und soziale Probleme wider. Kurz: Freizeit hat zwei Gesichter.

Sehnsüchte und Wunschvorstellungen

Das Wort Freizeit erzeugt eine Fülle von Vorstellungen, die jedoch mehr von traumhaft-schönen Sehnsüchten oder Normen als von der (oft tristen) Realität des Alltags verraten. Eine wichtige Rolle spielen hierbei die mit Freizeit verbundenen Gefühle. Es dominieren vor allem zwei Wünsche. Auf der einen Seite steht das Verlangen nach Freisein und Ungebundenheit, der Drang, endlich das tun zu dürfen, was einem wirklich Freude macht. Dieses Streben, das Tatendurst und Aktivität vermuten läßt, hat aber einen starken „Gegner": Den Wunsch nach Ruhe, Erholung und Abschalten. *Passivität* erweist sich schon hier als harte Barriere für Unternehmungsgeist und gewinnt im Kampf um die konkrete Gestaltung der eigenen Freizeit eindeutig die Oberhand.

In den Wunschvorstellungen und Träumen ist Freizeit die Zeit, die keinen Verpflichtungen und Zwängen unterliegt. „Freizeit par excellence" ist der Urlaub, wo man zeitlich (und räumlich) am weitesten von den Arbeits- und Alltagspflichten entfernt ist. Das Freizeit-Ideal steht unter dem Motto „weg von zu Hause" und vom „Alltagstrott". Typisch sind Urlaubsbilder, die auf lange

Abb. 1a:

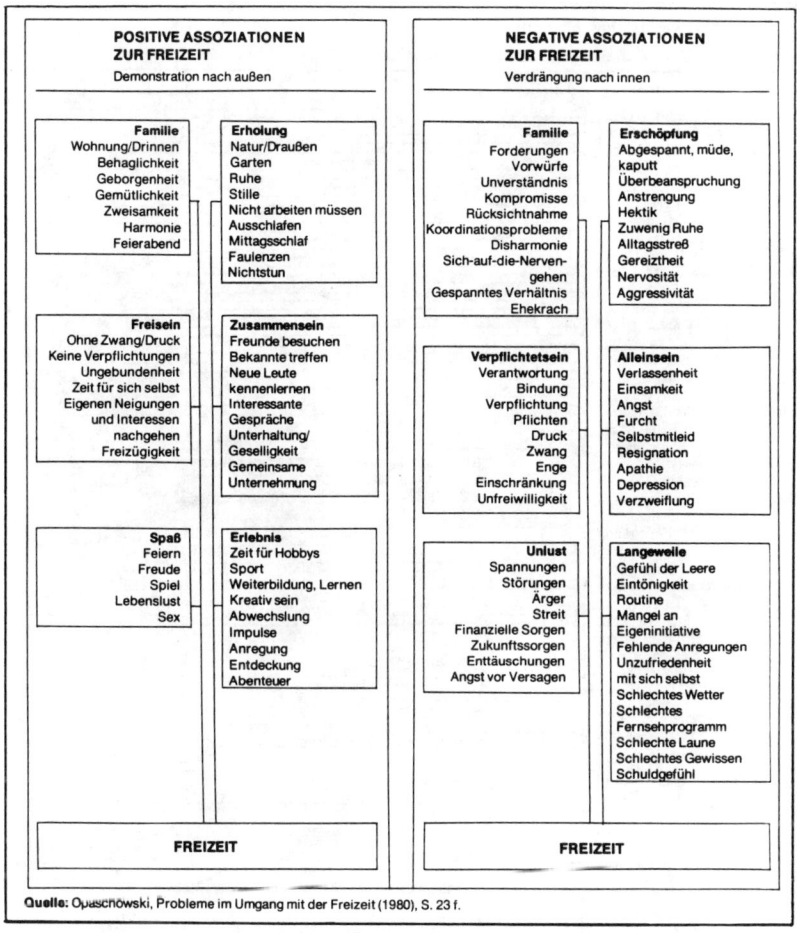

Quelle: Opaschowski, Probleme im Umgang mit der Freizeit (1980), S. 23 f.

Bei allen positiven Freizeitassoziationen, die nach außen demonstriert werden, darf nicht übersehen werden, daß es unterschwellig in gleicher Weise negative Freizeitassoziationen gibt, die aber meist nach innen verdrängt werden. Beide Assoziationen aber sind die zwei Seiten *eines* Erlebniszusammenhangs.

Abb. 1b:

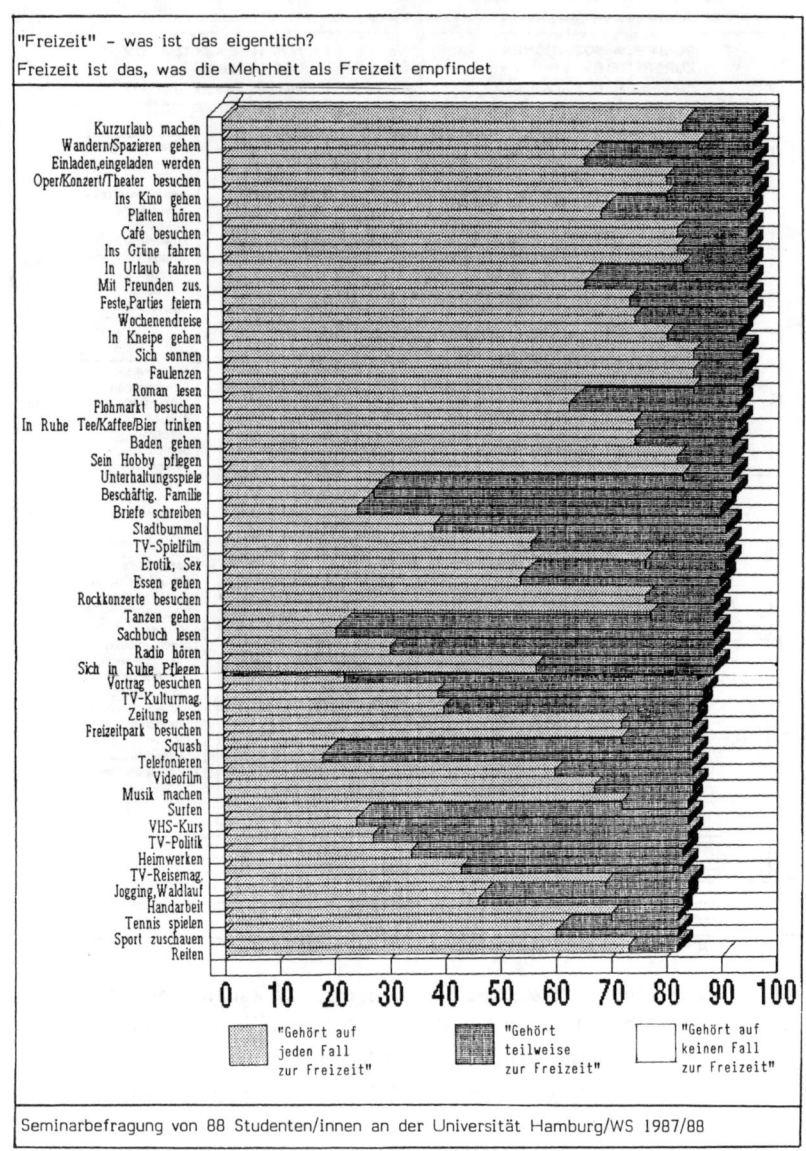

"Freizeit" - was ist das eigentlich?

Freizeit ist das, was die Mehrheit als Freizeit empfindet

Kurzurlaub machen
Wandern/Spazieren gehen
Einladen,eingeladen werden
Oper/Konzert/Theater besuchen
Ins Kino gehen
Platten hören
Café besuchen
Ins Grüne fahren
In Urlaub fahren
Mit Freunden zus.
Feste,Parties feiern
Wochenendreise
In Kneipe gehen
Sich sonnen
Faulenzen
Roman lesen
Flohmarkt besuchen
In Ruhe Tee/Kaffee/Bier trinken
Baden gehen
Sein Hobby pflegen
Unterhaltungsspiele
Beschäftig. Familie
Briefe schreiben
Stadtbummel
TV-Spielfilm
Erotik, Sex
Essen gehen
Rockkonzerte besuchen
Tanzen gehen
Sachbuch lesen
Radio hören
Sich in Ruhe Pflegen
Vortrag besuchen
TV-Kulturmag.
Zeitung lesen
Freizeitpark besuchen
Squash
Telefonieren
Videofilm
Musik machen
Surfen
VHS-Kurs
TV-Politik
Heimwerken
TV-Reisemag.
Jogging,Waldlauf
Handarbeit
Tennis spielen
Sport zuschauen
Reiten

0 10 20 30 40 50 60 70 80 90 100

"Gehört auf jeden Fall zur Freizeit"

"Gehört teilweise zur Freizeit"

"Gehört auf keinen Fall zur Freizeit"

Seminarbefragung von 88 Studenten/innen an der Universität Hamburg/WS 1987/88

14

FREIZEIT: WUNSCH-VORSTELLUNGEN UND TRÄUME (Offene Frage)		
Alle Befragten (N = 200)	In Prozent	
Umfeld der Freizeit		
Reisen/lange, weit verreisen (Meer, Sand, Palmen)	48	Angestellte 69% Arbeiter 33%
Sonne, Sommer, schönes Wetter	21	
Draußen (Natur, frische Luft)	21	
Ausflug, Picknick, Wochenendreise	13	
Kino, Kneipe	8	
Freizeitaktivitäten		
Körperliche Aktivitäten:	**109**	
Sport	49	
Spazierengehen, Wandern	33	
Heimwerken, Basteln	27	
Soziale Aktivitäten:	**43**	
Geselligkeit, Gespräche, Diskussionen	28	Hausfrauen 44%
Spiele	15	
Geistige Aktivitäten:	**36**	
Lesen	24	
Theater, Konzert, Museum	12	
Passive Beschäftigungen	**29**	
Ausschlafen, Faulenzen, Nichtstun	21	
Fernsehen	8	

Quelle: D.A.T Freizeit-Forschungsinstitut

Reisen an ferne Sandstrände mit blauem Meer, tropischer Sonne und hohen Palmen führen. Selbst diejenigen, die bescheidenere Wünsche haben, träumen zumindest von einer gnädigen deutschen Sonne, die ein Picknick in heimischen Gefilden gestattet.

Einen wichtigen Platz in der Freizeit nimmt der Bezug zu anderen Menschen ein. Für die untersuchte Gruppe ist es vor allem die Familie, die maßgeblich am Ablauf der Freizeit und deren Gelingen oder Mißlingen beteiligt ist. Die konkreten Beschäftigungen, die spontan mit dem Freizeit-Ideal assoziiert werden, strotzen vor Aktivität. Klar an der Spitze liegen die körperli-

Abb. 2b:

FREIZEIT: WUNSCH-VORSTELLUNGEN UND TRÄUME
(Offene Frage)

Alle Befragten (N = 200)		In Prozent	
Gefühle			
Frei sein	**34**		
Seinen eigenen Neigungen folgen, tun, was Spaß macht	21	Frauen Männer	24% 17%
Ungebundenheit, Freiheit, ohne Zwang/Druck sein	13	Angestellte Arbeiter	21% 3%
Erholung/Erlebnis			
Ruhe haben wollen, Entspannung, Abschalten	33		
Albern, ausgelassen sein	8		
Abenteuer, neue/fremde Erlebnisse	8		
Gemütlichkeit, Geborgenheit, Verständnis	7		
Definitionsaspekte			
Urlaub	36		
Zeit, in der nicht gearbeitet werden muß	15		
Zeit ohne jegliche Verpflichtung	9		
Bezug zu anderen Menschen			
Mit Familie (Kindern, Ehepartner) zusammensein	33		
Mit Freunden zusammensein	11	Ältere Befragte Jüngere Befragte	24% 4%
Zeit für sich ganz allein	10		

Quelle: B.A.T Freizeit-Forschungsinstitut

chen Betätigungen, Passivität ist verpönt. *Für Nichtstun und Fernsehen ist im Freizeit-Ideal kaum Platz — dafür um so mehr in der Realität!*

Freizeit ist vor allem durch drei Aspekte definiert. Im Vordergrund steht die *Freiheit,* die Möglichkeit, seine Zeit in eigener Regie gestalten zu können, ohne daß Verpflichtungen drängen. Ein zweiter wichtiger Gesichtspunkt ist die *Arbeit.* Freizeit ist ein Pendant zu all den Zeiten, die durch Beruf oder Haushalt gefüllt und festgelegt sind. Eng damit verbunden ist der *Erholungsaspekt.* Diese beiden Blickwinkel rücken noch enger zusammen, wenn ein anderer Definitionsansatz gewählt wird. Beim Versuch, einem völlig unwissenden Marsmenschen zu erklären, was eigentlich Freizeit ist, wird die Erholung von vornherein nur in Verbindung mit Arbeit genannt und darunter subsumiert. Während Freiheit besonders von Hausfrauen und Angestellten geschätzt wird, legen ältere Befragte und Arbeiter mehr Wert auf Ruhe und Erholung.

Zwischen Klischee und Konflikt

Als industrielles Produkt hat Freizeit auch Klischee- und Illusionierungscharakter. Die Fassade ist glitzernd glamourös, aber auch kalt. Ihre Brisanz bekommt Freizeit durch ihre Beziehung zum übrigen Lebensbereich (Schule, Ausbildung, Beruf), in dem Pflicht, Notwendigkeit und Zwang vorherrschen. In den unterschiedlichen Lebensbedingungen in der Arbeitswelt und im Freizeitbereich liegt ein immenses Konfliktpotential. Die Arbeitswelt ist eine strukturierte, geordnete Sphäre; Ziele und Wege zu deren Realisierung sind definiert. Der einzelne hat in diesem System seinen festen Platz, seine vorgegebene Rolle. Er erkämpft sich diesen Platz durch einen Verlust an Freiheit, gewinnt aber Stabilität und Sicherheit. Diese Sicherheit ist von zentraler Bedeutung und drückt das Freiheitsbedürfnis in den Hintergrund — was verständlich ist, wenn man die konkreten persönlichen Definitionsinhalte des Sicherheitsbegriffs mit den abstrakteren, diffuseren Vorstellungen von Freiheit vergleicht.

Das Individuum ist fest in das gesellschaftliche Sicherheitssystem integriert. Sein Rhythmus und Regelkreis ist dem Menschen in Fleisch und Blut gegangen; es wird quasi als Eigenwelt erlebt. Für die zweite zentrale Strebung des Menschen, das Freiheitsbedürfnis, ist in dieser (Arbeits- und Pflicht-)-Welt wenig Platz und Zeit: Man hat wenig Gelegenheit, das Freisein zu üben.

Freizeit wirft das Individuum nun genau in das Spannungsfeld von Freiheit und Sicherheit — und für diese ungewohnte, plötzliche Freiheit ist es schlecht ausgerüstet. Die Folge sind massive Ängste vor dieser Freiheit:

○ Angst, zu versagen und das Problem Freizeit nicht zu lösen;
○ Angst, den Kontakt zum ,,System" zu verlieren, aus dem Rhythmus zu kommen und nicht wieder in den Bereich der Sicherheit zurückzufinden;
○ Angst, seine Identität zu verlieren und ein anderer zu werden.

Neben diesem existentiellen Konflikt zwischen Sicherheit und Freiheit zeichnet sich eine zweite sehr tiefsitzende Vorstellung in der Freizeit-Psychologie ab: Die fast archetypische Assoziationskette von Freizeit-Erholung-Ruhe-Erstarrung-Tod bzw. umgekehrt die Gleichsetzung von Aktivität (Arbeit) und Leben. Dies bedeutet, daß Passivität (besonders in langen Freizeitphasen

17

Abb. 3:

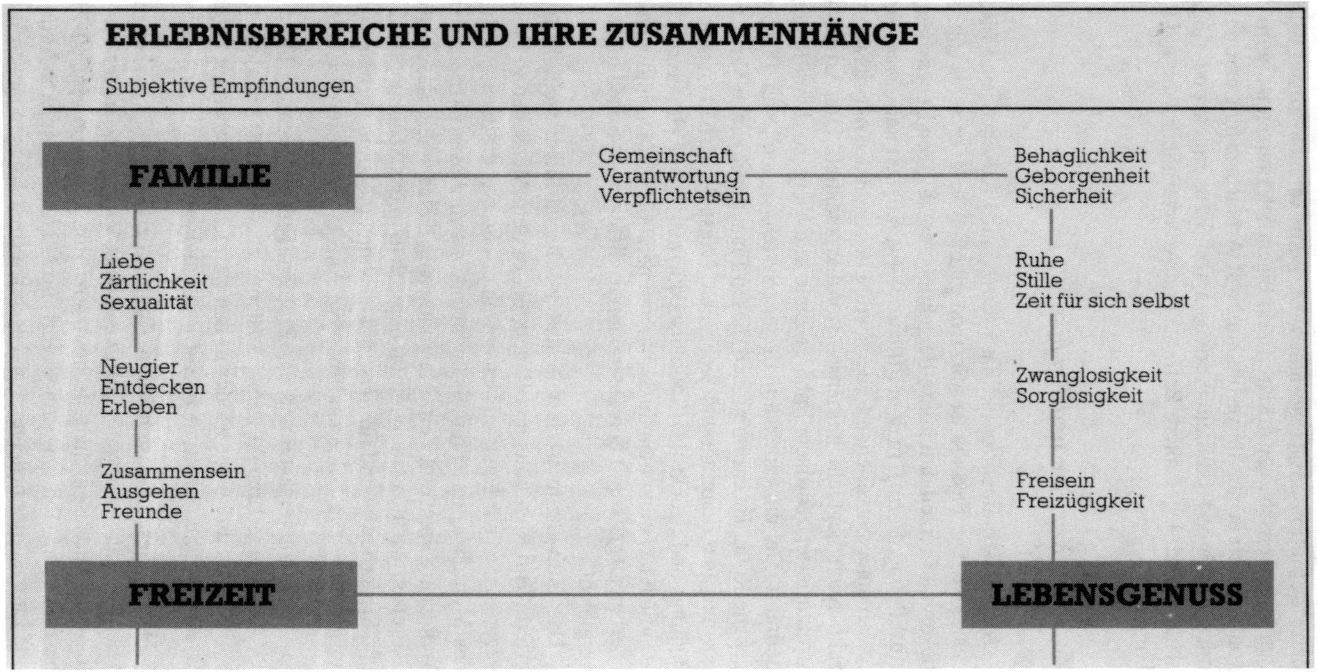

ERLEBNISBEREICHE UND IHRE ZUSAMMENHÄNGE

Subjektive Empfindungen

FAMILIE

Behaglichkeit
Geborgenheit
Sicherheit

Gemeinschaft
Verantwortung
Verpflichtetsein

Liebe
Zärtlichkeit
Sexualität

Neugier
Entdecken
Erleben

Zusammensein
Ausgehen
Freunde

FREIZEIT

Ruhe
Stille
Zeit für sich selbst

Zwanglosigkeit
Sorglosigkeit

Freisein
Freizügigkeit

LEBENSGENUSS

Feier
Fest
Freude

Spaß
Spiel
Spielerische Arbeit

Hobby
Do-it-yourself
Handarbeit

Anerkennung
Ansehen
Geltung

Sparen
Vermögen bilden
Besitz

Konsumieren
Anschaffen
Sich etwas leisten

Haushaltsarbeit
Nebentätigkeit
Zweitarbeit

Weiterbildung
Berufliche Fortbildung

ARBEIT

Geld verdienen
Vorwärtskommen
Erfolg

Risiko
Ärger
Angst

Bewegung
Spazierengehen
Naturerleben

Anspannung
Anstrengung
Kräfteverschleiß

Einengung
Unterordnung
Abhängigkeit

Monotonie
Hetze
Streß

Bequemlichkeit
Trägheit
Passivität

Leere
Langeweile
Trinken

Ausschlafen
Faulenzen
Nichtstun

Müdigkeit/
Abgespanntheit

Seelische Belastung
Unzufriedenheit
Aggressivität

Nervosität
Konzentrationsschwäche
Unausgeglichenheit

wie z.B. im Urlaub) mit einem starken Gefährlichkeitssignal verbunden ist (Wer rastet, rostet, d.h. wird funktionslos; wer zu lange rastet, löst sich auf, verliert seine Existenz). *Passivität ist gesellschaftlich stark tabuisiert, was konkret zur Folge hat, daß der Akzent in der Freizeit betont auf Aktivität liegt* und Passivität stark kontrolliert und bewußt knapp dosiert wird. Zudem muß die Ruhe mit Sinn erfüllt werden (Erholung nach der Arbeit, Sammeln neuer Kräfte für die Arbeit usw.). Einen Eigenwert mißt man der Passivität nicht zu.

Unter der dünnen Glitzerschicht stellt die Freizeit einen psychologisch hochkonfliktären Bereich dar. Die Hauptprobleme — der Freiheits-Sicherheits-Konflikt und die Angst vor dem ,,Sterben durch Passivität" — sind für das Individuum existentiell bedrohlich. Es flüchtet sich in Verdrängung und wahrt den Schein durch Teilnahme am Freizeitmarkt. Das Angebot der Freizeitindustrie ist — trotz oder gerade wegen seiner Klischeehaftigkeit — ein wichtiges Vehikel zur Problemlösung. Allerdings greift es nur an der Oberfläche: Der Konflikt wird überdeckt statt ,,therapiert". Das Feld für tiefergreifende echte Hilfsangebote ist noch weitgehend unbestellt.

Subjektives Verständnis von Freizeit

Der Schweizer D. Hanhart hat auf experimenteller Basis versucht, den *Erlebnisgehalt* der Begriffe Spiel, Muße, Arbeit und Freizeit näher zu bestimmen und miteinander zu vergleichen. Mit Hilfe der auf Ch. E. Osgood zurückgehenden Methode der ,Semantical Differential'* gelangte er zu folgenden Ergebnissen:

○ *Spiel* wird als etwas Frisches, Frohes, Gutes und Wildes betrachtet und erscheint als der Inbegriff von Lebensfreude und Lebenslust.
○ *Muße* gilt als etwas Warmes, Rundes, Gelöstes und Tiefes und erscheint als der Inbegriff der Geborgenheit, Entspanntheit und Gelöstheit.
○ *Arbeit* gilt (in der Rangfolge) als aktiv, voll, groß, stark, gesund, mutig, klar und gespannt. Arbeit wird somit als starker Gegensatz zu Spiel und Muße empfunden.
○ *Freizeit* werden die Eigenschaften frisch, schön, gut, voll, gesund, froh, aktiv, mutig, stark, hoch, klar und warm zugeschrieben.

* Im deutschen Sprachgebiet unter dem Begriff der ,Polaritätsmethode' oder ,Profilmethode' bekannt, die sich die vom Psychoanalytiker verwendete Technik der freien Assoziation (Verknüpfung, Verbindung) zunutze macht. Den Versuchspersonen wird eine bestimmte Anzahl von polaren Eigenschaftswörtern (z.B. schwach-stark, traurig-froh, gut-schlecht) vorgegeben, die sie dem jeweiligen Begriff (z.B. Freizeit) zuordnen sollen, wobei ihnen eine Bewertungsskala von 1 bis 7 zur Verfügung steht. Auf diese Weise entstehen Begriffsprofile, die im Hinblick auf ihre Bedeutungsähnlichkeit miteinander verglichen werden können.

Verglichen mit den angegebenen Eigenschaften für Arbeit und Spiel fällt auf, daß die Freizeit weder eindeutig zum Spiel noch eindeutig zur Arbeit neigt. Freizeit wird vielmehr als ein Rahmenbegriff angesehen, der — im Gegensatz zu Muße — nicht schon auf konkrete Inhalte hinweist. Die Ergebnisse lassen sich graphisch (Lüdtke 1972, S. 77) wie folgt darstellen.

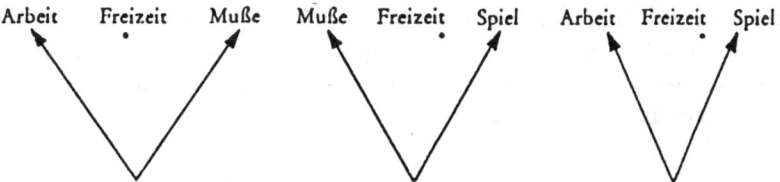

Mit abnehmendem Winkel nimmt die Bedeutungsähnlichkeit der Begriffe zu, d.h. Arbeit und Spiel sind sich bedeutungsähnlicher (Wettkampfsituation?) als Muße und Spiel. Den größten Gegensatz stellen Arbeit und Muße und nicht, wie man annehmen könnte, Arbeit und Freizeit dar.

Zu ähnlichen Ergebnissen gelangte K. Hammerich in einer ganz anders gearteten empirischen Untersuchung über die semantische Struktur* von Muße und Freizeit in freizeitpädagogischen Veröffentlichungen (Hammerich 1971). Im Gegensatz zu Freizeit umfaßt die semantische Struktur von Muße weniger Aktivitätselemente. Dagegen enthalten Freizeit-Themen viel deutlicher *Handlungsimpulse*. Stark verallgemeinert bedeutet Freizeit eine erst noch zu gestaltende Zeiteinheit, während mit dem Begriff Muße dieser Zustand als bereits erreicht unterstellt wird. Dies erklärt auch die in den Veröffentlichungen relativ häufig auftauchende Forderung nach ,,sinnvoller" Freizeit, hingegen wird von ,,sinnvoller" Muße nicht gesprochen.

Weil Freizeit als ein Rahmenbegriff verstanden wird, der hinsichtlich seines Inhaltes wenig besagt, lassen sich auch eine Reihe von Tätigkeiten nicht eindeutig der Freizeit zuordnen. Eindeutig zur Freizeit gehören demnach Nichtstun, Ausspannen, Bummeln, Spaziergang, Ausflug, Unterhaltung, Zusammensitzen, Schwimmbad, Reise, Lokal-, Cafebesuch, Ausgehen, Tanzen, Fernsehen, Besuche machen, Zeitung lesen, Sport, Radio hören und Vereinstreffen.

Schon die Beschäftigung mit Kindern wird nicht mehr eindeutig als Freizeitbeschäftigung angesehen, weil diese Tätigkeit deutlich rollen- und geschlechtsspezifischen Beurteilungen unterliegt. Im Gegensatz zu den Männern (bzw. den berufstätigen Frauen) werten die Hausfrauen die Beschäftigung mit Kindern als ,Pflichtbeschäftigung' und damit als eine nicht freizeitzugehörige Aktivität. Eindeutig negativ werden beispielsweise ,,Hausarbeit" und ,,Arbeitsweg" beurteilt.

---

* Unter semantischer Struktur wird das mit den beiden Begriffen Muße und Freizeit assoziierte Wortfeld verstanden, das in den Titeln der verschiedenen Publikationen (z.B. ,,Erholung", ,,Erziehung") auftaucht.

Freizeit wird in der Bevölkerung vorwiegend als „private" Muße-Zeit und zweckfreie Tätigkeit verstanden. Die Neigung, eine Tätigkeit der Freizeit zuzurechnen, ist umso größer, je weniger die Tätigkeit Züge von Notwendigkeit, Zwang oder Verpflichtung trägt. Die Abbildung „ ‚Freizeit' — was ist das eigentlich?" (vgl. Seite 14) veranschaulicht: Freizeit ist das, was die Mehrheit als Freizeit empfindet. Das kann die Mehrheit der Bevölkerung (= Bevölkerungsprofil) oder die Mehrheit einer Bevölkerungsgruppe (= Gruppenprofil) sein. So hat jede soziale Gruppe ihr eigenes Freizeitprofil. Einen „Roman lesen" kann für Studenten Freizeitcharakter haben, für Industriearbeiter aber anstrengende Arbeit sein.

Freizeit ist nicht gleich Freisein

Freizeit ist nicht gleich Freisein. Mit dem Verlassen des Arbeitsplatzes beginnt zwar die arbeitsfreie Zeit. Der Nachhauseweg läutet quasi den Feierabend oder das Wochenende ein. Frei verfügbare Zeit ist damit aber durchaus noch nicht entstanden. Arbeiten wie Einkaufen, Haushalt, Reparaturen usw. stehen auf dem Plan. Arbeitsähnliche Alltagsverrichtungen mit Verpflichtungscharakter also. Und schließlich verlangt auch die Familie ihr Recht.

Haben die Tätigkeiten zwischen Arbeit und „echtem" Feierabend, die familiären und sozialen Verpflichtungen auch unangenehmen, lästigen Charakter, so zählen sie erlebnismäßig durchaus schon zur Freizeit. Sie sind im Gegensatz zur Berufsarbeit weniger fremdbestimmt. Die Pflichten im Haushalt müssen zwar erfüllt werden, aber der einzelne ist eher in der Lage, Art, Zeit und Umfang zu bestimmen. Arbeit und Erholung sind leichter austauschbar.

Die Dominanz der Arbeit wird als weiterer wichtiger Grund für die Beeinträchtigung der Freizeit genannt. Die mit der Berufstätigkeit häufig verbundenen Faktoren wie ungünstige starre Arbeitszeiten und lange Anfahrtswege können die mögliche freie Zeit beschneiden. Besonders der normale Feierabend ist davon betroffen. Hier verbleibt kaum echte Freizeit. Hinzu kommt der vordergründige Erholungsaspekt des Feierabends. Man ist nicht frei für Neues, Anderes, sondern muß sich entspannen, regenerieren, die Arbeitskraft erhalten, um am nächsten Tag wieder fit zu sein.

Nur selten bricht man aus dem Alltagstrott aus. Allzu schnell ruft man sich in die geordnete Welt zurück, ohne Eskapaden, gleicht sich dem stabilen Rhythmus wieder an und begnügt sich mit dem Gefühl, frei zu sein. Die konkreten Aktivitäten bewegen sich innerhalb sehr enger Bahnen und beziehen sich im wesentlichen auf Fernsehen, Lesen, Essen und Trinken. Das Bedürfnis nach Ruhe, Abschalten, also Passivität steht im Vordergrund. Und die meisten fühlen sich eben hierbei durch Familie und Bekannte, Arbeit am Feierabend oder andere Faktoren wie z.B. den Zwang zur Rücksichtnahme gestört.

Sie sind eben viel zu eingespannt, um wirklich ausspannen zu können. Das gewünschte Freizeitideal — Außer-Haus-Aktivitäten, Sport, Hobbys, Zeit zur Selbstentfaltung und Selbstverwirklichung — bleibt dabei oft auf der Strecke.

1.2 Das Feierabenderleben

Erlebnismäßig ist der Feierabend eigentlich gar keine richtige Freizeit, sondern ein Appendix der Arbeit. Semantisch ist das Wort Pause hier treffender als der Freizeitbegriff.
Wichtige Charakteristika des Feierabends sind:

○ *Fortbestehen des Arbeitsrhythmus.* Man bleibt körperlich — geistig — seelisch im Trott. Folglich starke Strukturierung, Untergliederung in Fixpunkte (à la Arbeitstag). Themen und Probleme des Arbeitstages klingen nach (Nicht-los-kommen-Können und/oder -Wollen).
○ *Tendenz zum Passiven, Rezeptiven.* Man ruht vom heutigen Arbeitstag aus und regeneriert für den morgigen (doppelte psychologische Legitimation für grundsätzlich problematische Passivität).
○ *Ritualisierungsneigung.* Der Feierabend läuft tendenziell nach gleichförmigen (inter- und intraindividuell wenig flexiblem und variablem) Schema ab. Z.B. Waschen/Umziehen/Essen/Familienkurzinformation (mit Zusage, alles am Wochenende nachzuholen)/Fernsehen, unterstützt durch orale Verwöhnung/Schlafen (möglichst ,,rechtzeitig"), um für den kommenden Arbeitstag fit zu sein.
○ *Allein in der Gemeinschaft.* Der Feierabend findet im Familienkreis statt bzw. mit anderen zusammen; aber jeder bleibt weitgehend für sich, isoliert. Die Kontakte sind flüchtig, aufs Wichtigste beschränkt (,,bitte keine langen Diskussionen, ich bin müde!").
○ *Verarmte Feierabendsexualität.* Starke Diskrepanzen klaffen offensichtlich zwischen Erwartungen und Phantasien an Feierabenderotik und der praktizierten Realität. Frustrationen lösen dabei nicht nur die unterschiedlichen Frequenzvorstellungen aus, sondern besonders die geringe Qualität des ,,Standard-Kurz-Programms für Feierabende".
○ *Schlechte Stimmung.* Die typische Feierabendstimmung ist eher negativ, leicht gereizt. Neben der körperlichen und geistigen Müdigkeit spielen hier deutliche Versagens- bzw. Überforderungsgefühle eine Rolle, bedingt durch den unrealisierten Anspruch an sich selbst, ,,eigentlich" mehr aus dem Abend zu machen (,,Man sollte mal wieder ins Theater/Kino gehen"). Besonders stark ist der soziale Druck, d.h. das schlechte Gewissen, nicht ,,mehr" für die Probleme und Freuden der Familie da zu sein.

Die Abende der Woche sind emotional ganz unterschiedlich besetzt:

○ Der problematischste Feierabend ist der *Montagabend*. Das Wochenende wirkt nach. Man ist noch nicht wieder richtig bei der Arbeit. Die Mediziner kennen die ‚Montagsinfarkte‘, die Betriebe klagen über ‚Montagsausgaben‘ und ‚Montagsveranstaltungen‘ haben ihren besonderen Reiz bzw. besondere Merkmale von Gereiztheit.

○ Der *Dienstagabend* ist vergleichsweise neutral, ohne besondere Höhe- oder Tiefpunkte.

○ Am *Mittwoch* wird Bergfest gefeiert. Am Mittwochabend hat man den richtigen Stabilisierungs- und Harmonisierungsgrad erreicht. Charakteristischerweise wird der Mittwochabend bevorzugt außer Haus verbracht. Die Bereitschaft, das alltägliche Feierabendritual zu durchbrechen, ist hier besonders groß. In Erinnerung bleiben oft die „schönen Mittwochabende“.

○ Der *Donnerstag* wird vorwiegend heimzentriert verbracht. Das Wochenende naht. Nun heißt es noch einmal Kräfte sammeln, zur Ruhe kommen, Fernsehen „Der Große Preis“, die heimische Ruhe vor dem großen Wochenendstreß.

○ Im Freizeiterleben der Bundesbürger stellt der *Freitag* das „Tor zum Wochenende“ dar. Freitags ist der Feierabend am schönsten. Mit dem Freitagabend verbinden die Bundesbürger eine besonders positive Stimmung. Sie sind entspannt und fröhlich, aufgeschlossen und lernbereit, unternehmungslustig und gesellig.

1.3 Das Wochenenderleben

Im Mittelpunkt stehen die sozialen Nachholbedürfnisse, speziell der Kontakt zur Familie:

○ *Das Wochenende gehört der Familie!*
Diese Devise wird mit auffallender Verbissenheit vertreten, die häufig zwanghafte Züge erkennen läßt; d.h. das familiäre Zusammensein ist weniger echte Primärbefriedigung und spontanes Bedürfnis als vielmehr Kompensation (der Schuldgefühle der Väter und besonders der berufstätigen Mütter) und/oder in starkem Maße Ersatzbefriedigung für andere fehlende soziale Kontakte. Hinzu kommt bei nichtberufstätigen Müttern eine Art „Gluckensyndrom“: Sie genießen es, die ganze Familie um sich zu scharen und ein „temporäres Matriarchat“ aufzubauen.

○ *Die Oase der Individualität*
Der Clan-Geist der Familie konzentriert sich meistens auf den Tag — der mit geplanten Gemeinschaftsaktionen (über)laden ist. Am Abend zerfällt die Einheit bzw. sie darf sich, nachdem genügend Familiensinn demon-

striert wurde (sich selbst und anderen), in Individualitäten auflösen (das Aufatmen der Erleichterung nach so viel Einheit ist nicht zu überhören). Der kurze Freiraum (ungefährlich, da überschaubar, kontrollierbar) wird intensiv genutzt. Die Familienmitglieder gehen ihren speziellen Neigungen und Hobbys nach — mit viel Spaß und gutem Gewissen. Eine der wenigen harmonischen, befriedigenden Freizeitsituationen überhaupt! In diese Phase fallen viele Outdoor-Aktionen (mit Akzent auf externer Kontaktaufnahme z.B. Tanzen, Kneipe etc.) und sexuellen Aktivitäten (die am Wochenende eine gelöstere, spielerische Note bekommen als die ,,ehelichen Feierabendpflichten'').

○ *Das Wochenende — eine Planungsaufgabe*
Das Wochenende wird — meistens am Freitagabend — minuziös geplant und in kleine Zeiteinheiten untergliedert, die bezüglich Zeit, Ort, Mitwirkende, ,,Requisiten'' usw. genau festgelegt werden. Die Planung geschieht scheinbar demokratisch. Eigentlicher Regisseur ist die Mutter, die alle ,,Fäden'' (vom Picknick-Korb bis zur Straßenkarte) in der Hand behält.
Strukturell fallen zahlreiche Parallelen zum Arbeitsalltag auf: Planung, Untergliederung in Einzelaktivitäten, feste Rollenverteilung und vor allem die Hektik der Aktionen. Die Hausfrau beweist (sich und der Familie, speziell dem Mann) ,,Managerqualitäten'', ist also gesellschaftlich vollwertig. Männer und Kinder akzeptieren weitgehend das ,,Planspiel Wochenende''. Ihr Bedürfnis nach Sicherheit (das ihnen die feste Strukturierung der Zeit einerseits und die Nähe der Gruppe andererseits gibt) ist offenbar größer als der Wunsch nach Freiheit.

○ *Getarntes Eigenleben*
Am Wochenende wird offenbar wenig Eigenleben entfaltet. Individualität (oder gar Narzißmus) findet auf den ersten Blick nur wohldosiert und zeitlich limitiert statt. Auf den zweiten Blick erkennt man aber zusätzlich eine Reihe zaghafter, getarnter Versuche von ,,Eigenleben'' - verborgen hinter anderen (sozial akzeptierten) Aktivitäten (Tagträumen beim Bügeln, Autoerotik beim Baden, Aggressionsabfuhr beim Holzhacken, ,,Meditation beim Autowaschen'' usw.) Die Tabuierung gegen ein offenes Ausleben dieser Gefühle und Triebe ist aber so stark internalisiert, daß man sich selbst sofort verschämt davon distanziert (,,reine Spinnerei'', ,,nichts Wichtiges''), wenn sie ins Bewußtsein kommen.

○ *Die Krise am Sonntagabend*
Gegen Ende problematisiert sich das Wochenende. Die Familie (bzw. der selbsterzeugte Zwang des Miteinanders) hängt einem ,,zum Halse raus''. Die Aggressionen konzentrieren sich dabei verstärkt auf die Kinder, die als Blitzableiter für den Gefühlsstau herhalten müssen. Was man am Freitag-

abend oder am Samstag als Traumfamilie in heiler Welt darstellt, wird nun zur bösen Karikatur. Die Familie ist nicht mehr der Himmel auf Erden, sondern kann zur reinen Hölle werden.

Überdruß über die (zwanghafte) familiäre Dichte ist die eine Quelle der ,,Sonntagabend-Krise", die Gedanken an den kommenden Montag eine zweite wichtige Irritation. Damit stoßen wir wieder auf eines der zentralen Grundprobleme der Freizeit: Das Stabilitätsproblem, also die Angst, ,,irgendwo" aus dem Rhythmus zu kommen.

2. Empirische Daten zur Freizeit

2.1 Umfang und Entwicklung der Freizeit

Freizeit in früheren Jahrhunderten

Zunahme und Umfang der freien Zeit werden in der Fachliteratur meist übertrieben dargestellt. Dabei wird der gegenwärtige Freizeitumfang mit demjenigen in der Frühzeit der wirtschaftlichen Expansion in England, Frankreich und Amerika verglichen — mit einer Zeitperiode also, die außergewöhnliche Arbeitsbedingungen aufwies. Es wird übersehen, daß dieser Zeitabschnitt im Vergleich zu früheren Zeitaltern einen sozialen Rückschritt bedeutete, weil er mit einem erheblichen Verlust an freier Zeit verbunden war. Der in der Literatur vielfach beschriebene säkulare Trend in der Entwicklung der Arbeitszeit von den ursprünglich achtzehn Stunden pro Tag auf derzeit acht und weniger Stunden vermittelt aus zwei Gründen ein falsches Bild:

1. In diesen Berechnungen werden nur die extremen Arbeitszeiten des 19. Jahrhunderts als Ausgangsbasis genommen. Die Situation *vor* der industriellen Revolution bleibt weitgehend unberücksichtigt.
2. Die ermittelten Daten zur Verteilung von Arbeitszeit und Freizeit beziehen sich immer nur auf die Situation der Industriearbeiter. Alle anderen Bevölkerungsschichten (z.B. Schüler, Hausfrauen, selbständige Handwerker) bleiben außer Betracht (Andreae 1970, S. 14).

Der Nachweis eines geradezu ,historischen Unfalls' im 19. Jahrhundert ist dem Amerikaner Harold Wilensky zu verdanken. Er erschütterte den Glauben an den allgemeinen Freizeit-Fortschritt (Wilensky 1961, S. 154ff.).

Unter den primitiven Agrarvölkern und in der Antike machten die Ruhetage oft die Hälfte des Jahres aus. Tabu- oder unheilvolle Tage wurden in heilige Tage und schließlich in Feiertage, Fastentage in Festtage verwandelt. In der aristokratischen Gesellschaftsstruktur der Griechen wurde die (unfreiwillige) Lohnarbeit von Sklaven und ,,Banausen" geleistet, während sich die freien Griechen vorwiegend der Politik und den Künsten widmeten. Nach Ortega y Gasset war das Leben damals aufgeteilt in zwei Zonen:

1. „die eine, die sie *otium* nannten, die Muße, die nicht die Negation der Tätigkeit ist, sondern das sich Beschäftigen mit dem Menschlichen des Menschen, das sie als Herrschaft, Organisation, Verkehr, Wissenschaft, Kün-
ste deuteten";

2. „die andere Zone, die erfüllt ist von Anstrengungen um die elementa-
ren Bedürfnisse, um alles, was jenes otium möglich macht, zu befriedigen, nannten sie *negotium*, wodurch sie treffend den negativen Charakter bezeichneten, den sie für den Menschen hat" (Ortega y Gasset 1949,
S. 60).

Für den freien Griechen war die gesamte Zeit „freie Zeit" im Sinne des von
Ortega y Gasset präzise beschriebenen „otium". Aber auch die Lohnarbeit
leistenden Sklaven und Banausen waren nicht so intensiv in das Arbeitsleben
eingespannt, wie man dies aus neuzeitlicher Sicht annehmen könnte: „Das
ganze Jahr war durch zahlreiche Festtage und Festzeiten aufgelockert und gegliedert, an denen die Arbeit ruhte und alles Volk an Theateraufführungen und
kultischen Festen teilnahm" (Weber 1963, S. 17). In der Mitte des vierten Jahrhunderts zählte man in der römischen Republik nicht weniger als 175 Ruhetage. So ist es zu erklären, daß der Ökonom Andreae zu dem rein rechnerisch
richtigen Ergebnis gelangt, daß die alten Römer seinerzeit nicht mehr gearbeitet haben als der Durchschnittsbürger im Jahre 1968. Der Römer des Jahres
350 n. Chr. kam bei 12 Arbeitsstunden pro Werktag auf ca. 2000 Arbeitsstunden pro Jahr. Der Durchschnittsbürger des Jahres 1968 kam bei einer 5-Tage-
Woche mit neunstündiger Arbeitszeit pro Tag, einem Jahresurlaub von 21
Werktagen und unter Berücksichtigung der üblichen Feiertage auf etwa 2100
Arbeitsstunden pro Jahr (Andreae 1970, S. 15).

Dieser von Andreae selbst als „Milchmädchenrechnung" charakterisierte
Vergleich sagt zweifellos etwas über die Quantität von Freizeit aus; die unter-
schiedlichen sozialen Gegebenheiten und damit auch die unterschiedliche
Qualität freier Zeit sind jedoch kaum miteinander vergleichbar.

Im dreizehnten Jahrhundert waren für die meisten Berufe die Nacht- und
Sonntagsarbeit und jede berufliche Tätigkeit nach den Samstagsvespern (vier
bis fünf Uhr nachmittags) verboten. Viele Handwerker erhielten zusätzlich zu
den normalen 141 Ruhetagen dreißig Tage Ferien. Seit dem fünfzehnten Jahrhundert nahm die Anzahl der Ruhetage stetig ab. Die tägliche Arbeitszeit stieg
um 1700 auf zwölf Stunden (mit einer zweistündigen Pause). In der Zeit zwischen 1750 und 1800 wurde die moderne Industriegesellschaft geboren und
mit ihr verstärkte sich die zunächst räumliche, später auch inhaltliche und be-
wußtseinsmäßige Trennung von Arbeitszeit und Freizeit. In dieser Periode
ging nahezu die gesamte Zeit des Menschen auf „in der Mühsal um die Befriedigung der materiellen Elementarbedürfnisse. Nur eine sehr dünne Her-
renschicht genießt Muße, und dies nur um den Preis rücksichtsloser Ausbeu-

tung breitester Massen. Alle älteren Hochkulturen sind von solch dünnen Oberschichten getragen" (Nell-Breuning/Erlinghagen 1965, S. 139).

Freizeit in der Industrialisierungsphase

Mit dem Übergang von der Mechanisierung zur Maschinisierung der Arbeit in der zweiten Hälfte des 18. Jahrhunderts nahmen die täglichen Arbeitszeiten rapide zu — von zunächst täglich 12 auf 16 Stunden bis hin zu mehrstündiger Arbeit an den Sonntagvormittagen. Selbst Kinder wurden zu zwölfstündigen Arbeiten herangezogen (Geck 1973, S. 14). Die in der Industrialisierungsphase einsetzende Verstädterung, d.h. der verstärkte Zuzug von Menschen in die Städte bewirkte ein Überangebot am Arbeitsmarkt. Infolge dieser Arbeitsmarktsituation wurden die Löhne gedrückt bzw. auf einem so niedrigen Niveau gehalten, daß nur eine tägliche Beschäftigung aller Familienmitglieder von 14 bis 16 Stunden das Existenzminimum garantierte.

1839 trat das ,,Fabrikregulativ" in Preußen in Kraft, das die tägliche Arbeitszeit wenigstens von Jugendlichen und Frauen auf maximal 10 Stunden festsetzte. Für die übrigen Erwerbstätigen wurde die Arbeitszeit bis zur physisch möglichen Grenze ausgedehnt. Für freie Zeit blieb kein Raum.

Erst um die Jahrhundertwende und in der Folgezeit konsolidierten sich die Arbeitsverhältnisse und erreichte die Arbeiterbewegung erste Erfolge. Doch dauerte es noch bis 1918/19, bis den Arbeitern schließlich der entscheidende Durchbruch mit der Einführung des 8-Stunden-Tages gelang. Gleichzeitig trat eine sich seit Jahrzehnten andeutende Umkehrung in der Verteilung von Arbeits- und arbeitsfreier Zeit ein. Die höheren Sozialschichten erlitten einen beträchtlichen Verlust an Freizeit, während die unteren Sozialschichten deutlich mehr Freizeit gewannen. Diese Tendenz hat sich in den letzten Jahren noch verstärkt. Stellen mit niedrigem sozialem Status haben die schnellste Freizeitverlängerung erfahren. Tendenziell scheint die Freizeit, ,,für ein Menschenleben insgesamt gerechnet, sich vor allem auf die unteren Schichten zu konzentrieren" (Wilensky, S. 157). Umgekehrt nimmt die Freizeit — über ein ganzes Leben gesehen — mit steigendem sozialem Status (z.B. Anwälte, Ärzte, Professoren, Politiker) ab, was allerdings *hinreichend* dadurch *kompensiert* wird, daß diese Berufsgruppen aus freier Wahl intensiv arbeiten und zugleich einer individuell befriedigenden und gesellschaftlich anerkannten Tätigkeit nachgehen.

Berufe mit hohem Prestige haben innerhalb ihrer beruflichen Arbeitszeit mehr Zeit zur eigenen Verfügung. Insofern stellt die Verfügungsmöglichkeit über eigene (Arbeits-)Zeit bereits ein besonderes *Statussymbol* dar. Mit steigendem Berufsprestige fällt offenbar auch die Art der Verbringung der freien Zeit weniger ins Gewicht, d.h. sie unterliegt einer geringeren sozialen Kontrolle. In der öffentlichen Meinung ist es beispielsweise für den Akademiker nicht bedenklich, eher fashionable, Kriminalromane zu lesen. Dabei geht man davon aus, daß „mit steigendem Prestige der Beruf als von so zentralem und befriedigendem persönlichen Interesse angesehen wird, daß er Persönlichkeitserfüllung bieten kann" (Wald 1966, S. 136) und infolgedessen ein Äquivalent in der arbeitsfreien Zeit nicht mehr erforderlich ist. Umgekehrt nimmt bei Arbeitern und Angestellten mit geringem Prestige in der Gesellschaft der Wunsch nach einem Äquivalent und einer Intensivierung der Lebensform in der Freizeit zu.

Nach einer Prognose des französischen Nationalökonomen Bertrand de Jouvenel könnte die Freizeit in Zukunft zu einer „Sache der großen Masse" (Jouvenel 1971, S. 72) werden und die effektive Arbeit den Inhabern der Spitzenpositionen vorbehalten bleiben. Unter der Voraussetzung, daß die Leistungsideologie weiterhin so dominiert, wäre in Zukunft jeglicher Statusgewinn nicht mit einer Vermehrung, sondern mit einer Verminderung der Freizeit verbunden. In der fortgeschrittenen Industriegesellschaft verbände sich der Begriff „Freizeit" mit der Vorstellung der Minderwertigkeit; an dem mangelnden Zwang zur Arbeit würde man das Fehlen von „gefragten" Fähigkeiten erkennen. Mit anderen Worten: Die Freizeit würde als bedrückend empfunden und die „Bürde der Arbeit" wäre im Begriff, zu einem positiven Statusmerkmal zu werden.

Zusammenfassend bleibt festzustellen: Was die heutige Freizeit gründsätzlich vom Feierabend der vorindustriellen Zeit unterscheidet, ist weniger der Umfang als vielmehr die Art der Verteilung der arbeitsfreien Zeit unterscheidet, ist weniger der Umfang als vielmehr die Art der Verteilung der arbeitsfreien Zeit im Laufe eines Jahres wie z.B. die Gewährung von Freizeit-Blöcken (langes Wochenende, Urlaub). Mit der veränderten Verteilung von frei verfügbarer Zeit aber ändert sich auch die Art ihrer individuellen Verwendung, so daß sich die moderne Freizeit auch qualitativ von früheren Formen unterscheidet. Sie dient nicht mehr nur der Wiederherstellung der Arbeitskraft wie beispielsweise im „glücklosen Leben des 19. Jahrhunderts" (Roepke).

Gegenüber der Industrialisierungsphase des 19. Jahrhunderts ist zweifellos eine Zunahme an arbeitsfreier Zeit und damit auch an Freizeit festzustellen. Aber diese Zunahme ist nur eine „mühsame quantitative Wiedergewinnung" (Lippert 1974, S. 187) eines Lebensbereichs, der in der vorindustriellen Gesellschaft gegeben war, ohne allerdings als eigenständiger (weil integrierter) Bereich erlebt zu werden. Dieses „wiedererkämpfte" Quantum an Freizeit wird durch die gegenwärtigen Lebensbedingungen und den modernen Lebensstil (längere Arbeitswege, Leer- und Wartezeiten, Zwang zur Weiterbildung, Leistungsdruck, Hektik u.a.) größtenteils wieder aufgehoben. Der Kampf um substantiell mehr freie Zeit, größere Dispositions- und Revisionsspielräume, größere Verhaltensbeliebigkeit und größere Freiheitschancen geht weiter.

Wie werden wir nach dem Jahr 2000 leben?

Empirischer und prognostischer Zeitvergleich 1950 bis 2010
Verteilung der 8760 Stunden pro Jahr

1950 Die Arbeitszeit dominiert

Arbeitszeit + Arbeitswegezeit	2700
Obligationszeit	1560
Freizeit	1600
Schlafzeit	2900

1970 Die Freizeit holt auf

Arbeitszeit + Arbeitswegezeit	2300
Obligationszeit	1600
Freizeit	1960
Schlafzeit	2900

1990 Die Freizeit überholt die Arbeitszeit

Arbeitszeit + Arbeitswegezeit	2000
Obligationszeit	1760
Freizeit	2100
Schlafzeit	2900

2010 Die Arbeitszeit rangiert am unteren Ende

Arbeitszeit + Arbeitswegezeit	1660
Obligationszeit	1900
Freizeit	2300
Schlafzeit	2900

Arbeitszeit + Arbeitswegezeit:
1950 : 2300 + 500; **1970** : 1900 + 400; **1990** : 1600 + 400; **2010** : 1320 + 340
Obligationszeit: Zeit für Hygiene + Gesunderhaltung, Essen + Einkäufe,
Erledigungen, Besorgungen + soziale Verpflichtungen
Freizeit: Disponible Zeit/Freiverfügbare Zeit

Rahmenbedingungen:

1950	1970	1990	2010
6-Tage-Woche	5-Tage-Woche	5-Tage-Woche	4-Tage-Woche
48-Stunden-Woche	42-Stunden-Woche	38-Stunden-Woche	32-Stunden-Woche
279 Arbeitstage	238 Arbeitstage	200 Arbeitstage	165 Arbeitstage
86 Freie Tage	127 Freie Tage	165 Freie Tage	200 Freie Tage
(Urlaub/Feiertage/	(Urlaub/Feiertage/		
Sonntage)	Wochenenden)		

Die veränderte Verteilung des Jahres-Zeitbudgets vollzieht sich·in vier Phasen. Spätestens im Jahre 2010 wird der Wandel von der Arbeits- zur Freizeit-Arbeitsgesellschaft vollzogen sein.

Die vier Zeitzäsuren der Freizeitentwicklung

Trotz Energie-, Beschäftigungs- und Umweltkrise stieg das Volkseinkommen pro Kopf kontinuierlich an — im gleichen Maße, wie die Arbeitszeit sank. So ist auch die Freizeitentwicklung der nächsten Jahre weitgehend vorgezeichnet. Die prognostische Fortschreibung der vorliegenden empirischen Daten erlaubt einen Zeitvergleich der Jahre 1950, 1970, 1990 und 2010. Vier Zeitzäsuren der Freizeitentwicklung lassen sich unterscheiden:

1. Die Arbeitszeit dominiert (1950)

Fünf Jahre nach Kriegsende war das Leben in erster Linie zum Arbeiten, Schaffen und Aufbauen einer eigenen Existenz da. Freizeit war im wesentlichen Erholungszeit, Zeit zur Erholung von der geleisteten und für die noch zu leistende Arbeit. Der Alltag war bestimmt vom Rhythmus der 6-Tage- und 48-Stunden-Woche. Und einmal im Jahr gab es 15 Tage Erholungsurlaub, der von den meisten Arbeitnehmern zu Hause oder durch Besuche von und bei Verwandten verbracht wurde. Man lebte in der Arbeitsgesellschaft und lebte mit und von der Arbeit.

2. Die Freizeit holt auf (1970)

Das Jahr 1970 läßt sich mit den Rahmenbedingungen 5-Tage-Woche, 42-Stunden-Woche, 238 Arbeitstage und 127 Freie Tage (Urlaub/Feiertage/Wochenenden) umschreiben. Im Durchschnitt des Jahres 1970 wurden 1900 Stunden gearbeitet. Hinzu kamen rund 400 Stunden Zeitaufwand für die Wege zur und von der Arbeit. Der Umfang der für Arbeitszwecke verwendeten Zeit lag deutlich über dem zur Verfügung stehenden Quantum an arbeitsfreier Zeit. Auf dem Höhepunkt der wirtschaftlichen Konjunktur und kurz vor Einbruch der Massenarbeitslosigkeit war Arbeit vom Umfang und von der Bedeutung her noch ,,das" bestimmende Strukturmerkmal der Gesellschaft. Arbeit war wichtiger als Freizeit, und Leistung und Geldverdienen lohnten sich: Denn wer viel in der Arbeit leistete, konnte sich auch nach der Arbeit viel leisten. Die Arbeitsgesellschaft existierte weiter — auch und gerade als Legitimation und ökonomische Basis für Freizeit, Konsum und Wohlstandsgüter. Das lange Wochenende veränderte die Alltagsgewohnheiten deutlich. Der Sonntag war für viele kein Ruhe- und Erholungstag mehr. Die zwei freien Tage am Wochenende bekamen einen eigenen Erlebniswert für Geselligkeit und außerhäusliche Unternehmungen.

3. Die Freizeit überholt die Arbeitszeit (1990)

Es ist bereits heute absehbar: Bis zum Jahre 1990 werden der Struktur- und Wertewandel den Stellenwert der Arbeit spürbar verändert haben. Genauso wichtig wie Arbeit und Geldverdienen werden Freizeit und Freunde sein. Und Arbeit wird für die meisten Menschen — wie Freizeit auch — ganz einfach

Spaß machen müssen, weil sie mehr Zeit zum Leben haben wollen. Arbeitszeit wird nicht mehr nur verkaufte Lebenszeit sein. Mit der Bedeutungsverlagerung wird auch eine quantitative Verschiebung verbunden sein. Die 5-Tage-Woche wird es zwar auch dann noch geben, aber die 38-Stunden-Woche wird auf breiter Ebene durchgesetzt sein. Und zu den 200 Arbeitstagen gesellen sich 165 Freie Tage.

Erstmals in der Geschichte der Neuzeit werden die Menschen mehr Stunden zur eigenen freien Verfügung haben und weniger Stunden für den Lebenserwerb: 2100 Stunden Freizeit stehen dann nur mehr 2000 Stunden Arbeitszeit (einschließlich Arbeitswegezeit) gegenüber. Die klassische Arbeitsgesellschaft gerät in die Legitimationskrise, weil sich Arbeit und Freizeit — quantitativ und qualitativ — immer näherkommen. Viele Freizeitaktivitäten bekommen zusehends Arbeitscharakter und freizeitorientierte Ansprüche werden an die Arbeitswelt herangetragen. Die Konturen einer sich entwickelnden Freizeit-Arbeitsgesellschaft zeichnen sich ab.

4. Die Arbeitszeit rangiert am unteren Ende (2010)

Spätestens im Jahre 2010 wird der Wandel von der Arbeits- zur Freizeit-Arbeitsgesellschaft vollzogen sein. Am Donnerstagabend geht die Arbeitswoche zu Ende. Gleichzeitig fängt der Arbeitsstreß für die wachsende Zahl der Freizeitberufe an. 200 Freien Tagen stehen nur mehr 165 Arbeitstage gegenüber. Und dennoch wird es die Freizeitgesellschaft nicht geben. Denn trotz deutlicher Reduzierung der Arbeitszeiten werden 400 Jahre Arbeitsethos an den Menschen, den Strukturen und Institutionen der Gesellschaft nicht spurlos vorübergegangen sein. Arbeit als Symbol für sinnvolle menschliche Tätigkeit wird auch inmitten wachsender Freizeit ihren Wert behalten. Dies gilt ganz besonders für freiwillige Arbeiten und Eigenleistungen in der Freizeit.

Im Jahre 2010 wird es zudem ein Novum in der Zeitbudget-Entwicklung geben: Die Obligationszeit, die Zeit für alltägliche Verpflichtungen und Verbindlichkeiten wird rapide zunehmen. Die Erfüllung obligatorischer Alltagsaufgaben wird mehr Zeit in Anspruch nehmen als die Erwerbsarbeit. Zur Obligationszeit gehören zeitaufwendige

○ Haushalts- und Reparaturarbeiten,
○ Einkäufe und Konsumentscheidungen,
○ Behördengänge, Erledigungen und Besorgungen,
○ Familiäre und gesellschaftliche Verpflichtungen.

Die Menschen haben mehr Zeit für die Familie, infolgedessen fordert die Familie auch mehr von ihnen. Und die gesellschaftlichen Verpflichtungen werden zunehmend Muß-Charakter annehmen: Ohne Angabe von Gründen wird man sich Einladungen und Besuchen, Ehrenämtern und Sozialengagements kaum mehr entziehen können. Die durch Arbeitszeitverkürzung gewonnene Zeit geht zwar der Erwerbsarbeit verloren, wird aber nur zum Teil der eigenen Freizeit zugute kommen. Die Zunahme der Obligationszeit wird das Bewußtsein von der eigenen Zeitnot auch in Zukunft wachhalten.

Die Menschen bekommen ein anderes Verhältnis zur Zeit. Das Zeitbudget wird genauso kostbar wie das Geldbudget. Zeit ist Leben und nicht mehr nur Geld. Genauso wichtig wie das Gelddenken wird das Zeitdenken. Gerade weil die Erwerbsarbeit als zentrale Lebensäußerung des Menschen an Bedeutung verliert, werden arbeitsähnliche Erwartungen an die übrige Lebenszeit gestellt. Die Zeit ist nicht zum Totschlagen da. ,,Nutze die Zeit" wird zur Lebensmaxime. Die Verfügung über die eigene Zeit kann unter diesen Umständen nicht mehr beliebig sein. Was früher vorwiegend für die Berufsarbeit galt, wird nun auch von der übrigen Lebenszeit gefordert: Produktivität und Nützlichkeit. Die protestantische Pflichtethik lebt in der Obligationszeit wieder auf: Aus freiwilligem Engagement wird schnell soziale Verpflichtung und aus handwerklichen Freizeitbeschäftigungen werden notwendige Freizeitarbeiten. Dennoch wird der Übergang zur Freizeit-Arbeitsgesellschaft nicht ganz konfliktfrei verlaufen.

Abb. 5:

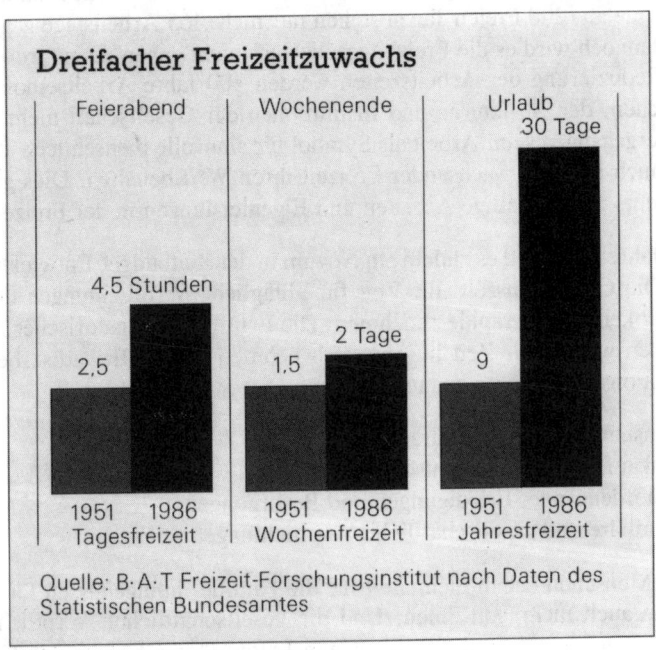

Dreifacher Freizeitzuwachs

Feierabend | Wochenende | Urlaub
30 Tage

4,5 Stunden

2 Tage

2,5 | 1,5 | 9

1951 1986
Tagesfreizeit | 1951 1986
Wochenfreizeit | 1951 1986
Jahresfreizeit

Quelle: B·A·T Freizeit-Forschungsinstitut nach Daten des Statistischen Bundesamtes

Resümee: Innerhalb von 35 Jahren (vgl. Abb. 5) nahm die Freizeit am Feierabend um über 76 Prozent zu, wurden die 5-Tage-Woche und das verlängerte Wochenende eingeführt und verdreifachte sich die Zahl der Urlaubstage. Immer weniger Menschen erwirtschaften heute in immer kürzerer Zeit mehr gesellschaftlichen Reichtum als in der Vergangenheit. Zugleich steht immer mehr Menschen immer mehr arbeitsfreie Zeit für Freizeit- und Urlaubsaktivitäten zur Verfügung.

2.2 Subjektive Einschätzung des Freizeitumfangs

Objektiv mehr, subjektiv zu wenig Freizeit

1952 wurden auf die Frage nach der persönlich frei verfügbaren Zeit, die einem neben Arbeit und Arbeitswegen, Essen und Schlafen, Erledigungen und familiären Verpflichtungen bleibt, durchschnittlich 2,6 Stunden je Tag angegeben (vgl. Gesellschaftliche Daten der Bundesrepublik Deutschland 1982). Heute sind es dagegen etwa 4,5 Stunden.

Der durchschnittliche Feierabend der Bundesbürger begann 1952 um 20.00 Uhr. Heute liegt der Feierabendbeginn bei 18.00 Uhr. Deshalb hat auch das ZDF 1973 die ,,heute''-Sendung von 20.00 auf 19.00 Uhr vorverlegt, um das Mehr an Freizeit zu ,,besetzen''. Für die Zukunft ist bereits absehbar, daß die (Feier-),,Abend''-Hauptprogramme des Fernsehens zeitlich immer mehr gestreckt werden, also sowohl früher beginnen als auch später enden werden. Was objektiv durch Arbeitszeitverkürzung an frei verfügbarer Zeit gewonnen wird, kann auf diese Weise — für viele unbewußt — subjektiv wieder verlorengehen...

Trotz deutlicher Arbeitszeitverkürzungen in den letzten dreißig Jahren nimmt das subjektive Gefühl der Bundesbürger, über zu wenig Freizeit zu verfügen, zu:

○ Bezogen auf die gesamte berufstätige und nichtberufstätige Bevölkerung im Alter von 25 bis 54 Jahren sind 57 Prozent der Befragten der Meinung, sie würden über zu wenig Freizeit verfügen.
○ Bei den Berufstätigen sind nach der B.A.T. Untersuchung sogar 70 Prozent der Ansicht, sie hätten ,,zu wenig'' bzw. ,,viel zu wenig'' Freizeit. Den größten Freizeithunger melden mit 84 Prozent die 20- bis 29jährigen an, aber auch die 40- bis 49jährigen stehen mit durchschnittlich 70 Prozent den Jüngeren nicht viel nach (Freizeit-Daten 1983, S. 27).

Ursachen der Diskrepanz

Welches sind die Ursachen dieser ungewöhnlichen Diskrepanz, nämlich objektiv mehr Freizeit zu bekommen und subjektiv über zu wenig Freizeit zu klagen? Das Ergebnis ist überraschend: Arbeitszeitverkürzungen werden durch Übergangsaktivitäten, die ,,zwischen'' Arbeitszeit und Freizeit liegen, weitgehend wieder ausgeglichen, zum Teil sogar übertroffen. Dieser Zwischenbereich ist eine Art Grauzone, an Erledigungen und Verpflichtungen gebundene Zeit, die allenfalls den Charakter einer Halb-Freizeit hat.

Als Hauptgründe für das Gefühl, zu wenig Zeit für sich selbst und für Hobbys zu haben, werden Übergangsaktivitäten wie Nachhauseweg, Duschen, Umziehen, Einkaufen, Hausarbeiten, Kinderbetreuung, gemeinsames Abendessen und andere Verpflichtungen genannt. Die Familie spielt dabei eine recht ambivalente Rolle, denn einerseits wird das Zusammensein mit ihr genossen, andererseits erzeugt Zwang zu familiärem Kontakt und zur Rücksichtnahme eine Reihe von Problemen.

47,6 Prozent der Befragten (Freizeit-Daten 1983, S. 26) erscheint die *Familie als Hauptursache* für das Gefühl von zu wenig freier Zeit. Die Familie verpflichtet, fordert unter Umständen zu viel. Die Bundesbürger fühlen sich durch die Familie viel zu eingespannt, um in ihrer freien Zeit wirklich ausspannen zu können. In dieser Halb-Freizeit zerrinnt den Bundesbürgern die Zeit ,,zwischen den Fingern''. Ehe es ihnen recht bewußt ist, ist der Feierabend auch schon vorbei. Die in der öffentlichen Meinung vorherrschende These von der dramatischen Vermehrung der Freizeit hinkt dem subjektiven Bewußtsein der Bevölkerung hinterher. Die quantitative Zunahme der Freizeit kann kaum mit der qualitativen Bedeutung der Freizeit Schritt halten, die ihr die Menschen unserer Zeit zumessen.

> Mit den wachsenden Möglichkeiten, die Freizeit vielfältig zu nutzen, hat sich auch das individuelle Anspruchsniveau verändert. So nimmt das Bewußtsein in der Bevölkerung zu, daß man eigentlich niemals ein Zuviel an Freizeit haben könnte.

Über das individuelle Anspruchsniveau hinaus verstärken aber auch familiäre und berufliche Belastungen das Gefühl, über viel zu wenig freie Zeit zu verfügen. Am stärksten beeinflussen *familiäre Belastungen* (z.B. Kinderzahl, Familiengröße) die verfügbare Zeit. Infolgedessen sind auch die berufstätigen Frauen sowie die Hausfrauen mit mehreren Kindern am meisten von dem Mangel an verfügbarer Zeit betroffen (vgl. Abb. 6). Hinzu kommen *berufliche Belastungen,* die für freiberuflich Tätige und Selbständige einen Spitzenwert von 61 Prozent (,,Für Freizeit und Familie bleibt nicht genügend Zeit'') ergeben, während die entsprechenden Durchschnittswerte für Arbeiter und Angestellte unter der 30-Prozent-Marke liegen. Des weiteren beeinträchtigen

Abb. 6:

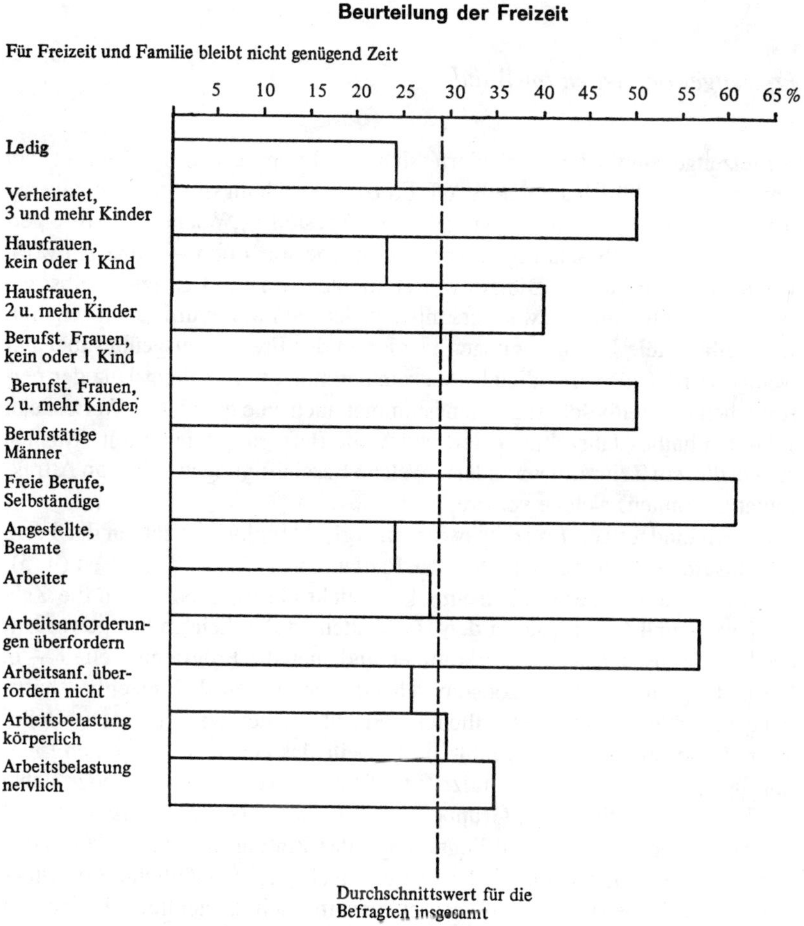

Beurteilung der Freizeit

Für Freizeit und Familie bleibt nicht genügend Zeit

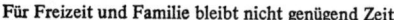

| | 5 | 10 | 15 | 20 | 25 | 30 | 35 | 40 | 45 | 50 | 55 | 60 | 65 % |

Ledig

Verheiratet,
3 und mehr Kinder

Hausfrauen,
kein oder 1 Kind

Hausfrauen,
2 u. mehr Kinder

Berufst. Frauen,
kein oder 1 Kind

Berufst. Frauen,
2 u. mehr Kinder

Berufstätige
Männer

Freie Berufe,
Selbständige

Angestellte,
Beamte

Arbeiter

Arbeitsanforderun-
gen überfordern

Arbeitsanf. über-
fordern nicht

Arbeitsbelastung
körperlich

Arbeitsbelastung
nervlich

Durchschnittswert für die
Befragten insgesamt

Quelle: Christiansen/Lehmann 1976, S. 22

arbeitsspezifische Belastungen die subjektive Freizeitsituation. Unabhängig von der jeweiligen Berufsgruppe klagen Personen, die sich überfordert fühlen oder unter nervlichen Arbeitsbelastungen leiden, besonders häufig, nicht genügend Freizeit zur Verfügung zu haben. Dabei wirken sich die nervlichen Arbeitsbelastungen stärker auf die subjektiven Rekreationsbedürfnisse in der Freizeit aus als die körperlichen Arbeitsbelastungen.

2.3 Verwendung der Freizeit

Freizeitgewohnheiten im Wandel

Freizeitgewohnheiten verändern sich, Lieblingsbeschäftigungen in der Freizeit auch. 1981 hatte das B.A.T Freizeit-Forschungsinstitut erstmals auf bevölkerungsrepräsentativer Basis die Frage gestellt: ,,Welches sind Ihre persönlichen Freizeitbeschäftigungen?" Die Frage war offen — ohne Antwortvorgaben — formuliert. Die Antworten mußten von den Befragten selbst gefunden werden. Nur das, was persönlich bedeutsam war, wurde auch genannt. Das heißt: Viele Beschäftigungen werden in der Freizeit ausgeübt, aber nur wenige werden als persönlich bedeutsam empfunden. Die Rangskala der persönlichen Freizeitbeschäftigungen ist immer auch eine qualitative Werteskala. 1986, ein halbes Jahrzehnt später, wurde die Befragung wiederholt. Was hat sich in diesem Zeitraum verändert? Welche Beschäftigungen haben an Attraktivität gewonnen, welche verloren?

Zu den eindeutigen Freizeitgewinnern (vgl. Abbildung 7) zählen der Fernsehkonsum (+ 9 Prozentpunkte), das Radfahren (+ 7) und das Lesen (+ 5). Die Zunahme des Fernsehkonsums kann nicht überraschen. Denn die Zahl der Zweit- und Drittgeräte in den Haushalten ist deutlich größer geworden, das Kabelfernsehen ist hinzugekommen und auch die Programmvielfalt — in Verbindung mit dem Videokonsum — hat das Fernsehen als Freizeitbeschäftigung normaler, selbstverständlicher und alltäglicher werden lassen. Jeder vierte Bundesbürger (23 %) zählt mittlerweile das Fernsehen zu seinen Lieblingsbeschäftigungen in der Freizeit; fünf Jahre zuvor war es nur jeder siebte (14 %) gewesen. Für diese Gruppe der *überzeugten Fernsehkonsumenten* ist Fernsehen mehr als bloße Pflichtübung oder Zeittotschlagen. Ihnen macht Fernsehen nicht nur Spaß. Die Favorisierung als ganz persönliche Freizeitbeschäftigung beweist, daß der Fernsehkonsum auch existentielle Bedeutung hat. Immerhin zählen allein 38 Prozent der 1-Personen-Haushalte das Fernsehen zu den Lieblingsbeschäftigungen in der Freizeit.

Auffallend ist aber auch, daß sich der Anteil der TV-freudigen Männer in den letzten fünf Jahren von 11 auf 25 Prozent mehr als verdoppelt hat. 1981 dominierten hier noch die Frauen. Jetzt sind die Männer die eifrigsten Fernsehkonsumenten geworden. Gleichen sich die Geschlechter in ihrem Freizeitverhalten an? Oder werden die Männer häuslicher und die Frauen immer unternehmungslustiger?

Das wachsende Gesundheits- und Umweltbewußtsein in der Bevölkerung hat in den letzten fünf Jahren zu einer Verdoppelung des Anteils der Fahrrad-Anhänger geführt (von 5 % auf 12 %). Hinzu kommt auch der hohe Freizeit-

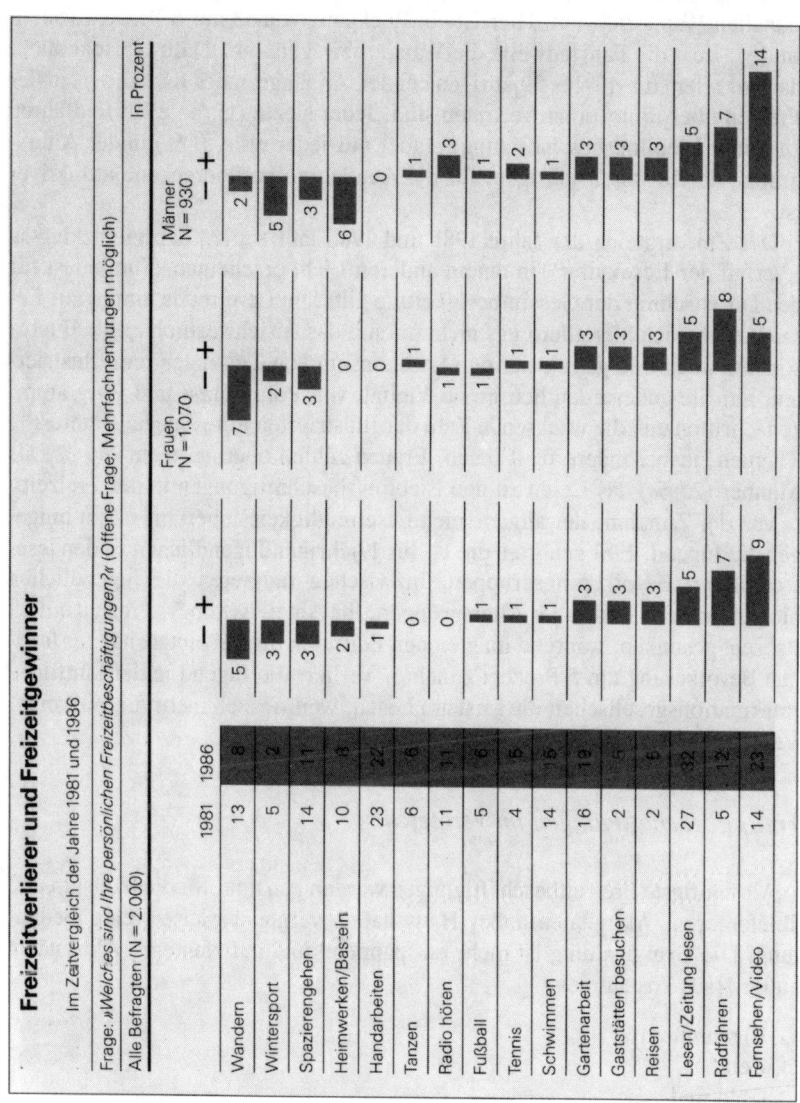

Freizeitverlierer und Freizeitgewinner

Im Zeitvergleich der Jahre 1981 und 1986

Frage: »Welches sind Ihre persönlichen Freizeitbeschäftigungen?« (Offene Frage, Mehrfachnennungen möglich)

Alle Befragten (N = 2.000)

In Prozent

	1981	1986	Alle −	Alle +	Frauen N = 1.070 −	Frauen +	Männer N = 930 −	Männer +
Wandern	13	8	5		7		2	
Wintersport	5	2	3		2		5	
Spazierengehen	14	11	3		3		3	
Heimwerken/Basteln	10	3	2			0	6	
Handarbeiten	23	22	1			0		0
Tanzen	6	6		0		1		1
Radio hören	11	11		0	1			3
Fußball	5	6		1	1			1
Tennis	4	5		1		1		2
Schwimmen	14	15		1		1		1
Gartenarbeit	16	19		3		3		3
Gaststätten besuchen	2	5		3		3		3
Reisen	2	5		3		3		3
Lesen/Zeitung lesen	27	32		5		5		5
Radfahren	5	12		7		8		7
Fernsehen/Video	14	23		9		5		14

wert des Fahrradfahrens, bei dem man viel sehen und erleben kann. Fast kann man von einer „Fahrradwelle" reden, die offensichtlich zu Lasten des traditionellen Wanderns geht. Hier ist ein Rückgang von 13 auf 8 Prozent festzustellen: Löst die Fahrradwelle die Wanderbewegung ab? Dafür spricht auch, daß vor allem die 40- bis 59jährigen bei den Anhängern des Radfahrens in der Freizeit überproportional vertreten sind. Jeder siebte (15 %) zählt Radfahren zu seiner Lieblingsbeschäftigung — aber nur jeder elfte (9 %) in der Altersgruppe der 18- bis 29jährigen, für die Autofahren vorübergehend attraktiver ist.

Der Zeitvergleich der Jahre 1981 und 1986 läßt zudem den vielbeklagten „Verfall der Lesekultur" in einem anderen Licht erscheinen. Zumindest für den Durchschnitt der Gesamtbevölkerung gilt: Die Lesefreude nimmt zu. Lesen bezieht sich hier allerdings nicht nur auf das sprichwörtlich „gute Buch", sondern auch und gerade auf den Lesekonsum von Zeitungen und Illustrierten, auf die außerordentlich große Vielfalt von Publikums- und Programmzeitschriften und die wachsende Zahl der Illustrierten mit „Special-Interest"-Themen, insbesondere für Frauen. Frauen zählen deutlich mehr (39 %) als Männer (25 %) das Lesen zu den Lieblingsbeschäftigungen in der Freizeit.

Von der Zunahme der allgemeinen Lesefreudigkeit unberührt bleibt hingegen die Jugend. 1981 gehörten die 14- bis 19jährigen Jugendlichen zu den lesefreudigsten Bevölkerungsgruppen. Inzwischen rangieren die Jugendlichen hier am unteren Ende aller Altersgruppen. Ihr Anteil ist von 34 Prozent auf 29 Prozent gesunken, während im gleichen Zeitraum die Leseintensität der übrigen Bevölkerung um 5 Prozent zunahm. Verliert die Jugend in der künftigen Informationsgesellschaft die Lust am Lesen, weil sie sich mehr für Walkman, Video und Homecomputer interessiert?

Freizeitbeschäftigungen im Vergleich

Als häufigste Freizeitbeschäftigungen werden genannt: Medienkonsum und Telefonieren. Aktivitäten außer Haus haben vergleichsweise wenig Bedeutung. Die Grundhaltung ist mehr entspannend und aufnehmend. Aktivitäten außer Haus kosten meist

○ Eigeninitiative
○ Zeit
○ Geld und
○ Nerven.

Um beispielsweise Karten für ein bestimmtes Opern- oder Popkonzert zu bekommen, muß wochenlang vorher die Bestellung vorgenommen oder beim Kartenvorverkauf geduldiges Warten und Schlangestehen in Kauf genommen werden. Zur Ausübung solcher Freizeittätigkeiten reichen Bereitschaft und Entschluß nicht aus. Es muß geplant, Zeit aufgewendet und Geld zurückgelegt, vor allem die persönliche Trägheit und Bequemlichkeit überwunden werden. Dazu sind nur sehr wenige Bundesbürger bereit und in der Lage. Die meisten verbringen ihre Freizeit lieber spontan und ungeplant und leben mehr unbewußt in den Tag hinein.

So einheitlich die Antworten im Bevölkerungsdurchschnitt erscheinen, so unterschiedlich sind die Freizeitbeschäftigungen bei einem Vergleich zwischen Männern und Frauen (vgl. Abb. 8):

○ Frauen favorisieren kommunikativ-personenbezogene Freizeitbeschäftigungen. Sie telefonieren deutlich mehr (+ 12) als Männer, lesen mehr Bücher (+ 14) und schreiben mehr Briefe (+ 7). Jede fünfte Frau besucht regelmäßig die Kirche und jede vierte Frau zählt das ,,Sich-in-Ruhe-Pflegen" zur häufigsten Freizeitbeschäftigung. Insbesondere Telefonieren und Briefeschreiben deuten darauf hin, daß Frauen stärker an einer Kontaktaufnahme interessiert sind oder stellvertretend für die übrigen Familienmitglieder die Kommunikation nach draußen nicht abreißen lassen.

○ Männer praktizieren mehr ein aktiv-leistungsbezogenes Freizeitverhalten. Jeder vierte Mann ist zu Hause und im Freundeskreis handwerklich tätig (+ 22). Auch das aktive Sporttreiben ist bis heute eine männliche Domäne (+ 14) geblieben, der Besuch von Sportveranstaltungen (+ 12) ebenfalls. Bemerkenswert ist auch, daß deutlich mehr Männer Erotik und Sex (+ 8) zu den am häufigsten ausgeübten Freizeitbeschäftigungen zählen.

Im Unterschied zu den Frauen zeigen die Männer in ihrem Freizeitverhalten eine stärkere Leistungsorientierung in Verbindung mit dem Außer-Haus-Charakter vieler Tätigkeiten. Frauen hingegen verstehen es, sich mehr mit sich selbst zu beschäftigen. Die weiblichen Freizeitaktivitäten wirken zudem anspruchsvoller. Dies ist nicht etwa eine Frage der Berufstätigkeit der meisten Männer: Denn doppelt so viele berufstätige Frauen (40 %) wie berufstätige Männer (20 %) zählen Bücherlesen zu ihren Hauptbeschäftigungen in der Freizeit.

Resümee: Im Alltag der meisten Deutschen ist Freizeitkonsum eher die Ausnahme als die Regel. Die tägliche Freizeitgestaltung ist mehr entspannend und aufnehmend und weniger aktiv und gestaltend. Freizeit ist mehr Entspannungs- und Medienzeit als wirkliche Konsumzeit. Freizeitkonsum im Sinne von Geldausgeben spielt im Alltag keine wesentliche Rolle. Allerdings sollte dies nicht als Trend zur Selbstbescheidung ausgelegt werden. Man würde schon konsumieren wollen, wenn nicht die Zeit, die Ruhe zur sinnvollen Auswahl und letztlich auch das Geld fehlten. Nicht ohne Grund ist die Differenz zwischen dem, was man tut, und dem, was viel Spaß macht, beim Fernsehen, Zeitung lesen und Radio hören am größten.

Abb. 8:

Freizeitbeschäftigungen von
Männern und Frauen im Vergleich

Frage: *»Auf diesen Karten stehen verschiedene Dinge, die man in seiner Freizeit tun kann. Suchen Sie bitte die heraus, die Sie in der letzten Woche und am Wochenende ausgeübt haben.«*

Alle Befragten (N = 2.000)   In Prozent

	Frauen	Männer	**Frauen**	**+**
Telefonieren	50	38		12
Buch lesen/Lesen	39	25		14
Handarbeiten/Stricken	39	1		38
Wandern/Spazierengehen	32	26		6
Einkaufsbummel machen	28	13		15
Sich in Ruhe pflegen	27	15		12
Gottesdienst/Kirche besuchen	20	14		6
Briefe schreiben	15	8		7

	Frauen	Männer	**Männer**	**+**
Fernsehen	76	85		9
Heimwerken	4	26		22
Im Freundeskreis handwerken	4	26		22
Selbst aktiv Sport treiben	11	25		14
In die Kneipe gehen	8	23		15
Unterhaltungsspiele	11	20		9
Erotik/Sex	10	18		8
Bei Sportveranstaltungen zusehen	3	15		12

Quelle: B.A.T Freizeit-Forschungsinstitut

3. Freizeitverhalten in verschiedenen Lebensphasen

3.1 Freizeit in der Familie

Konzentration auf die Kleinfamilie

Anfang der 50er Jahre erschien in den USA ein soziologischer Bestseller: Das Buch ,,Die einsame Masse" (,,The Lonely Crowd") von David Riesman. Das einzige, was sich seit Alexis de Tocquevilles Zeiten (1805 - 1859) grundlegend verändert habe, so legte Riesman überzeugend dar, sei die Tatsache, daß Angst und Sorge jetzt auch in den Freizeitbereich eindringen. Berufserfüllung und Lebenserfüllung deckten sich nicht mehr; gleichzeitig litten die Menschen unter einer gesteigerten *seelischen Verarmung in der Freizeit*. Die ,,enforced privatization", die wachsende Tendenz zur Privatisierung, zum Rückzug in die Privatsphäre, stellte nach Riesman das größte Hindernis dar, das der Autonomie in der Freizeit im Wege stände.

Die *Konzentration auf die Kleinfamilie* läßt viele Bedürfnisse nach persönlicher und sozialer Freizeiterfüllung unbefriedigt, was sich teilweise in den hohen Scheidungsquoten widerspiegelt. Die Scheidung wird nicht selten zum letzten Ausweg aus einem psychischen Gefangensein. Der Wandel von der ,,Großfamilie" zur ,,Kleinfamilie" bis hin zum ,,Ehepaar mit einem Kind" und zur ,,Gatten-Familie" hat zu einer Intensivierung des Lebens nach innen geführt. Im Gefolge dieses Prozesses der Verinnerlichung wurde die Familie zur zentralen Intimgruppe, die der persönlichen Autonomie und sozialen Freiheit der Ehepartner und Familienmitglieder enge Grenzen setzte.

So wird der Ruf immer lauter: ,,Ich muß mal wieder für mich allein sein, ich bräuchte ein Zimmer, ich bräuchte nur eine kleine Ecke für mich, wo mich keiner stört, wo ich nichts höre und sehe. Von hier aus ist es nur noch ein kurzer Schritt zu den heutigen Versuchen alternativen Lebens, die unter dem englischen Wort ,Singles' bekanntgeworden sind. Hier wird das Bedürfnis, allein für sich zu leben, nur selten Wohnung und Bett mit einem anderen zu teilen, zur tragenden praktischen Lebensgrundlage" (Seifert 1980, S. 24). Die Gruppe dieser Menschen ist schon sehr groß und sie wächst weiter.

Mit ihrem Wunsch nach Nähe und gleichzeitig Distanz werden heute viele Familienmitglieder weitgehend allein gelassen: Im Zusammensein bleibt kaum Raum für das Alleinsein. *Die Einsamkeit der Zweisamkeit ist das große Paradox des kleinfamiliären Freizeitlebens.* Das enge Zusammenwohnen und Zusammenleben ermöglicht zwar Geborgenheit und menschliche Wärme, blockiert aber zugleich die Erfüllung des zeitweiligen Wunsches nach innerer Distanzierung von sich und dem Lebenspartner. Um Eigenleben verwirklichen zu können, muß man Zeit für sich selbst haben und darüber auch verfügen können. Fehlt diese freie Zeit zur eigenen Verfügung (z.b. infolge zwanghafter Bindungen an die Familie), kann es zu Empfindungen von Einsamkeit inmitten von Gemeinsamkeit kommen. Es entwickelt sich ein *Zustand ungewollter Isolation (Schneckenhaus-Syndrom)* mit Gefühlen von Niedergeschlagenheit und Unwohlsein, Gereiztheit und Zorn gegen sich selbst. Die ungeduldige Stimmung schlägt in offene Aggression um, wenn die familiären Bindungen, Erwartungen und Forderungen den Wunsch nach einem Eigenleben in der Freizeit, nach einer individuellen Freizeit-Nische, auf Dauer unberücksichtigt lassen.

Abb. 9:

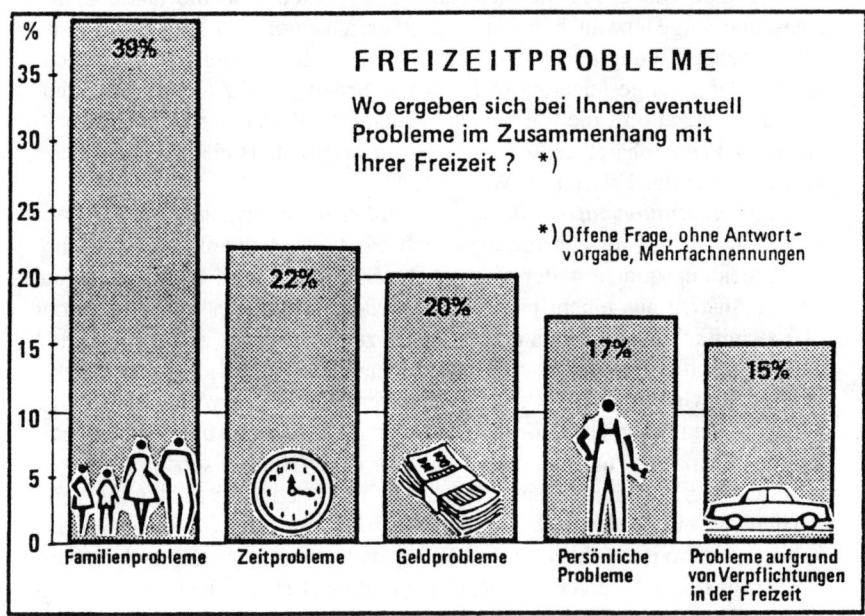

Quelle: B.A.T Freizeit-Forschungsinstitut

* Den folgenden Ausführungen liegen empirische Daten einer Repräsentativstudie zugrunde. Befragt wurden 200 Personen, die mit Partner zusammenleben und mindestens 1 Kind im Haushalt haben. Die Befragtengruppe war repräsentativ nach Geschlecht (Männer/Frauen) und Beruf (Hausfrauen/Angestellte/Arbeiter) zusammengesetzt. (B.A.T Freizeit-Forschungsinstitut: Probleme im Umgang mit der Freizeit, 2. Auflage, Hamburg 1986).

Sehnsucht nach Ruhe und Freizeit

Die eheliche Dauerbeziehung gilt nicht mehr als Maßstab für Lebenserfüllung. ,,Und sie heirateten und waren glücklich bis ans Ende ihrer Tage" ist eine Bilderbuchvorstellung. Die modernen Ehegleichnisse sind nüchterner:

○ Die Ehe wird mit einer Unternehmensgründung verglichen, die auf die Dauer von mindestens 20 bis 30 Jahre angelegt ist.

○ Die Ehe wird mit dem System einer Buchführung verglichen, in der die Verdienste und Schulden eines jeden Partners aufgeführt sind.

○ Die Ehe wird mit einem Gefängnis verglichen, aus dem es wieder auszubrechen gilt.

Es sind nicht die ersten Ehejahre, die die traditionelle Form der Zweisamkeit so problematisch erscheinen lassen. In dieser Lebensphase geht es meist um berufliche Positionen, soziale Stellungen und um das Finden eines eigenen Lebensstils. Die Ehe problematisiert sich meist in der Lebensmitte. Der berufliche und soziale Status der Familie ist weitgehend festgelegt, das Einfamilienhaus ist geplant oder bezogen, Pkw und Stereoanlage sind angeschafft. Was jetzt noch fehlt, ist der gemeinsame Mußegenuß. Statt dessen breitet sich immer mehr eine große Leere aus, die Ehepartner verfallen einer zweiten Pubertät, einer zweiten Identitätskrise: ,,Es melden sich Zweifel, ob man sich unter Leben eigentlich das vorgestellt hat, was dabei herausgekommen ist" (Willi 1975, S. 39).

Während die Ehepartner in der familiären und beruflichen Aufbauphase oft bis an die Grenze ihrer Leistungsfähigkeit beansprucht waren und sie sich nach mehr *Ruhe und Freizeit* sehnten, empfinden sie jetzt, da dieser Zustand erreicht ist oder erreichbar wird, nur ein Gefühl der großen Leere. Die gemeinsame Aufgabenbewältigung in Notzeiten ließ Identitätsprobleme gar nicht erst aufkommen. Nun aber wird die Schalheit von Berufserfolg und Besitzanhäufung plötzlich spürbar, wenn es darum geht, die ersehnte Muße als Einheit von Ruhe und frei verfügbarer Zeit gemeinsam zu gestalten und zu genießen. Auf dem Zenit ihres äußeren Wohlstands stehen sich die Ehepartner oft innerlich mit leeren Händen gegenüber.

Die Ehepartner wollen jetzt nicht mehr nur wissen, *wovon* sie leben, sondern auch eine Antwort darauf finden, *wofür* sie leben. Das innere Freiwerden für Gemeinsamkeiten hält aber nicht Schritt mit dem äußeren Freiwerden von Arbeit und Konsum. Im Zusammensein spüren sie plötzlich das Alleinsein, die neugewonnene Freiheit beschert unvermutet Einsamkeit (vergleiche Brocher 1980):

○ Die Enttäuschung wächst, daß der Partner nicht die Erwartungen erfüllt, die zu seiner Wahl geführt haben.

○ Die Angst entsteht, nicht über den Schatten eigener Unzulänglichkeiten springen und sich selbst nicht mehr ändern zu können.

○ Die Verzweiflung nimmt zu, einen Mangel an wirklicher Nähe und Gemeinsamkeit nicht mehr beheben zu können.

○ Hoffnungslosigkeit stellt sich ein angesichts der gegenseitigen Unfähigkeit, neue Gemeinsamkeiten für das Alter zu entwickeln.

Was vielen in dieser Krisensituation als Ausweg erscheint, ist Ausweglosigkeit: Verlassensein oder Verlassenwerden, Rückzug in die Einsamkeit oder Ausbruch aus der Gemeinsamkeit.

Als neue Zwischenform der Zweierbeziehung erfreut sich die Gattenfamilie — die Zweierehe ohne Kinder — wachsender Beliebtheit. Mit dem Begriff „Gattenfamilie" (Emile Durkheim: „famille conjugale") bezeichnet die Soziologie den Schrumpfungsvorgang der Familie auf den kleinsten Kreis der beiden Ehegatten als einer zwangsläufigen Folge des *zunehmenden Individualismus in den westlichen Industriegesellschaften.* Die Zahl der kinderlosen Ehen hat in der Bundesrepublik rapide zugenommen. Da eine Abhängigkeit von Kindern nicht gegeben ist, wird auch die Berufstätigkeit beider Partner zur Regel. Getrennt im Beruf etwas leisten zu müssen, um sich gemeinsam in der Freizeit viel leisten zu können, ist die orientierende Richtschnur für beide Partner.

Freizeitorientierung versus Familienorientierung

Für jeden zweiten Mann unter 30 sind Freunde, Hobbys und Urlaubsreise heute wichtiger als Ehe, Kinder und Familiengründung. Wie aus einer Repräsentativbefragung hervorgeht, wollen 49 Prozent der jungen Männer zwischen 18 und 29 Jahren auf ihre persönliche Freiheit und Unabhängigkeit in der Freizeit nicht verzichten. Ihre Begründung: „Man kann auch so glücklich leben!" Dieser Meinung ist hingegen nur jede dritte junge Frau. Von einem Freizeitleben ohne Kinder träumen gerade 30 Prozent der unter 30jährigen Frauen (vgl. Abb. 10).

Befragt wurden repräsentativ im gesamten Bundesgebiet Frauen und Männer ab 18 Jahren nach ihrer Einstellung zu Freizeit und Familie. Nicht nur in der jüngeren Generation, auch zwischen unverheirateten Männern und Frauen zeigten sich auffallende Unterschiede. Die überwiegende Mehrheit (56 %) aller unverheirateten Männer genießt ihr Freizeitleben ohne familiäre Verpflichtungen nach dem Grundsatz: „Meine persönlichen Freizeitinteressen sind mir wichtiger als Heiraten und eine Familie gründen".

Dagegen ist nur jede vierte unverheiratete Frau (26 %) mit ihrer Situation zufrieden. Drei Viertel aller unverheirateten Frauen wollen lieber für die Fa-

Abb. 10:

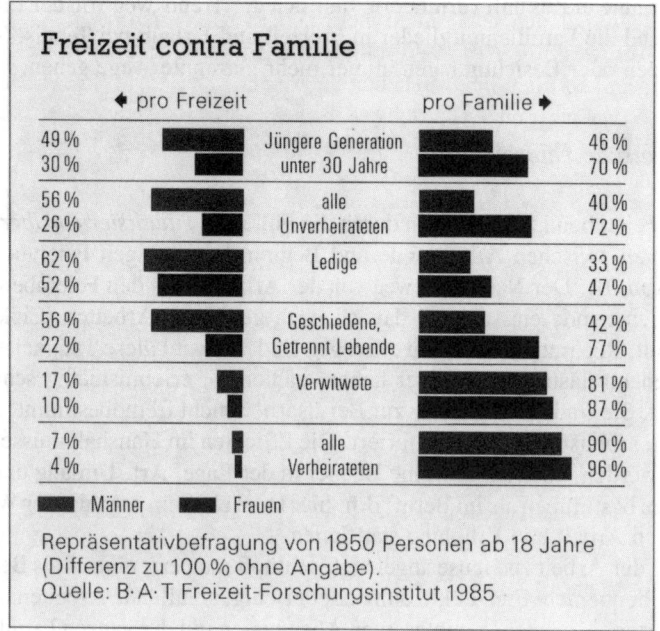

Freizeit contra Familie

◆ pro Freizeit   pro Familie ◆

49 % / 30 %	Jüngere Generation unter 30 Jahre		46 % / 70 %
56 % / 26 %	alle Unverheirateten		40 % / 72 %
62 % / 52 %	Ledige		33 % / 47 %
56 % / 22 %	Geschiedene, Getrennt Lebende		42 % / 77 %
17 % / 10 %	Verwitwete		81 % / 87 %
7 % / 4 %	alle Verheirateten		90 % / 96 %

■ Männer   ■ Frauen

Repräsentativbefragung von 1850 Personen ab 18 Jahre
(Differenz zu 100 % ohne Angabe).
Quelle: B·A·T Freizeit-Forschungsinstitut 1985

milie da sein und „für eigene Kinder sorgen", weil dies „auf die Dauer mehr
persönliche Lebenserfüllung gewährt, als wenn man immer nur an sich selbst
denkt". Diese Auffassung teilen auch 77 Prozent der geschiedenen Frauen.
Für sie sind Ehe, Kinder und Familie nach wie vor eine Aufgabe, „für die es
sich zu leben lohnt". Hingegen ist die Mehrheit der geschiedenen Männer
anti-familiär eingestellt. Nach ihrer Erfahrung bleibt im Familienleben nicht
genügend Zeit für persönliche Freizeitinteressen. Nur 42 Prozent könnten
sich wieder mit der Rolle als Ehemann anfreunden.

In allen westlichen Industrieländern nimmt die Kinderlosigkeit zu, wobei die Bundesrepublik Deutschland den größten Geburtenrückgang aufweist. Dies ist eine zwangsläufige Folge
des wachsenden Freizeitindividualismus, nicht selten auch Freizeitegoismus — vor allem der
Männer. Die Gefahr einer tendenziell kinderlosen Freizeitkultur zeichnet sich für die Zukunft
ab, weil sich in den Vorstellungen vieler Bundesbürger Kinderwunsch und freizeitorientierter
Lebensstil weitgehend ausschließen. Befürchtet werden deutliche Einschränkungen der persönlichen Freizeitinteressen und damit Einbußen an Lebensgenuß. Auf das freie Leben möchten viele so schnell nicht verzichten.

Diese Einstellungs- und Verhaltensänderung erfordert auch in der Familien-
politik neue Wege. Sie müßte überzeugende Konzepte dafür liefern, daß sich
Familienorientierung und Freizeitorientierung nicht mehr auszuschließen

brauchen. Nur ein neues Leitbild der freizeitaktiven Partnerschaft in der Familie könnte in Zukunft verhindern, daß sich der Trend ‚weg von der Ehe' verstärkt und die Familienmitglieder in Freizeit und Urlaub bei Tennis, Segeln, Ausflügen oder Besichtigungen immer mehr getrennte Wege gehen.

Der typische Feierabend

Der Feierabend zeichnet sich durch die Fülle von *ritualisierten Übergangsaktivitäten* zwischen Arbeitsende und Beginn des richtigen Feierabend aus (vgl. Abb. 11). Der Nachhauseweg von der Arbeit läutet den Feierabend oder das Wochenende ein, obwohl danach noch genügend Arbeiten (Einkaufen, Haushalt, Reparaturen usw.) zu erledigen sind. Obwohl diese Tätigkeiten eher unangenehm-lästigen Charakter haben, zählen sie erlebnismäßig schon zur Freizeit. Sie sind im Gegensatz zur Berufsarbeit nicht fremdbestimmt, außengeleitet, arbeitsteilig und strukturiert. Die Pflichten im Haushalt müssen zwar erfüllt werden, aber der einzelne ist eher in der Lage, Art, Umfang und Zeitpunkt zu bestimmen als im Beruf, d.h. hier kann eher ein organischer Wechsel zwischen Arbeit und Erholung stattfinden.

Nach der Arbeit zu Hause angelangt, schlüpft man erst einmal als Berufstätiger in bequemere Freizeitkleidung oder erledigt anfallende Arbeiten in Haus und Garten. Nach dem gemeinsamen Abendessen mit der ganzen Familie verlangen Ehepartner und Kinder ihr Recht, bis es (endlich) soweit ist, daß die Kinder ins Bett müssen und man sich dem persönlicheren Teil des Abends zuwenden kann. Nachdem man aber diese (familiären) Pflichten hinter sich gebracht hat, bleibt für anderes nur noch wenig Zeit und Muße.

Der Normal-Feierabend findet meist zu Hause vor dem Fernseher statt. Neben sich hat man eine Flasche Bier oder Wein ,,zur Lockerung der Stimmung", ,,um abzuschalten". Das Thema ,,Alkohol am Abend" wird ganz spontan von einem Viertel der Befragten angesprochen. Diese hohe Zahl läßt vermuten, daß es bei den anderen ähnlich ist.

Andere Betätigungen am Abend sind eher selten. Lesen — die zweite Hauptbeschäftigung — fällt weit hinter Fernsehen zurück. Das Buch oder die Zeitung ist für viele nur der ,,Lückenbüßer" zwischen den einzelnen Fernsehsendungen oder wird nur an solchen Abenden zur Hand genommen, wo weder ARD noch ZDF etwas ,,Gescheites" zu bieten haben. Aktivitäten außer Haus haben vergleichsweise wenig Bedeutung. Es ist eher die Ausnahme als die Regel, daß man mal zum Essen oder Kegeln ausgeht oder sich mit Freunden ,,auf ein Bier" verabredet.

Am Normal-Feierabend gilt für die meisten der Grundsatz: ,,Nur keine körperliche, geistige oder emotionale Anstrengung, du mußt am nächsten Arbeitstag wieder voll da sein." Am besten wird dies zu Hause bei sanft-seichter

TYPISCHER FEIERABEND		
(Offene Frage)		
Alle Befragten (N = 200)	In Prozent	
Übergangsaktivitäten zwischen Arbeit und richtigem Feierabend	**142**	
Nachhauseweg von der Arbeit	24	
Duschen, Umziehen	15	
Gemeinsames Abendessen	50	
Hausarbeit, Einkaufen	30	
Kinder gehen ins Bett, werden ins Bett gebracht	23	Arbeiter 13%
Bezug zur Familie	**92**	
Sich dem Ehepartner widmen	39	
Sich den Kindern widmen:		
Spielen, Vorlesen	25	
Mit ihnen reden	19	53
Hausaufgabenkontrolle	9	
Aktivitäten erfüllen folgende Bedürfnisse		
Abschalten, Entspannen, Ruhe haben	**79**	Ältere Befragte 89% Jüngere Befragte 67%
Kontakt zur Familie Geselligkeit, Gespräche	**65**	
Geistige Anregung, Information	**55**	Ältere Befragte 57% Jüngere Befragte 44% Hausfrauen 64% Angestellte 55% Arbeiter 48%
Körperliche Aktivität, Bewegung	25	Männer 33% Frauen 16%

Quelle: B.A.T Freizeit-Forschungsinstitut

Berieselung oder leichter Lektüre erreicht. Zur Ergänzung ein wenig Information über das Weltgeschehen durch Tagesschau oder Zeitung — um auf dem laufenden zu sein, aber auch mit der nötigen Distanz zu den Geschehnissen.

Körperliche Aktivität ist wenig gefragt bzw. wird bestenfalls in Maßen genossen (ein kurzer Spaziergang, hin und wieder eine ruhige Kugel beim Kegeln schieben). Das starke Ruhebedürfnis am Abend korrespondiert mit dem *Wunsch nach Alleinsein.* Für die meisten Befragten, vor allem für berufstätige Frauen, ist die Zeit, die man ganz allein für sich hat, das allerschönste Feierabendvergnügen.

Auch die Zeit, die man mit anderen — mit der Familie oder mit Freunden — verbringt, zählt zu den angenehmen Erlebnissen. Am stärksten wird solcher Kontakt wieder von den jüngeren Befragten und den Hausfrauen geschätzt. Neben den beiden Spannungspolen ,,Zeit für sich haben" versus ,,Zeit mit anderen verbringen" hat die Beschäftigung mit konkreten Hobbys nachrangige Bedeutung. *Am ,,typischen" Feierabend besteht der Arbeitsrhythmus fort.* Als gemeinsame Strukturen sind in allen Antworten erkennbar:

○ Übergangsaktivitäten zwischen Abschluß der (Berufs)arbeit und Beginn der eigentlichen Freizeit (Nachhauseweg, Duschen, Abendessen, Haushalt usw.)
○ Zeit für bzw. mit der Familie
○ Zeit für sich selbst, für Hobbys usw.

Einen Eindruck vom Verlauf eines solchen gelungenen Feierabends geben die folgenden Äußerungen:

○ ,,Ein Bekannter rief an und fragte, ob wir Lust hätten, ein Bierchen zu trinken. Wir haben uns dann in einer Kneipe getroffen, und da waren zufällig noch andere Bekannte. Wir haben bis morgens um 2 Uhr zusammen gesessen und über Gott und die Welt geredet."
○ ,,Mein Mann hatte mich von der Arbeit abgeholt, weil wir noch etwas erledigen wollten. Anschließend hat er mich zum Essen eingeladen. Wir haben gemütlich gesessen und Wein getrunken. Ich habe mir ziemlich viel von der Seele geredet und hatte das Gefühl, daß wir zwei uns eigentlich sehr gut verstehen."
○ ,,Wir sind nach Bad Dürkheim mit einem Bus gefahren zum Wurstmarkt. Der ganze Kegelclub war dabei. Sind Karussell gefahren, haben getrunken und gegessen. Wir waren fröhlich und ausgelassen wie Kinder."

Der mißlungene Feierabend

Auch an das negative Pendant, den besonders unangenehmen Feierabend, können sich viele Befragte erinnern: *Hauptursache und Konfliktherd ist die Familie.* Angefangen mit mehr oder weniger ,,normalen" Meinungsverschiedenheiten zwischen Eheleuten bis hin zum um sich schlagenden betrunkenen Ehemann sind alle Varianten des ehelichen Nervenkrieges enthalten. Darüber hinaus steuern auch die Kinder ihren Anteil an Konfliktstoff bei. Mal muß sich der abgespannte Vater mit ihnen und verärgerten Nachbarn wegen kaputter Fensterscheiben abplagen, dann sind es ihre bohrenden Fragen, die ihn nicht zur Ruhe kommen lassen oder sie stören ständig beim Fernsehkrimi (statt zu schlafen).

Ein weiterer wichtiger *Störfaktor* ist der *Beruf*. Lange Überstunden verkürzen den Feierabend so sehr, daß gar keine richtige Freizeit mehr übrigbleibt. Oder der berufliche Ärger tagsüber hinterläßt eine solche gereizte Stimmung, daß der Betroffene den Abend nicht mehr genießen kann und durch seine Laune die gesamte Familie in Mitleidenschaft zieht (vgl. Abb. 12). Einen Eindruck von Verlauf und Stimmung des mißlungenen Feierabends geben die folgenden Äußerungen:

○ ,,Mein Mann hat erst Fußball geguckt. Ich wollte mit ihm reden, er mußte aber danach noch arbeiten. Er hatte den ganzen Abend keine Zeit für mich.''

○ ,,Ich kam nach Hause, mein Mann war besoffen, ich mußte ihn ins Bett bringen. Dabei wurde das Kind wach. Ich konnte nicht einschlafen.''

○ ,,Die Kinder waren laut, schliefen nicht ein. Die Leute im Haus beschwerten sich. Ich wollte am nächsten Tag nicht arbeiten.''

○ ,,Ich war unzufrieden über das, was tagsüber in der Arbeit lief, und das hat meine ganze Stimmung verdorben und sich auch auf die Familie ausgewirkt.''

○ ,,Mein Mann ging entgegen unserer Abmachung weg, und da war ich unheimlich sauer.''

○ ,,Verwandte meines Mannes kamen unangemeldet vorbei und störten den Abend. Diese Verwandten mag ich nicht und ich hatte mich eigentlich auf Ruhe und Entspannung eingestellt.''

○ ,,Am Geburtstag meiner Frau habe ich früher im Geschäft Schluß gemacht. Ich habe ihr 3 Chrysanthemen gekauft, und sie wußte sie nicht zu würdigen. Danach habe ich ihr die 3 Chrysanthemen um die Ohren geschlagen.''

Am Feierabend bleibt man wie am Arbeitstag ,,im geordneten Trott''. Man untergliedert den Abend, so daß alles zu seinem Recht kommt. Entsprechend geruhsam wird der ,,typische'' Feierabend gestaltet. Man ist sich der Passivität bewußt (79 % sagen, daß ihre ,,Aktivitäten'' am Normal-Feierabend dem Bedürfnis nach Abschalten dienen), steht ihr aber ambivalent gegenüber. *Aktivität in der Freizeit ist das Ideal*, aber Abschalten, Entspannung und Ruhe haben sind das, wonach Körper und Geist am Feierabend verlangen. Man möchte daher gerne allein sein, seine Ruhe haben. Die soziale Bindung ermöglicht aber keine völlige Ungestörtheit, denn die Familie verpflichtet zum Zusammensein in der gemeinsamen Wohnung, d.h. meist im Wohnzimmer.

Tab. 12:

MISSLUNGENER FEIERABEND

(Offene Frage)

Alle Befragten, die sich an einen mißlungenen Feierabend erinnern können (N = 116)	In Prozent		
Soziale Faktoren	**44**		
Ehekrach, gespanntes Verhältnis, Ehepartner war betrunken	28	Frauen Männer	40% 15%
Kind hat mich genervt, wollte nicht schlafen, hat ständig gefragt, hat etwas angestellt	16		
Berufliche Faktoren	**32**		
War kein richtiger Feierabend (Ich/Ehepartner mußte länger arbeiten)	17		
Ärger im Beruf	15	Angestellte Arbeiter	23% 15%
Anderes			
Ich/Ehepartner/Kind war körperlich kaputt, krank	18		
Unangemeldeter, unangenehmer Besuch	8		
Unangenehmer Brief, schlechte Nachricht	7		
Gefühl			
Genervt, abgespannt, überbeansprucht, fand keine Ruhe	20		
Deprimiert, traurig, fühlte mich als Versager	12	Hausfrauen	18%
Ärger	11		
Gereiztheit	11		
Unbefriedigt	11		
Mieses Gefühl, alles Mist	7		
Ehepartner machte Vorwürfe	7		
Verunsichert/Wußte nicht, wie ich mich verhalten sollte	7		
Sauer, wütend	6		
Angst, allein	6	Hausfrauen	18%
Enttäuscht	5		

Quelle: B.A.T Freizeit-Forschungsinstitut

Als Kompromiß zwischen diesen gegensätzlichen Polen bleibt nur, den Feierabend *räumlich vereint mit der Familie* zu verbringen, dabei aber weitgehend geistig-seelisch für sich zu bleiben. Die Kontakte mit der Familie werden aufs Nötigste beschränkt (gemeinsames Abendessen, kurze Gespräche, Hausaufgabenkontrolle). Danach ist Fernsehzeit (für 84 % der Betragten am typischen Feierabend). Durch das gemeinsame Fernsehen genügt man der Verpflichtung zum Zusammensein, ist aber nicht zum Reden oder zu sonstigen Anstrengungen gezwungen.

Mit der „typischen" Feierabend-Gestaltung ist man nicht zufrieden. Gesellschaftlicher Druck, „mehr" aus dem Feierabend zu machen und Zwang, sich der Familie zu widmen, stehen zu sehr im Gegensatz zum Ruhebedürfnis, das am kurzen Feierabend absoluten Vorrang genießt.

Der gelungene Feierabend

An einen besonders gelungenen Feierabend können sich zwei Drittel der Befragten erinnern. Meist fand dieser innerhalb der letzten zwei Wochen statt. Eine herausragende Position nimmt hierbei der *Freitag* ein: Am Freitag findet am häufigsten der gelungene Feierabend statt. Der Freitag als *Tor zum Wochenende* besitzt in zweifacher Hinsicht eine interessante Stellung: zum einen als „typischer" Feierabend, den man in aller Ruhe zu Hause verbringt, aber auch als „gelungener" Feierabend, den man außer Haus in Geselligkeit und gelöster, ausgelassener Atmosphäre erlebt. Der gelungene Feierabend ist ein atypischer Ausnahmefall, der unter dem Motto „Raus aus dem üblichen Alltagstrott" steht. Er wird bevorzugt *„out-door" im Kreis der Freunde* verbracht. Anders als am üblichen Feierabend führt man nun endlich mal wieder interessante Gespräche. Durch die Atmosphäre der unüblichen Umgebung und durch gutes Essen und Trinken bekommt der Abend eine besonders angenehme Note. Die Initiative geht dabei meist von anderen (von Freunden oder vom Ehepartner) aus. Die latente Bereitschaft, auf solche Anregung einzugehen, ist vorhanden, aber man braucht dazu einen kleinen Anstoß.

Charakteristisch für diesen Feierabend ist ein *rundherum positives Lebensgefühl* aller Beteiligten. Im Gegensatz zum Normal-Feierabend, wo das Spaßhaben nur eine sehr untergeordnete Bedeutung hat, zeichnet sich der schöne Abend durch Fröhlichkeit und lockere Stimmung aus. An diesem Abend werden die Alltagsprobleme vergessen. Was zählt, ist die Geborgenheit im Kreis netter Menschen und das Gefühl von Harmonie mit sich selbst und der Umwelt (vgl. Abb. 13). Hinzu kommt noch eine Spur von Abenteuer. Die spontane Entscheidung, den Abend einmal ganz anders als sonst zu gestalten, und die damit verbundenen neuen Eindrücke und Erlebnisse besitzen einen besonderen Reiz.

Abb. 13:

BESONDERS GELUNGENER FEIERABEND (Offene Frage)		
Alle Befragten, die sich an einen besonders schönen Feierabend erinnern können (N = 132)	In Prozent	
Gefühle		
Spaß	33	
Fröhlichkeit, gute Laune, ausgelassene Stimmung	15	
Zufriedenheit, Freude	10	
Gelöste, lockere Atmosphäre	8	
Geborgenheit	31	
Alle Freunde, Familienmitglieder waren zusammen	14	Arbeiter 18% Angestellte 9%
War mit Partner zusammen	7	
War nicht allein/ Gefühl, Freunde zu haben	5	
Wurde verwöhnt/ Spürte, ich werde geliebt	5	
Harmonie	31	
Harmonisch, ausgeglichene Stimmung	17	
Innerlich frei und unbeschwert, ohne Probleme und Belastung	9	
Kein Mißklang, kein Streit, nichts ging schief	5	
Abenteuer		
Überraschung, Spontaneität, neue Erlebnisse	15	Jüngere Befragte 22% Ältere Befragte 7%
Anderes		
Ruhe, Stille, Entspannung	8	
Erinnerung an früher, Kindheit	8	
Keine Arbeit, ohne Kind	5	

Quelle: B.A.T Freizeit-Forschungsinstitut

Das typische Wochenende

Das ,,typische" Wochenende ist gekennzeichnet durch eine Vielzahl von Arbeiten, die sich vor allem auf den Samstag konzentrieren. Betroffen hiervon ist besonders die Frau, die am Wochenende den Einkauf erledigen und den Haushalt in Ordnung bringen muß. Selbst am Sonntag erwartet man von ihr Arbeit. Auch für die Ehemänner fällt am Wochenende ,,Arbeit" an. Sie müssen mit dem Auto zum Großeinkauf fahren, die schweren Einkaufstaschen tragen und sich die längst fälligen Arbeiten im Garten und am Auto vornehmen.

Großen Wert wird am Wochenende auf *Gemeinsamkeit* gelegt. Dies fängt bei den Mahlzeiten an, die in Ruhe und bei ,,*vollzählig versammelter*" *Familie* eingenommen werden müssen, und endet bei geplanten Aktivitäten für die Kinder und mit den Kindern, denen die Eltern am Wochenende endlich die Aufmerksamkeit schenken, die unter der Woche zu kurz gekommen ist. An konkreten Freizeitbeschäftigungen stehen demzufolge die sozialen Nachholaktivitäten an allererster Stelle. Im Kreise der Familie werden Ausflüge unternommen oder man spielt zumindest miteinander im Haus oder Garten.

Trotz dieser Orientierung an Ehepartner und Kind ist die familiäre Bindung am Wochenende nicht so ausschließlich wie am Feierabend. Am Feierabend stand das Ruhe-haben-Wollen im Zentrum und verhinderte nicht nur die Kommunikation in und mit der Familie, sondern auch mit den Freunden. Am Wochenende werden die sozialen Kontakte wieder enger und angenehmer; am langen Wochenende nimmt man sich gerne mal wieder Zeit für Freunde und Verwandte.

Körperlichen Aktivitäten wird ebenfalls am Wochenende mehr Platz eingeräumt als am Feierabend. Vor allem beim traditionellen Sonntagnachmittag-Spaziergang sollte möglichst die ,,komplette Familie" dabeisein.

Für geistige Aktivitäten ist bei der Fülle notwendiger Arbeiten, sozialer Verpflichtungen, körperlicher Betätigung und ,,unumgänglicher" Ruhepausen dann auch am Wochenende kaum Zeit. Nach ausführlicher Lektüre der Samstagsausgabe der Tageszeitung spielt sich auf diesem Gebiet praktisch nichts mehr ab.

Was am Wochenende am meisten Spaß macht, ist für die soziodemographischen Gruppen etwas unterschiedlich. Die Hausfrauen freuen sich am meisten darüber (30%), daß sie am Wochenende endlich einmal die komplette Familie um sich scharen können, während nur 14 Prozent der Berufstätigen das Zusammensein besonders hervorheben. Weil Gemeinsamkeit oberstes Gebot ist, sind am langen Wochenende nur bedingte Rückzugsmöglichkeiten vorhanden.

Daß das familiäre Beisammensein aber nicht nur spontanes Bedürfnis ist, zeigt sich z.B. an der Betonung des Wörtchens ,,gemeinsam" (z.B. gemeinsam frühstücken). Unfrieden in der Familie und Zwang zu Rücksichtnahme

Abb. 14:

BESCHREIBUNG DES TYPISCHEN WOCHENENDES
(Offene Frage)

Alle Befragten (N = 200)		In Prozent	
Freizeitaktivitäten			
Soziale Aktivitäten	**134**		
Besuch von/bei Bekannten/ Verwandten	42	Frauen Männer	49% 34%
Spazierfahrten, Ausflüge, Zoobesuch	37		
Ausgehen (Essen, Kino, Kneipe, Verein)	35		
Spiele	9		
Gespräche, Diskussionen	7		
Kirchgang	4		
Passive Beschäftigungen	**94**		
Fernsehen zur Unterhaltung	38	Arbeiter Angestellte	43% 29%
Fernsehen zur Information	12		
Ausschlafen, Mittagsschlaf	35		
Baden	9		
Körperliche Aktivitäten	**67**		
Wandern, Spazierengehen	41	Männer Frauen	48% 32%
Sport	20		
Heimwerken, Basteln	6		
Geistige Aktivitäten	**26**		
Lesen, Zeitung lesen	18		
Musik hören	8		
Arbeiten	**91**		
Einkaufen	31		
Haushalt, Aufräumen	23		
Essen vorbereiten, Kochen	16		
Gartenarbeit, Reparaturen	12		
Andere Arbeiten: Schwarzarbeit, Unerledigtes aufarbeiten	10		
Essen	**80**		
(Gemeinsam) frühstücken	30		
(Gemeinsam) mittagessen	23		
(Gemeinsam) Kaffee trinken	17		
(Gemeinsam) abendessen	10		
Bezug zur Familie	**26**		
Sich den Kindern widmen (spielen, vorlesen, mit ihnen/ihretwegen Ausflüge unternehmen)	25		
Sich dem Ehepartner widmen	1		

Quelle: B.A.T Freizeit-Forschungsinstitut

56

und Kompromissen lassen doch ab und zu den Wunsch aufkommen, ganz allein oder zumindest ohne Kinder zu sein.

Die Freiheit, über seine Zeit nach eigenen Wünschen zu verfügen, ist allen Gruppen gleichermaßen wichtig. Aber auch am Wochenende heißt Freisein in erster Linie *„Freisein von etwas"*, nicht *„Freisein für etwas"*. Charakteristisch ist, daß wenig Schilderungen erfolgen, für welche Aktivitäten und Hobbys die Gestaltungsfreiheit genutzt wird, sondern fast alle Erläuterungen beziehen sich darauf, was man *nicht* tun muß.

Bei aller Aktivität findet am Wochenende auch sehr viel Passives statt. In den Abendstunden trifft man sich wieder vor dem Fernseher und wartet dort in gewohnter Haltung auf das Ende der Fernsehsendung. Ein Bedürfnis nach Ruhe ist wie an jedem Wochentag auch samstags und sonntags vorhanden. Dem wird durch langes Schlafen am Morgen oder ein „Nickerchen am Mittag" abgeholfen. Lange schlafen am Morgen oder ein Mittagsschläfchen gönnen sich die Männer besonders gern (11%). Frauen kommen seltener in den Genuß (4%). Dies liegt vermutlich nicht daran, daß sie nicht wollen, sondern daß sie nicht können, weil Kinder, Ehemann und Haushalt ihnen keine Ruhe lassen.

Das gelungene Wochenende

Charakteristisch für ein „gelungenes Wochenende" sind drei Momente. Es

○ findet bevorzugt außer Haus (outdoor) statt,
○ ist sozial-kommunikativ orientiert und
○ ist aktiv.

Ein-Tages-Ausflüge oder Wochenendreisen prägen sich den meisten als äußerst angenehme Erinnerung ein. Solche Fahrten stellen eine willkommene Abwechslung vom üblichen Trott dar. Weg von Haushalt, Fernseher usw. in einer anderen Umgebung läßt man alle Sorgen und Belastungen hinter sich. Schon allein das Weg-sein-von-zu-Haus versetzt in Hochstimmung. Hinzu kommen „Extras" wie gutes Essen und Trinken in netter Runde, die ein solches Wochenende zum Erlebnis machen. Die Geselligkeit animiert dazu, sich völlig locker und ungezwungen zu fühlen. Unter gutgelaunten Menschen kann man mal wieder albern und ausgelassen „wie in der Kindheit" sein. Als besonders beglückend wird dabei der Zustand innerer Harmonie und Geborgenheit im Kreis von Familie und Freunden erlebt.

ABLAUF EINES BESONDERS GELUNGENEN WOCHENENDES
(Offene Frage)

Alle Befragten, die sich an ein besonders schönes Wochenende erinnern können (N = 137)	In Prozent	
Ort		
Zu Hause	25	
Auswärts	75	
Personen		
Mit Familie	40	
Mit Ehepartner ohne Kinder	10	
Ohne Familie	7	
Mit Freunden	35	Jüngere Befragte 49% Ältere Befragte 31%
Mit Verwandten	11	
Aktivität/Ablauf		
Ausflug, Wochenendreise	57	
Restaurantbesuch, gutes Essen und Trinken	31	
Geselligkeit	28	
In der Natur, an einem See	21	
Spaziergang	15	
Interessante Gespräche	14	
Besonderer Anlaß (z. B. Geburtstag)	12	Ältere Befragte 19% Jüngere Befragte 3%
Schönes Wetter	10	
Tanzen, Theater, Kino, Kneipe	5	

Quelle: B.A.T Freizeit-Forschungsinstitut

Das mißlungene Wochenende

An ein rundum fehlgeschlagenes Wochenende erinnert sich immerhin ein Drittel der Befragten. Als Hauptursache wird die Familie angeführt. Die Kinder sind dabei nur selten die Verursacher; meist vermiest ein Ehekrach die Stimmung so sehr, daß das ganze Wochenende überschattet ist.

Hervorgerufen werden die *ehelichen Spannungen* vor allem durch fehlende Rücksichtnahme. Die Ehepartner oder — wie die Befragten ehrlich zugeben — sie selbst haben sich dem Wunsch nach Gemeinsamkeit widersetzt und dadurch die freie Zeit verdorben. Beispielsweise dadurch, daß sich der Ehemann Arbeit aufhalsen ließ oder sich mit ,,Saufkumpanen vollaufen" ließ.

Eine weitere häufige Ursache ist das Mißlingen eines Planes. Hat man eine Unternehmung ins Auge gefaßt (und dann taucht unverhoffter Besuch auf oder das Picknick fällt bei Regen buchstäblich ins Wasser), sinkt das Stimmungsbarometer auf den Nullpunkt. Ein solcher ,,Strich durch die Rechnung" bedeutet für viele ein ,,total vermasseltes" Wochenende, das durch nichts zu retten ist.

Abb. 16:

ABLAUF DES MISSLUNGENEN WOCHENENDES
(Offene Frage)

Alle Befragten, die sich
an ein mißlungenes Wochenende
erinnern können
(N = 67)   In Prozent

Disharmonie, Konflikte in der Familie (meist Ehekrach, seltener Ärger mit Kindern)	40	Angestellte Arbeiter	46% 32%
Plan ließ sich nicht realisieren, alles lief schief	39	Hausfrauen	53%
Todesfall, Krankheit	18		
Schlechtes Wetter	16		
Unangenehmer Besuch	12		
Arbeit am Wochenende	12		
Anderes (Langeweile u. ä.)	8		
Befragter/Ehepartner war betrunken	5		

Quelle: B.A.T Freizeit-Forschungsinstitut

Hier einige wörtliche Äußerungen über ein ,,mißlungenes" Wochenende:

O ,,Samstag morgen hat mein Mann Fußball gespielt. Mittags war er kurz zum Essen zu Hause. Dann ist er ins Kicker-Stadion gegangen. Als er wiederkam, hat er sich das Spiel noch einmal in der Sportschau angesehen. Und dann, als ich glaubte, jetzt endlich hätte er Zeit für mich, mußte er noch arbeiten. Ich war dann auch noch den ganzen Sonntag sauer und habe kein Wort mit ihm geredet."

○ „Mein Mann hat das ganze Wochenende bei seinen Bekannten tapeziert. Für mich hatte er keine Zeit, aber für fremde Leute hat er sich abgerackert für 'nen Appel und ein Ei."

○ „Wir wollten in den Taunus zum Picknick fahren. Freitags war noch wunderschönes Wetter, und samstags, als es losgehen sollte, hat's gegossen. Ich hatte so eine Wut, daß ich zu gar nichts mehr Lust hatte."

○ „Wir hatten uns auf ein richtig gemütliches Wochenende eingestellt. Und dann tauchte unangemeldet Tante Gertrud auf und hat uns mit ihrem Gequassel den ganzen Tag verdorben."

Zusammenfassung

In den Untersuchungen stellte sich Freizeit als ein Komplex heterogener Wünsche und Strebungen dar: Man könnte und möchte sich vom festen Rhythmus lösen, bleibt aber auch in der frei verfügbaren Zeit ständig im Bann der Arbeit und der sozialen Zwänge. Zentrale Pole des Spannungsfeldes sind:

○ *Freiheitsstreben versus Lenkung und Anregung*
Freizeit beinhaltet die Chance der Freiheit. Sie gestattet, das Leben selbst in die Hand zu nehmen, seine verborgenen Träume in die Tat umzusetzen. Dies geschieht aber nur selten. Die Angst vor den „Gefahren" der Freiheit ist zu groß; man fürchtet, den Kontakt zum geordneten, stabilen System Arbeitswelt zu verlieren. Für die ungewohnte, plötzliche Freiheit ist man schlecht ausgerüstet. Charakteristisch sind abstrakte und diffuse Vorstellungen von Freiheit, mit der man wenig Konkretes anzufangen weiß. Man fühlt sich zwar „irgendwie" frei, aber nicht frei für Neues, anderes, sondern frei von Arbeit, Fremdbestimmtheit. Auch in der freien Zeit bleibt man im Trott, läßt sich von außen (vor allem vom Fernseher) lenken und anregen, bleibt im Rahmen des Gewohnten, Sicheren.

○ *Sicherheit der Routine versus Abenteuerlust und Experimentierfreude*
Aus Angst, die Freiheit allein nicht „in den Griff" zu bekommen, läuft Freizeit bevorzugt als „Standard-Programm" ab. In den eigenen vier Wänden im Kreis der Familie bewegt sich die „Aktivität" innerhalb enger Bahnen. Das Schmalspur-Repertoire schützt vor unangenehmen Überraschungen, verschafft ein Gefühl der Sicherheit. Tief verborgene Sehnsüchte nach Neuem, Besonderem dringen nur sporadisch und bestenfalls im „Rahmen" nach außen. Solche kleinen Eskapaden stellen das „Salz in der Suppe" dar, die einzelne Abende oder Wochenenden zu einem unvergessenen Erlebnis machen, an die man sich aber auf keinen Fall gewöhnen möchte.

○ *Allein-sein-Wollen versus Kontaktbedürfnis bzw. Kontaktverpflichtung*
Die Ambivalenz dieser Strebung ist besonders stark und stets gegenwärtig. Auf der einen Seite steht das Bedürfnis nach eigener Weiterentwicklung, nach Nutzung der Zeit für sich ganz persönlich, aber auch die Angst davor, mit sich allein nichts anfangen zu können. Andererseits existiert auch ein echter Wunsch nach befriedigenden zwischenmenschlichen Beziehungen, denen aber durch das familiäre Muß zum Zusammensein ein Stempel der Zwanghaftigkeit aufgedrückt wird.

○ *Erholungsbedürfnis versus Aktivitäts- und Beschäftigungsdrang*
Freizeit wird als Pendant zur Arbeit definiert, direkt als ,,Nicht-Arbeitszeit'', indirekt als ,,Erholungszeit für die Arbeit''. Dieser enge Bezug überschattet die gesamte Freizeit. Die Arbeit ,,schlaucht'' so sehr, daß die Freizeit in erster Linie als Ruhe nach und vor dem Sturm erlebt wird, man *muß* sich erholen. Für Aktivität ist daneben kaum Zeit. Es verbleibt lediglich ein ungutes Gefühl, daß man doch eigentlich mit der freien Zeit ,,mehr'' anfangen könnte.

Ambivalenz und zentrale Bedeutung dieser heterogenen Motive machen deutlich, daß Freizeit eine ,,ernste Sache'' ist. Hauptfunktion ist die Regeneration, nicht etwa Spaß, Entwicklung oder ähnliches. Zusätzlich problematisiert wird die freie Zeit durch eine Vielzahl von sozialen Verpflichtungen und ,,Sachzwängen'', so daß letztlich nur noch ein Minimum an Zeit ohne jegliche Belastung (auch gedankliche) übrigbleibt — eine Tatsache, die verbal viel bedauert wird, aber auch von der ganzen ,,Last'' der Freiheit befreit.

Der Stellenwert dieser divergierenden Strebungen stellt sich bei den verschiedenen Freizeitarten (Feierabend, Wochenende) unterschiedlich dar.

○ *Der Feierabend als Appendix der Arbeit*
Die größte Dichte zwischen Freizeit und Arbeit besteht zweifellos am Feierabend. Die typische Feierabendstimmung ist daher leicht gereizt. Neben der körperlichen und geistigen Müdigkeit spielen hier Versagens- bzw. Überforderungsansprüche eine Rolle. Der einzelne befindet sich in einem Spannungsfeld zwischen der sozialen Norm, ,,etwas Vernünftiges'' mit seiner Freizeit anzufangen (sich sportlich betätigen, sozial aktiv sein, kulturell/geistig rege sein) und dem eigenen Phlegma, seinem Bedürfnis nach Ruhe und Entspannung.

Besonders *stark ist der soziale Druck* — und das schlechte Gewissen — *in Richtung Familienkontakt*. Kinder und Ehepartner erwarten Anteilnahme, beanspruchen Aufmerksamkeit. Man selbst ist müde, abgespannt, möchte Zeit für sich haben. Dieser Konflikt wird nur scheinbar gelöst: Man bleibt ,,alleine in der Gemeinschaft''. Der Feierabend findet zwar im Kreis der Familie statt, aber jeder bleibt eigentlich für sich. (Hier tut der Fernseher, Sammelpunkt der Familie, ,,gute Dienste''.) Kontakte sind flüchtig, aufs

Wichtigste beschränkt. Hält sich ein Familienmitglied nicht an dieses „Sparprogramm", so ist der Feierabendfriede dahin, die Spannung entlädt sich.

Im Gegensatz zu den familiären werden persönliche Probleme kaum bewußt. Hier existiert eine starke Verdrängungstendenz, die solche in der eigenen Person liegenden Schwierigkeiten erst in den projektiven (getarnten) Versuchen manifest werden läßt.

○ *Der Kompensationscharakter des Wochenendes*
Das Wochenende steht unter dem Motto: Nachholen, was unter der Woche versäumt wurde. Das Wochenende gehört der Familie. Das familiäre Zusammensein ist allerdings nicht nur Befriedigung und spontanes Bedürfnis, sondern auch Kompensation der Schuldgefühle von Vätern und berufstätigen Müttern.

Obwohl also auch am Wochenende ein familiäres Soll zu erfüllen ist, sind die Stimmungen insgesamt positiver. Die längere Arbeitspause führt zu einer entspannteren Atmosphäre, die gemeinsamen kleinen Unternehmungen (häufiger außer Haus) stellen eine willkommene Abwechslung aus dem normalen Feierabendtrott dar, und schließlich kommt auch der einzelne am Wochenende zu seinem Recht: Am Abend darf sich die Familieneinheit mit Billigung aller auflösen, jeder kann nun entweder seinem Hobby nachgehen oder sich wieder der „Pflege" des Ruhebedürfnisses widmen.

Zusammenfassend muß man feststellen, daß Freizeit den einzelnen mit einer Fülle von Schwierigkeiten konfrontiert. Das Problembewußtsein für diese Phänomene ist bei näherem Hinsehen groß. Das heißt, die glitzernden Klischees der Freizeitindustrie vermögen das verbreitete Unbehagen und die tiefsitzenden Ängste nur zeitweise bzw. unzulänglich zu übertünchen: Der einzelne bleibt in einem unlösbaren Konfliktfeld mit seinem Bedürfnis nach Freiheit und Sicherheit, nach sozialer Bindung und Eigenständigkeit allein.

3.2 Allein in der Freizeit

Lebensgefühl und Freizeitverhalten von Alleinlebenden

Keiner lebt für sich allein. Auch der Alleinlebende nicht. Er braucht den anderen. Vor über 700 Jahren scheiterte das Experiment Friedrichs II. von Hohenstaufen. Er wollte herausfinden, in welcher Sprache Kinder zu reden anfangen, mit denen vorher niemand sprach. Eindrücklich berichtet die Chronik des Salimbene de Adam aus Parma über den gescheiterten Versuch: ,,Aber er mühte sich vergebens, weil die Knaben und anderen Kinder alle starben. Denn sie vermochten nicht zu leben, ohne das Händepatschen und das fröhliche Gesichterschneiden und die Koseworte ihrer Ammen..."

Der Mensch ist ein soziales Wesen. Die meiste Zeit seines Lebens verbringt er in Gesellschaft anderer Menschen — im Kreis der Familie, des Ehepartners, der Eltern oder Geschwister, im Freundes- oder Bekanntenkreis, im Kreis der Verwandtschaft, Nachbarschaft oder Arbeitskollegen. Zu den unumgänglichen sozialen Beziehungen im Alltagsleben gesellen sich freiwillig gewählte Kontakte. Dahinter verbirgt sich das grundlegende Bedürfnis nach Geselligkeit, das in allen menschlichen Kulturen anzutreffen ist. Damit verbunden sind Bedürfnisse nach sozialer Anerkennung, der Wunsch nach einem anerkannten Status in der Gruppe und im gesellschaftlichen System (vgl. Dittrich 1972, S. 126), das Verlangen nach Bindung und Geborgenheit ebenso wie nach Prestige und Macht.

Frei und ungebunden sein, die Zeit frei einteilen und für sich selbst Verantwortung tragen zu können, ohne ständig auf andere Rücksicht nehmen zu müssen oder anderen gegenüber Rechenschaft schuldig zu sein, dies sind zweifellos hervorstechende und subjektiv als positiv erlebte Merkmale des Freizeitlebens von Alleinlebenden. Der *Gewinn an Freiheit* geht mit einem Mangel an Geborgenheit einher. Insbesondere am Feierabend wird die fehlende menschliche Nähe und Wärme vermißt, wird die persönliche Verlassenheit spürbar, wenn man nach Hause kommt — und keiner da ist. Trotzdem müssen sich die Alleinlebenden mit ihrem Alleinsein und Einsamsein arrangieren.

Gibt es eigentlich ein zentrales Lebensgefühl, eine Lebensphilosophie der Alleinlebenden? Weit davon entfernt, eine Typologie zu propagieren, wurden 37 Aussagen (Statements) zum Freizeitverhalten und zur Lebensphilosophie 302 Alleinlebenden zur persönlichen Wertung und Gewichtung vorgelegt, um etwas über ihr Lebensgefühl und ihre Einstellung zum Leben allgemein zu erfahren. Anhand einer Bewertungsskala von 1 bis 6 sollten die Befragten die Stärke ihrer individuellen Zustimmung oder Ablehnung zum Ausdruck bringen.

---

* Den folgenden Ausführungen liegen empirische Daten einer Repräsentativstudie zugrunde. Befragt wurden 302 alleinlebende Erwachsene im Alter zwischen 25 und 54 Jahren. Als Definitionsmerkmale für ,,Alleinlebende" wurden gewählt: Unverheiratet/nicht verlobt/eigener Haushalt/Einkommen über 1.000 DM/berufstätig/ohne feste Bindung an einen Partner und — zum Zeitpunkt der Befragung — ohne Absicht, sich fest zu binden (B.A.T Freizeit-Forschungsinstitut: Allein in der Freizeit, 2. Auflage, Hamburg 1986).

Abb. 17:

Was Singles über Freizeit und Alleinsein denken
Befragung von Alleinlebenden im Alter von 25–54 Jahren

	Zustimmung	Ablehnung
Eine eigene Wohnung zu haben, ist für mich (lebens-)wichtig	1.7	
Meine Freiheit geht mir über alles	2.1	
Ich bin ein aktiver, unternehmungslustiger Mensch	2.3	
Die Verbindung zu meinen Eltern will ich nicht total abreißen lassen	2.3	
Ich habe gern viele Menschen um mich	2.5	
Zu meiner Mutter habe ich ein gutes Verhältnis	2.5	
Ich fühle mich wohl, wenn so richtig was los ist	2.6	
Eigentlich sehne ich mich nach einem Menschen, der mich versteht	2.6	
Immer allein zu sein, kann ich mir schwer vorstellen	2.8	
Ich lasse mich gern bewundern	2.9	
Allein leben ist in der Jugend attraktiv, im Alter aber problematisch	3	
Im Grunde kann man keinem Menschen ganz vertrauen		3.7
Nur in einer Zweierbeziehung kann man wirklich glücklich sein		4.2
Irgendwie fühle ich mich so leer		4.6

Quelle: B·A·T Freizeit-Forschungsinstitut 1981   1 = volle Zustimmung   3.5 = weder Zustimmung noch Ablehnung   6 = volle Ablehnung

In der Abbildung 17 werden die Mittelwerte zusammengestellt und nur die Aussagen aufgeführt, die Zustimmung gefunden haben. Faßt man die einzelnen Aussagen in ihrer Gewichtung zusammen, so lassen sich Lebensgefühl und Lebensphilosophie in ihrer Beziehung zum Freizeitverhalten folgendermaßen charakterisieren: Freiheit über alles und Unternehmungslust, Mutterbindung und Sehnsucht nach Geborgenheit, Wert auf Äußerlichkeiten und Angst vor dem Alter.

Single-Ideologie

Der amerikanische Modebegriff „Single" ist seit der Veröffentlichung von Hermann Schreibers Monographie „Singles: Allein leben. Besser als zu zweit?" im Jahre 1978 auch in der Bundesrepublik weit verbreitet.

Schreiber ging bei seiner Darstellung von der amerikanischen „Single-Szene" der 70er Jahre aus. Hier war Single-Sein vorübergehend „in", bei buntgemischten Aufsteigern um die Dreißig, deren Abende allemal „open end" ver-

64

liefen. Dieser „way of life" zwischen Pub und Bistro suggerierte das Bild einer neuen Gesellschaft von Freien und Einzelnen, signalisierte einen Trend zum Alleinleben. Schon wurden die „Swinging Singles" auf den ökonomischen Begriff gebracht — „SSWD" (für single, separated, widowed and divorced — ledig, getrennt lebend, verwitwet und geschieden), eine finanzkräftige Käuferschicht im amerikanischen Wohnungsgeschäft. Eine blühende „Single-Kultur" machte sich breit:

○ Freizeitangebote „für Unabhängige" und Wohnungen „für Alleinstehende", Single-Bars und Single-Reisen waren gefragt.
○ Im Dienstleistungsbereich etablierte sich neben der Eheberatung die Partnerberatung.
○ Das amerikanische Wohnungsbauministerium änderte seine Statuten, um auch Paaren ohne Trauschein Sozialwohnungen gewähren zu können.
○ Das amerikanische Justizministerium dachte über die gesetzlichen und eigentumsrechtlichen Konsequenzen nach, die sich ergeben, wenn sich Paare ohne Trauschein „scheiden" lassen.

Vor dem Hintergrund dieser amerikanischen Entwicklung müssen auch die bundesdeutschen Singles als Avantgarde einer alternativen Lebensform erscheinen, als überzeugte Solitäre, Trendsetter für ein jung-geselliges Leben. Singles werden zu freiwillig Alleinlebenden ohne Haus- und Bettgebundenheit hochstilisiert. Wer in diesem Lebensgefühl aufwächst, entwickelt sich zum „gelernten" Single, für den auch im Alter („Senioren-Single") Einsamkeit und Isolierung Fremdwörter sind...

Zwischen der propagierten Single-Ideologie und der tatsächlichen Alleinlebenden-Wirklichkeit liegen Welten. Die Formen und Motive des Alleinlebens sind zu vielfältig, zu unterschiedlich und zu persönlich, als daß sie mit dem Attribut „Single" vollständig erfaßt werden könnten.

Damit soll keineswegs geleugnet werden, daß auch in der Bundesrepublik Deutschland die Institution Ehe vorübergehend an Attraktivität verloren hat. Im Vergleich zu allen anderen Ländern der Europäischen Gemeinschaft bilden die Bundesbürger bekanntlich das Schlußlicht der Heiratswilligen, die das legalisierte Leben zu zweit bevorzugen. Schon werden politische Stimmen laut, die die Ehe nicht einmal mehr als grundsätzliche Voraussetzung für eine Familie ansehen. Danach sollen alle Bürger die Formen ihres Zusammenlebens selbst bestimmen können.

Auch statistische Daten können nicht darüber hinwegtäuschen, daß Alleinleben nur selten freiwillig und bewußt gewählt wird. Von den rund 14 Millionen Alleinstehenden sind etwa

○ 7 Millionen ledig und
○ 7 Millionen verwitwet oder geschieden.

Sie haben das Ungleichgewicht zwischen

○ Freiheit und Unabhängigkeit einerseits und
○ Bindung und Geborgenheit andererseits

an sich selbst erfahren oder leiden noch an dieser Spannung eines nicht ausbalancierten Lebensgefühls. Auf der Suche nach Balance sind sie sich oft selbst im Wege.

Die ,,Swinging-Singles" werden zur Legende. Was auf den ersten Blick als emanzipatorischer Akt der Befreiung erscheinen mag, ist in Wahrheit meist ein letzter Aus-Weg und Ver-Such auf der Suche nach sich selbst: Im Alleinsein geht es um die Findung des Ichs. Zu diesem Ergebnis muß auch Single-Autor Schreiber gelangen: ,,Und wenn das so einfach zu begreifen wäre, wie es klingt, dann würden weniger Singles ihre Befindlichkeit bloß wie eine in Mode gekommene Freizeitbeschäftigung beschreiben, wie ein Schnippchen, das sie dem anderen Geschlecht geschlagen haben. Solche Singles fliehen in Wahrheit gar nicht den Partner, sie fliehen sich selber" (Schreiber 1978, S. 224).

Hin- und hergerissen zwischen der *Flucht vor sich* und der *Suche nach sich* selbst, zwischen der Reaktion auf das erfahrene Leben zu zweit und der Verweigerung von bindender Partnerschaft müssen sie erleben, daß das Single-Dasein eigentlich nichts weiter sein kann als ein *Übergangsstadium*, ein Klärungsprozeß für zwischenmenschliche Beziehungen. In den Fällen, in denen das Übergangsstadium aus persönlichen Gründen zum Dauerzustand wird, hat man sich abgefunden und arrangiert oder ist einsam und deprimiert. Als wirkliche Lebensalternative zu Partnerschaft, Ehe und Familie wird das Alleinleben jedenfalls nicht empfunden und erlebt.

In der landläufigen Vorstellung ist der ,,typische Single" — männlich, zwischen 20 und 35 Jahren alt, agil und mobil, finanziell unabhängig und sexuell frei. Er verfügt über Freizeit und Geld, genießt Sportwagen und High-Fidelity, tritt ebenso anregend wie distanziert, oberflächlich wie lässig auf und strahlt vor allem Potenz und Selbstsicherheit aus. Kurz: Der ,,typische" Single ist ein ausgesprochen männlicher Mann! Dieser ,,Typ" könnte begehrens- und beneidenswert sein, wenn er nicht dauernd sich selbst im Wege stünde. Er verkörpert männliche Selbstbewußtseinskrisen, sexuelle Identitätsprobleme und leidet an einem im Grunde antisexuellen Playboy-Komplex.

Hinter dem Playboy-Komplex verbirgt sich eine tiefe Furcht vor der Sexualität als menschlicher Beziehung und mitmenschlicher Begegnung, die Angst vor der gegenseitigen Selbstpreisgabe. Ein Maximum an Unverbindlichkeit und ein Minimum an Bindung sind die besten Garanten für die Verhinderung eines zu starken sexuellen Engagements mit hohem emotionalen Gehalt. Die ,,Einverleibung" (Lemaire 1980) wird vermieden, die innere Sicherheit bleibt gewahrt, das innere Gleichgewicht ungefährdet. Dahinter verbirgt sich meist eine schwache Identität, die aus Angst vor Besitzergreifung jede tiefere Liebesbeziehung als vermeintliche Bedrohung empfindet. Der Playboy-Komplex kann mit dem in der Psychotherapie bekannten *Donjuanismus* verglichen werden: Immer wie ein Schmetterling von Partner zu Partner fliegen und peinlich darauf achten, immer der erste zu sein, der den Partner verläßt, damit man nur ja nicht selbst verlassen werden kann.

Der amerikanische Theologe und Soziologe Harvey Cox vermutet in dem ,,Playboy-Typ" das Vorhandensein einer ,,unterdrückten Furcht vor dem Sicheinlassen mit Frauen". Aus Angst, sich selbst preiszugeben und zu verlieren, ,,sind die anderen und besonders die Frauen für ihn da. Sie sind das Zubehör seiner Freizeit, seine Spielsachen" (Cox 1971, S. 222f). So gesehen ist das Single-Leitbild ,,Playboy" eigentlich gar kein Sex-Symbol, weil es sich geradezu antisexuell verhält. Sexualität wird auf sichere Distanz gehalten — als eine kühl kalkulierte Spielart, nicht als eine wesentliche Grundform aller menschlichen Beziehungen.

Jetzt wird vielleicht verständlich, warum sich die Single-Ideologie bis heute so hartnäckig im massenmedialen Bewußtsein halten konnte: Der Single (als Leitbild) verkörpert allgemein-menschliche (nicht nur männliche) Ängste vieler Erwachsener vor Versagen und Überforderung, Distanz- und Selbstverlust, aber auch Sehnsüchte nach Frei- und Unabhängigsein, Selbstkontrolle und Machtausübung.

Kontaktzwang und Konsumstreß

In Wirklichkeit stellen Alleinlebende psychologisch gesehen eine äußerst vielfältige Gruppe dar. Dazu zählen Ledige, Geschiedene und Getrenntlebende, seit kurzer oder langer Zeit Verwitwete sehr verschiedenen Alters, mit oder ohne Kinder, mit oder ohne Beruf und so weiter. Ihr Anteil ist in Großstädten und Ballungsgebieten doppelt so hoch wie in Gemeinden mit unter 2000 Einwohnern.

Gegenüber Verheirateten sind sie in mehrfacher Hinsicht benachteiligt:

○ Alleinlebende haben weniger Gelegenheiten zur Befriedigung komplexer Bedürfnisse nach Geselligkeit, Anerkennung, Geborgenheit und Prestige.
○ Alleinlebende befinden sich häufiger im Konflikt mit sich und der Gesellschaft. Da die meisten unserer gesellschaftlichen Normen auf Familien beziehungsweise Ehepaare zugeschnitten sind, erfahren viele Freizeitverhaltensweisen, die im Falle verheirateter Menschen als selbstverständlich gelten, keine soziale Billigung, wenn sie von Alleinlebenden ausgeführt werden.

Alleinlebende sind daher gezwungen, häufiger Abweichungen vom normalen, das heißt von der Gesellschaft erwarteten Verhalten zu zeigen als andere.

Sie stehen häufiger unter Streß und Bedürfnisunterdrückung. Andauernde oder ständig wiederkehrende Konflikte erfordern eine Lösung: ,,Konfliktlösungen und durch Frustration bedingte Verhaltensänderungen manifestieren sich häufig in neurotischen Reaktionen, Depressionen (vor allem bei Personenverlusten) oder anderen Verhaltensstörungen" (Dittrich 1972, S. 127). Neben den psychischen Belastungen sind die Alleinlebenden auch der Gefahr einer sozialen Desintegration ausgesetzt, die im schlimmsten Fall zu einem Zustand der Anomie (,,Gesetzlosigkeit") führen kann. Aus dem Zusammenhang von sozialer Isolation und psychogener Verhaltensstörung erklärt sich auch die insgesamt höhere Selbstmordrate bei Alleinlebenden gegenüber Verheirateten (vgl. Dittrich 1972, S. 134).

Alleinleben hat keinen Selbstwert. Erst im sozialen Kontakt mit anderen Menschen lebt der Alleinlebende auf. Für die unfreiwilligen Aussteiger aus der Zweisamkeit besteht der eigentliche Gewinn und Genuß

○ *nicht* in der *Unabhängigkeit* von einer bindenden Partnerschaft, sondern
○ in der *Freiheit* für die eigene Kontaktwahl, für einen selbstgewählten Freundes- und Bekanntenkreis.

Die persönliche Selbstverwirklichung im sozialen Bezug, im vertrauten Freundes- und Bekanntenkreis stellt für viele den herausragenden positiven Aspekt des Alleinlebens dar. Erlebnispsychologisch gesehen ist die Bezeichnung ,,allein"-lebend unzutreffend, da der Alleinlebende gar nicht allein sein will und kann. Er braucht (noch stärker als in Ehe und Familie) den sozialen Kontakt zu anderen. Er trägt für sich allein Verantwortung, die gewonnene Freiheit ist nicht ein Freisein von anderen, sondern mehr eine psychosoziale Öffnung und Aufgeschlossenheit für andere.

Der Alleinlebende ist nicht für andere da, aber die anderen müssen für ihn da sein. Hierin liegt ein potentiell tragischer Grundkonflikt — in all den Fällen, in denen die soziale Wirklichkeit hinter der persönlichen Wunschvorstellung zurückbleibt.

Hinzu kommt das schmerzvolle Alleinsein-Dilemma. Der Wunsch nach Freiheit und zwanglosen Kontakten korrespondiert nicht mit dem Streben nach Sicherheit und Geborgenheit. Wirkliche Geborgenheit findet der Alleinlebende nicht in der informellen Geselligkeit und Anonymität der Großgruppe. Er wird seiner Freiheit nicht recht froh, weil die Sehnsucht nach Sicherheit weitgehend unbefriedigt bleibt. Einerseits ist die Freude an der eigenen Ungebundenheit groß, andererseits bleibt die Bereitschaft zur Aufnahme neuer Partnerschaftsbeziehungen immer bestehen. Dies verdeutlichen die persönlichen Aussagen in der Befragung der Bremer Gesellschaft für angewandte Sozialpsychologie (GETAS, S. 262).

○ ,,Der größte Nachteil des Alleinlebens ist die Sehnsucht nach Zweisamkeit."

Abb. 18:

Quelle: B.A.T Freizeit-Forschungsinstitut

POSITIVE UND NEGATIVE ASSOZIATIONEN ZUM ALLEINSEIN Freisein und Einsamsein	
Positives Erleben des Alleinseins: Freisein Das befreiende Gefühl, für sich allein zu sein	**Negatives Erleben des Alleinseins: Einsamsein** Das belastende Gefühl, allein (gelassen) zu sein
Ruhe	**Leere**
Muße, Stille, Schweigen, Atempause, Ausruhen	Langeweile, Nichtstun, Monotonie, Trostlosigkeit, Sinnlosigkeit
Geborgenheit	**Verlassenheit**
Vertrautheit, Behaglichkeit, Gemeinsamkeit, Anlehnung, Wohlbefinden, Wärme, Nähe	Fremdheit, Verschlossenheit, Einsamkeit, Hilflosigkeit, Unwohlsein, Kälte, Ferne
Selbstbesinnung	**Selbstmitleid**
Zeit für sich selbst, sich sammeln, sich konzentrieren, in sich hineinhorchen, mit sich ins reine kommen	Melancholie, Trauer, Selbstanklage, Angst, Furcht

Quelle: B.A.T Freizeit-Forschungsinstitut

O ,,Der Mensch braucht einen Partner, mit dem er sein Leben planen und führen kann; man hat keine konstante Bezugsperson, es fehlt Geborgenheit."

O ,,Man hat keinen Menschen, bei dem man sich aufgehoben fühlt."

Wo das Gefühl fehlt, jederzeit mit Menschen zusammentreffen und sich
aussprechen zu können, drohen Stimmungen von Einsamkeit und Depression,
Verlassenheit und Niedergeschlagenheit.

Bringen Beruf und Hobby nicht die ersehnte Erfüllung, wird die Suche nach
ständig neuen Kontakten aufgenommen. Um neue Leute kennenzulernen,
müssen die Alleinlebenden permanente Freizeitgestaltung demonstrieren: Sie
suchen konsumintensive Freizeitorte (Clubs, Cafés, Restaurants, Kinos und
Kneipen) oder pflegen aufwendige Hobbys (Tennis, Reiten, Surfen und
Squash). Bekannten- und Freundeskreise müssen notfalls durch Konsum er-
kauft werden.

O ,,Ich bin doch immer unterwegs, man kann nicht genügend Leute kennen."

O ,,Unentwegt — aber nicht, weil ich allein leben will, sondern weil das mein
Naturell ist."

○ ,,Ständig, ich kann nicht anders, ich gehe immer auf die Leute zu, lade die ein" (GETAS 1978, S. 284).

Das Ausschauhalten nach Kontakten wird zur Manie, das Einladen von Gästen zur Prestigefrage. Dies bleibt nicht ohne Folgen für die Dauer und Intensität der sozialen Beziehungen. Der Bekanntenkreis ist relativ instabil, einzelne ,,Bekannte" (Freunde) sind ebenfalls relativ leicht austausch- und ersetzbar. Mit dem Freizeitort-Wechsel ändert sich in den meisten Fällen auch der Bekanntenkreis.

Flüchtigkeit der Beziehungen

Auf den ersten Blick erfüllen die meisten Alleinlebenden die gängigen Klischeevorstellungen über Singles: Sie haben viele, freie und wechselnde soziale Kontakte. Dieses Flair genießen sie, es korrespondiert mit ihrem Wunsch-Selbstbild. So erfüllen sie zumeist auch faktisch ihr Image, indem sie — speziell in der Freizeit — kontaktbewußt und sozialaktiv sind.

Auf den zweiten Blick erweist sich das Highlife-Image als fragwürdig. Die sozialen Probleme der Alleinlebenden sind zahlreich und tiefgreifend. Seit es ,,in" ist oder als schick gilt, allein zu leben, und das Interesse der (Presse)Öffentlichkeit auf diese Gruppe gerichtet ist, stehen die Alleinlebenden unter einem deutlichen Erfolgsdruck. Sie haben die Erwartungen der Öffentlichkeit weitgehend verinnerlicht (zumal sie ihrem Selbstgefühl schmeicheln) und sind nun im Zugzwang: Man muß ,,unheimlich viele Leute kennen", ,,immer neue Typen aufreißen" und ,,interessante Leute kennenlernen". Kontakten und Sammeln wird so zur Hauptbeschäftigung der Alleinlebenden in der Freizeit. Diese soziale Aktivität macht einerseits viel Spaß, gestaltet die Alleinleben-den-Freizeit bunt und abwechslungsreich; andererseits liegt aber auch die Gefahr der Hektik und Oberflächlichkeit nahe.

Vielzahl und Wechsel der sozialen Beziehungen sind Indizien eines psychischen Mangels: Der Schwierigkeit, eine echte, tiefe zwischenmenschliche Beziehung aufzubauen und vor allem aufrechtzuerhalten. Es entwickeln sich massive Ängste, das eigene Identitätsbewußtsein zu verlieren, sobald Intimität, Nähe und Bindung Realität zu werden ,,drohen". Aus Furcht, sich zu verlieren, ,,geschluckt" zu werden, ,,aufzugehen in einer Gemeinschaft" flüchten viele Alleinlebende, brechen den Kontakt, der ihnen (zu) nahe geht, ab und stürzen sich in eine neue soziale Beziehung, die ungefährlicher (weil distanzierter) ist. Diese dauernde Flucht vor der Liebe ist ein schmerzhafter Prozeß, weil die Sehnsucht nach Nähe und Verständnis bleibt.

Bildhaft gesprochen befinden sich Alleinlebende in einer permanenten Pendelbewegung: Hin zum anderen — weg vom anderen. Sie fühlen und reagieren

UNTERNEHMUNGEN MIT FREUNDEN/BEKANNTEN (Offene Frage)	
Alle Befragten (N = 302)	In Prozent
Sport	46
Kino, Veranstaltungen, Ausstellungen	45
Essen gehen, kochen	37
Gespräche, Diskussionen, gegenseitige Besuche	34
Feten, Party, Grillen	26
Kneipen	25
Fahrt ins Grüne, Ausflüge	22
Urlaub, gemeinsames Wochenende	17
Alle Befragten, die Beziehungen zu einer Clique haben (N = 188)	In Prozent
Zusammensetzung ist meist gleich	46
Bekanntenkreis ändert sich ständig	41
Kann man so nicht trennen	14

Quelle: B.A.T Freizeit-Forschungsinstitut

wie ein Stachelschwein: Auf der Suche nach Nähe und Wärme nähert es sich dem anderen, bei Berührung spreizt es aber -- wie von selbst — abwehrend die Stacheln und verhindert so den echten Kontakt.

Sigmund Freud sah im Unvermögen, „Objektbeziehungen" einzugehen, den Kern eines *narzißtischen Charakters.* Im wahrsten Sinn des Wortes unübersehbar ist die narzißtische Ausprägung vieler Alleinlebender in Kleidung, Gehabe und Lebensstil und in der Scheu, soziale Beziehungen einzugehen. Echte Beziehungen fallen ihnen schwer. Ihr Alleinsein ist (meistens) keine freie rationale Entscheidung, sondern ein nicht mehr bewußtseinsfähiges psychosoziales Schicksal, das heißt Spätfolge einer narzißtischen Prägung. Sie macht es den erwachsenen Alleinlebenden schwer, eine tiefe zwischenmenschliche Beziehung aufzubauen beziehungsweise aufrechtzuerhalten, weil sie eigentlich auf sich selbst gerichtet sind und für andere Liebesobjekte wenig Raum lassen.

Zukunftsängste und Wunschvorstellungen

Die Vergangenheit stellt für Alleinlebende erlebnismäßig ein wichtiges Erfahrungsreservoir dar: Die Kindheitserinnerungen und -träume sind ausgesprochen sinnlich und lustvoll und (unabhängig vom jeweiligen Alter der Teilnehmer) auffallend frisch und aktuell. Inhaltlich wird häufig ,,Hautkontakt" thematisiert: In der Rückschau ist die Kindheit voller Zärtlichkeit, Nähe und Wärme. Im Vergleich dazu ist die Gegenwart schon merklich kühler und ärmer an Zu- und Hinwendung, gibt aber noch ein Mindestmaß an sinnlicher Befriedigung.

Die Zukunftsvisionen sehen dagegen düster aus: Vorherrschend ist die Vorstellung (weiterer) emotionaler Verarmung, wobei Emotionalität nach innen und außen gemeint ist. Die Befürchtungen gehen in Richtung mehr Neutralisierung, Technisierung, Maskierung, Erstarrung und weniger Lebendigkeit, Individualität, Sinnlichkeit, Liebesfähigkeit. Am Ende steht letztlich der Kontaktverlust nach innen und außen.

Alleinlebende haben offenbar große gruppenspezifische Zukunftsängste. Die Inhalte dieser Visionen sind relativ bewußtseinsnah. Sie verfolgen die Betroffenen in Träumen und depressiven Phasen der Einsamkeit. Die Reaktion ist zumeist ein bewußtes Eintauchen in die Gegenwart, das Hier-und-Heute muß genutzt werden: ,,carpe diem!" Diese Devise kennzeichnet besonders das Freizeitverhalten: Jetzt muß etwas geschehen, der heutige Tag muß ein voller Erfolg werden! Aus dieser Haltung erwachsen zwei Konsequenzen: Einmal eine gewisse Verantwortungslosigkeit (,,Nach mir die Sintflut") und zum anderen eine große Angst vor Mißerfolgen.

Konkret bedeutet dies einerseits eine (vergleichsweise) hohe Risikobereitschaft, was den Inhalt der Freizeitaktivität betrifft (Erlebnis, Abenteuer, Orginalität und so weiter), andererseits aber auch eine sehr geringe Risikoneigung, was die Konzeption der Freizeit angeht: Die Struktur muß so sicher und fest sein, daß wenig schiefgehen kann.

Hohes Strukturierungsbedürfnis im Freizeitbereich ist also nicht nur ein Problem der Familien. Bei Alleinlebenden gewinnen die Planung und Strukturierung eine noch größere Bedeutung, da ihre Frustrationstoleranz geringer ist. Hinzu kommt das Fehlen von Sündenböcken. Das eigene Versagen ist meistens offenkundig, keinem Kind oder Ehepartner kann man die Schuld zuschieben.

Die Assoziationen und Vorstellungen der Alleinlebenden sind im Vergleich zu Verheirateten konkreter und realer. Sie träumen nicht nur von Sonne, Strand und Palmen, sondern sie fahren auch mal hin — und das nicht nur im Urlaub. Sie ersticken nicht in realer Passivität. Sie fühlen sich ,,frei", alles tun und lassen zu können, was sie möchten (wenn auch manchmal zu frei, das

Abb. 20:

FREIZEIT: WUNSCHVORSTELLUNGEN UND TRÄUME (Offene Frage)	
Alle Befragten (N = 302)	In Prozent
Gefühle	
Freisein	**52**
Seinen eigenen Neigungen folgen dürfen	35
Ungebundenheit, Freiheit, ohne Zwang/Druck sein	17
Entspannung/Erlebnis	
Ruhe haben wollen, Erholung, Abschalten	**37**
Albern, ausgelassen sein	3
Abenteuer, neue/fremde Erlebnisse	4
Gemütlichkeit, Geborgenheit	4
Negative Gefühle	1
Definitionsaspekte	
Urlaub	**42**
Zeit, in der nicht gearbeitet werden muß	17
Zeit ohne jegliche Verpflichtung	9
Wochenende, Feierabend	9
Bezug zu anderen Menschen	
Mit Eltern, Verwandten zusammensein	3
Mit Freunden zusammensein	**35**
Zeit für sich allein	11
Sex/Flirt	9

Quelle: B.A.T Freizeit-Forschungsinstitut

heißt zu allein). Die Schein-Aktivität der Familien in bezug auf konkrete Aktivitäten sinkt bei den Alleinlebenden auf das tatsächliche Maß ab. Die Verheirateten spulen in erster Linie Freizeitwünsche ab, die Alleinlebenden dagegen befinden sich mehr auf dem Boden der Realität.

Bei den gelegentlichen Vergleichen zwischen Alleinlebenden und Familien darf nicht übersehen werden, daß formal gleichen Aussagen inhaltlich unterschiedliche Bedeutungen zugrunde liegen können.

○ Sagt ein Familienangehöriger, er wolle Ruhe haben, bezieht er damit auch die Ruhe vor seinem Ehepartner und den Kindern ein. Bei einem Alleinlebenden hat das Ruhe-haben-Wollen primär den Effekt der Erholung und Entspannung vom Arbeitstag.

○ Mit Freunden zusammen sein bedeutet für das Familienmitglied: ausbrechen aus der Familie, frei und „allein" sein. Für den Alleinlebenden haben Freunde eine ganz andere Bedeutung, sie sind oft seine einzige soziale Bindung.

○ Der Ausflug am Wochenende geht für die Familie in den nächsten Park oder Wald und für den Alleinlebenden oft bis in andere Länder.

Trotz dieser Einschränkungen ist doch unverkennbar, daß der Freiheitsaspekt, insbesondere die Gestaltung der Freizeit in eigener Regie, ein dominierendes Merkmal der Freizeit des Alleinlebenden darstellt. In der Freizeit seinen eigenen Neigungen folgen zu dürfen, ungebunden, frei und ohne Druck zu sein, halten 52 Prozent der Alleinlebenden für besonders wichtig. Die Bedeutung der Freizeit als „Zeit der Erholung" (37 %) oder „Zeit, in der nicht gearbeitet werden muß" (17 %) wird dagegen nachrangig gesehen — zumindest in der Wunschvorstellung.

Der Feierabend

Arbeiten im Haushalt nehmen einen Teil des Feierabends ein. Der investierte Zeitaufwand erscheint subjektiv enorm („fast den ganzen Abend"), objektiv ist er sicher überhöht. Diese Beschäftigungen sind bei den Alleinlebenden mit großer Unlust verbunden und werden als reine Fronarbeit erlebt. Dahinter steht das oft auch ausgesprochene Gefühl: Eigentlich ist das nicht meine Aufgabe („Wäschewaschen ist Frauenarbeit"; „Für Reparaturen haben Männer eine bessere Hand"). Hausarbeiten sind nicht nur objektiv lästig und zeitaufwendig, sondern werden auch subjektiv als falsch verteilt empfunden. Man selbst spielt die falsche Rolle und fühlt sich unbehaglich.

Der Traum der Familienangehörigen, allein zu sein, ist für die Alleinlebenden ein Alptraum. Konstruktives Alleinsein (Selbstbesinnung, Selbsterfahrung, Verarbeitung u.a.) fällt ihnen schwer beziehungsweise wird nur kurzfristig positiv erlebt. Alleinsein wird schnell zur Einsamkeit. Die Motive sitzen tief und werden nur ansatzweise sichtbar:

○ *Die Scheu vor der Selbst-Konfrontation*
Die Offenheit und Unbestimmtheit der Persönlichkeit bietet den Alleinlebenden wichtige Vorteile. Der Prozeß der Präzisierung ihrer psychosozialen Position wird gerne vermieden.

○ *Die Angst vor der inneren Leere*
Freizeit ist für sie Aktion, Bewegung, Vielfalt. Zur Realisierung brauchen sie „Reizmaterial". Allein fühlen sie sich überfordert.

74

Abb. 21:

MISSLUNGENER FEIERABEND – GEFÜHL – (Offene Frage)	
Alle Befragten, die sich an einen mißlungenen Feierabend erinnern können (N = 169)	In Prozent
Allein, einsam, ängstlich, deprimiert, traurig	27
Genervt, abgespannt, überbeansprucht, fand keine Ruhe, gereizt	20
Unbefriedigt	14
Ärger, sauer, wütend	13
Mieses Gefühl, alles Mist	12
Enttäuscht, Vertrauen verloren	10
Unfrei, betrogen, ausgenutzt	7
Fix und fertig, verunsichert, wußte nicht, wie ich mich verhalten sollte	6

Quelle: B.A.T. Freizeit-Forschungsinstitut

○ *Der soziale Leistungsdruck*
Alleinsein kann sich ein Alleinlebender eigentlich nicht leisten. Er muß sich und der Umwelt ständig beweisen, daß er sozial funktionstüchtig ist.

○ *Das Gefühl, Außenseiter zu sein*
Die kulturelle Norm, in Gemeinschaft zu leben, bleibt auch bei Alleinlebenden als Regel und Sollvorstellung erhalten. Das Gefühl, eine neue Lebensform zu praktizieren, wird getrübt durch ernste Bedenken an der Rechtschaffenheit dieser gesellschaftlichen Sonderstellung.

○ *Das Telefon*
Persönlich bedeutsam und direkt ist der Telefon-Kontakt zur Außenwelt. Funktioniert die Fernseh-Illusion nicht und droht die Decke auf den Kopf zu fallen, so greifen Alleinlebende schnell zum Hörer. Die Auswahl der Telefonkontakte scheint eher unsystematisch, spielerisch zu erfolgen. Man sucht offenbar irgendeinen Kontakt.

Die Feierabendschilderungen der Alleinlebenden zeichnen sich durch auffallende Alltäglichkeit aus. Die Vorstellungen und Bilder sind handfest und konkret; für phantastische Träume und ferne Visionen scheint wenig Platz zu sein. Damit steht der Feierabend in krassem Gegensatz zum Wochenende, das im Gefühlsbereich von Alleinlebenden nahezu überladen ist. Sicher spielt die Kürze der freien Zeit am Feierabend eine Rolle für dieses Phänomen. Ein wahrscheinlich wichtigerer Grund liegt in der unterschiedlichen Sozialstruktur: Der normale Feierabend wird allein verbracht, am Wochenende ist man in Gesellschaft.

Alleinlebende leben freizeitbewußt. Die Zäsur zwischen Arbeit und Freizeit wird von ihnen deutlich empfunden. Sie verbringen den Feierabend überwiegend zu Hause, wobei ihre indirekten Kontakt-Partner Fernsehen, Radio und Telefon eine überaus große Rolle spielen. Insbesondere das Fernsehen nimmt Ersatzpartner-Rollen ein. Es dient den Alleinlebenden zur

○ Information (um auf dem laufenden zu sein)
○ Unterhaltung (um Spaß zu haben)
○ Anregung (um Neues kennenzulernen)
○ Ablenkung (um auf andere Gedanken zu kommen)
○ Entspannung (um zur Ruhe zu kommen)
○ Kommunikation (um Kontakt zur Welt zu behalten).

So stellt das Medium Fernsehen ein belebendes Element des Feierabends dar, bei dem als Grundstimmung Unentschlossenheit und Passivität vorherrschen, wenn keine Freunde und Bekannten zu Besuch sind oder besucht werden. Nur 10 Prozent der befragten Alleinlebenden geben an, daß ihnen die Gestaltung des Feierabends nach eigenen Bedürfnissen am meisten Spaß macht, fast zwei Drittel (59 Prozent) hingegen gefällt der gesellig mit anderen verbrachte Feierabend am meisten.

Doch Freunde und Bekannte sind nicht nur zum Feiern da. Auch in Feierabend-Gefühlslagen der Niedergeschlagenheit und Hilflosigkeit werden sie als Ansprechpartner benötigt, wie beispielsweise die folgende persönliche Aussage verdeutlicht:

,,Das war ein Feierabend nach einem Arbeitstag, an dem ich unheimlichen Krach mit allen Kollegen hatte. Ich hatte mich so geärgert, daß ich es regelrecht knallen ließ, hatte fast alle angeschrien. Es kam einfach keine positive Stimmung auf. Ich ging frustriert nach Hause und wollte jetzt nicht allein sein, weil ich völlig irritiert war, mußte mit jemand sprechen. Ich ging zu einem Freund, aber der wollte nicht viel davon wissen. Alles erschien ihm wie eine Lappalie, was ich ihm da erzählen wollte. Er lachte nur, und ich wurde noch frustrierter und aggressiver. Dann ging ich zu einer alten Freundin, die aber sehr viel zu tun hatte, hörte mir aber zu und schob mir dann die Schuld zu, meinte, das läge an meinem Verhalten.''

Alleinlebende sind Gefühlen der Niedergeschlagenheit, Hilflosigkeit und Depression allein ausgeliefert. Diese Gefühlslage wird meistens passiv erduldet; sie schlägt kaum in Zorn oder Aggression um. Auffallend hoch ist der Anteil der Alleinlebenden, der Angst und Einsamkeit als Hauptkennzeichen eines als mißlungen empfundenen Feierabends offen ausspricht. Alle Hoffnungen richten sich auf das gesellige Wochenende.

76

Das Wochenende

Das Wochenende absorbiert ihre Phantasien und Wünsche, aber auch Ängste (vor allem Versagensängste). Die Erinnerung an das letzte Wochenende und die Vorfreude auf das kommende durchziehen wie ein roter Faden die ganze Woche. Charakteristisch ist eine fast kindliche Erwartungshaltung: Sie hoffen darauf (mehr oder weniger deutlich bewußt), daß etwas Außergewöhnliches geschieht, etwas, was ihrem Leben vielleicht eine andere Richtung oder Wende geben könnte. Besonders der Montag — als Feedbacktag — und der Freitag als organisatorischer und gedanklicher Vorbereitungstag sind deutlich durch das Wochenende geprägt. Während der Montagabend häufig negative Züge trägt, da das Wochenende die hohen Erwartungen, die man hegte, nicht (voll) erfüllte, ist der *Freitagabend eher euphorisch* besetzt, voller Hoffnungen, Pläne und Vorbereitungen.

Damit kommen die Alleinlebenden in ein Dilemma: Je stärker sie strukturieren, desto kleiner wird ihr Spielraum für Überraschungen und Unvorhergesehenes. So stehen sie im Dilemma zwischen Sicherheitsbedürfnis und Freiheitsbedürfnis. Sie lösen den Konflikt — scheinbar —, indem sie für beide Grundbedürfnisse einen Kompromiß finden: Formal ist ihr Wochenende stark vorstrukturiert und in Details vorgeplant, inhaltlich aber bleibt vieles offen und auf Überraschungen angelegt.

Wesentlich ist die soziale Funktion des Wochenendes: Je mehr Menschen sie um sich haben, um so wohler fühlen sie sich. Kontaktintensität wird ängstlich gemieden. Auch in bezug auf Erotik und Sexualität herrscht Unverbindlichkeit vor oder richtiger: Bindungsangst.

Für 48 Prozent der Alleinlebenden beginnt das Wochenende gefühls- und erlebnismäßig bereits Freitagmittag oder Freitagnachmittag. Für weitere 33 Prozent setzt das Wochenendgefühl — nach Erledigung der Einkäufe und Haushaltsarbeiten — am Freitagabend ein.

Der Einstieg ins Wochenende wird zum Ritual:
○ Abschließen der Woche, das heißt, ,,Bleistift aus der Hand legen", ,,Fuß aus der Firma setzen", Einkaufen, Säubern der Wohnung, aus der ,,Arbeitshaut" schlüpfen, duschen und umziehen, sich ,,hinflezen", erst mal relaxen.
○ Start ins Wochenende, das heißt, noch letzte Planungen und Vorbereitungen treffen, Vorfreude auf zwei freie Tage und langes Aufbleiben, Ausgehen und erste Aktivitäten mit Freunden.

Die Pausen zwischendurch werden gefüllt mit Kleinarbeiten aller Art — mal ,schnell über die Couch saugen', mal ,schnell was einkaufen' um die Ecke oder einen kleinen Imbiß nehmen. Was zählt, ist das Essen in Gesellschaft,

Abb. 22:

BESONDERS SCHÖNES WOCHENENDE (Offene Frage)	
Alle Befragten, die sich an ein besonders schönes Wochenende erinnern können (N = 190 / = 63% aller Befragten)	In Prozent
Ort	
Zu Hause	12
Auswärts	**74**
Personen	
Mit Freund(in)	21
Mit Freunden/Bekannten	**54**
Mit Verein/Club	5
Aktivität/Ablauf	
Ausflug/Wochenendreise	**43**
Restaurantbesuch/Gutes Essen und Trinken	15
Geselligkeit/Fete	21
In der Natur/An einem See/Zelten	16
Spaziergang	19
Theater/Tanzen/Kino/Kneipe	10
Sport	7
Sex/Flirt	7
Interessantes Gespräch	6

Quelle: B.A.T Freizeit-Forschungsinstitut

mit Freunden und Bekannten. Der Schwerpunkt liegt auf dem Abendessen, um welches sich oft der ganze Abend dreht, worauf der ganze Abend ausgerichtet ist. Man kocht gemeinsam, deckt den Tisch und zelebriert ein Essen mit vielen Gängen. Der Freitagabend bringt die erlebnismäßige Einstimmung ins Wochenende.

,,Das war sehr schön. Ich war Freitagabend bei einer früheren Freundin eingeladen. Sie hatte ein Essen gekocht und noch andere Freunde eingeladen. Auch eine Freundin von ihr, die sich dann in mich verliebte. Ich verbrachte den Rest des Wochenendes mit ihr. Wir gingen nachts noch an die Elbe, schliefen dann lange und verbrachten den ganzen Samstag teils im Bett, teils essend und gegen Abend spazierengehend."

,,Freitagabend bin ich in Hannover bei meinen Freunden gewesen und wir haben einen Film über deren Polenreise angeschaut. Da will ich auch mal hinreisen. Nach dem Frühstück sind wir in den Harz gefahren, zur Gedenkstelle von Wilhelm Busch. Dann haben wir eine Silbermine besichtigt. Am Sonntag ein Schlößchen besucht und nach Goslar gefahren, weil dort nichts zerstört wurde. Zurückgefahren und schwimmen gefahren, um die Reise herunterzuspülen.``

,,Samstagfrüh bin ich losgefahren nach Regensburg. Ich war dort zum ersten Mal. Mittags kam ich bei meinen Bekannten an und hab mir das Baby angeguckt. Das muß man einfach machen, wenn man in eine Familie kommt. Dann haben wir gegessen. Es war sehr schön, aber zu Anfang hat man Schwierigkeiten, sich über ein Thema zu unterhalten. Spazieren gegangen sind wir nach dem Essen. Dann später wieder gegessen und geredet. Dann sind wir in einen Biergarten gegangen; es hat mir ausgezeichnet gefallen. Es waren sehr, sehr viele Leute dort und eine nette, ungezwungene Unterhaltung führe ich gerne.``

Die Wochenendschilderungen sind fast ausnahmslos positiv. Ist man am Freitagabend noch abgespannt und müde, so wird mit jeder Stunde des Wochenendes die Stimmung besser bis hin zum ,,eitel Sonnenschein``. Die Ideal-Stimmungskurve läuft von Freitagmittag (abgespannt, müde), Freitagnachmittag (ruhig, ausgeglichen) über Freitagabend (erwartungsvoll, gespannt), Samstag (unternehmungslustig, fröhlich) bis hin zu Sonntag (wohl fühlen, zufrieden). Je ausgefüllter das Wochenende ist, um so wohler fühlt man sich.

Wenn man nicht gerade als Gastgeber fungiert, finden gelungene Wochenende außerhalb der eigenen Wohnung statt. 74 Prozent erinnern sich an besonders schöne Wochenende, die ,,auswärts`` erlebt wurden (vgl. Abbildung 12). Dazu gehören Ausflüge und Wochenendreisen sowie verschiedene Unternehmungen in Geselligkeit.

Die überaus starke Konzentration auf Unternehmung und Geselligkeit läßt das mögliche Mißlingen eines Wochenend-Plans zu einer kleinen Katastrophe werden. Der Griff zur Flasche muß dann nicht selten über die eigene Enttäuschung hinwegtäuschen:

,,Das Schlimme war, es passierte gar nichts. Ich war übelgelaunt und habe mich mit einer Flasche Cognac ins Bett gelegt und mich beweint.``

,,Ich hatte mich die ganze Woche auf einen Ausflug am Wochenende gefreut, und Freitagabend stellte ich fest, daß der Motor an meinem Auto kaputt war. Das Wetter war ausgesprochen mies, und ich habe fast das ganze Wochenende verbracht, indem ich an meinem Auto herumgebastelt habe. Abends habe ich dann vor lauter Frustration einen getrunken.``

,,Ich fuhr nach Bremen, um eine langjährige Freundin zu besuchen, mit der es in letzter Zeit etwas schwierig geworden ist. Sie wollte, daß ich komme, aber dann hatte sie dort einen anderen Typen gefunden und flirtete das ganze

Wochenende mit ihm, und noch vor meinen Augen, sie blieb auch die Nacht über mit ihm zusammen. Ich sah mir das zuerst an, war sauer und wütend auf beide, zog mich dann zurück, um ihr etwas Bedenkzeit zu geben und fuhr dann schließlich Sonntagnachmittag nach Hause."

Was für die Verheirateten der Urlaub, ist für die Alleinlebenden das Wochenende. Die Wochenendtage stellen in den Hoffnungen und Sehnsüchten die schönsten Stunden der Woche dar. Groß ist daher die Neigung, den Wochenendgenuß zu verlängern. Gefühls- und erlebnismäßig endet für sie das Wochenende nicht wie bei Verheirateten am späten Sonntagnachmittag, sondern erst am Sonntagabend.

Abb. 23:

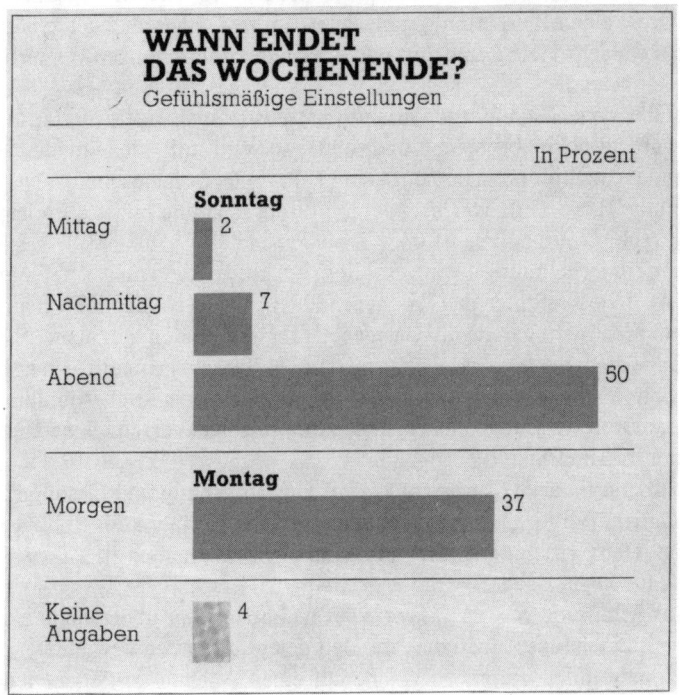

WANN ENDET DAS WOCHENENDE?
Gefühlsmäßige Einstellungen

In Prozent

	Sonntag	
Mittag	2	
Nachmittag	7	
Abend	50	

| | Montag | |
| Morgen | 37 | |

| Keine Angaben | 4 | |

Quelle: B.A.T Freizeit-Forschungsinstitut

Mehr als ein Drittel der Alleinlebenden bezieht die Sonntagnacht noch in das Wochenenderleben mit ein. Für sie bringt erst der Wecker am Montagmorgen das Schlußsignal: Dann fängt der „gewohnte Trott" wieder an und eine neue „Woche Streß" beginnt.

Der Urlaub

Die GETAS-Studie ermittelte, daß etwa die Hälfte der Alleinstehenden den Urlaub ,,immer mit jemand anders zusammen verbringt" (GETAS 1978, S. 305), während nur etwa jeder neunte Alleinstehende grundsätzlich und immer allein verreist. Im Urlaub als einer Zeit intensiver Freizeit wird die Nähe zu einem Partner, zu dem eine enge Beziehung besteht, besonders gern gesucht.

Im Urlaub hat man Zeit und Gelegenheit, das enge Zusammenleben mit dem Partner zu proben. Auseinandersetzungen mit dem Partner geht man dabei nicht aus dem Wege, Probleme und Reibungen gehören dazu. Die Urlaubsehe auf Zeit wird zur Bewährungsprobe. Vom Gelingen und Mißlingen dieses Versuchs hängt es wesentlich ab, ob sich eine Partnerschaftsbeziehung auf Abruf oder auf Dauer entwickelt.

Vergleicht man die Urlaubserwartungen der Alleinreisenden mit allen übrigen Reisenden, so fallen die überdurchschnittlichen Bedürfnisse nach Urlaubskontakten, Urlaubsspaß und Urlaubserleben auf. Auf der Basis von 6000 Interviews mit Bundesbürgern über 14 Jahren ermittelte der Studienkreis für Tourismus (vgl. Hahn 1977, S. 4):

○ 49 Prozent der Alleinreisenden wollen nette Leute kennenlernen (gegenüber 45 % bei allen Reisenden)
○ 38 Prozent wollen viel Spaß haben (gegenüber 35 % bei allen Reisenden)
○ 31 Prozent wollen viel erleben (gegenüber 25 % bei allen Reisenden).

Diesem Wunschbild entspricht auch, daß mehr Alleinreisende (27 %) eine Pauschalreise buchen als alle Reisenden (20 %).

In der Bundesrepublik gibt es über 8 Millionen alleinstehende Frauen, das heißt, etwa jede dritte Frau im Alter von 20 und mehr Jahren ist ledig, verwitwet oder geschieden. Über ihr Reiseverhalten liegt abgesichertes repräsentatives Material vor (vgl. Hachmann 1977, S. 10ff). Auf einen kurzen Nenner gebracht: Alleinstehende Frauen reisen öfter, planen anders, informieren sich mehr und sind für angebotene Hilfen dankbarer. Sie verhalten sich nach der Devise: Allein leben — gemeinsam verreisen!

Nur sechs Prozent der deutschen Urlauber waren 1987 allein unterwegs. Die noch vor Jahren propagierte Single-Welle im Urlaubsmarkt hat sich überlebt. Selbst bei den 25- bis 49-jährigen Singles fuhren zwei Drittel überhaupt erst los, nachdem sie bereits vor Antritt der Reise die geeigneten Urlaubspartner gefunden hatten. Urlaub ohne Partner oder Bezugsgruppe ist bei Männern und Frauen in gleicher Weise nicht mehr gefragt. (B.A.T Freizeitforschung 1988).

Die 1,4 Millionen Alleinreisenden setzten sich zum überwiegenden Teil aus Verwitweten und Geschiedenen zusammen, für die der Verzicht auf einen Urlaubspartner offenbar mehr unfreiwillig als wirklich gewollt war.

Die verbleibenden wirklich Alleinreisenden bleiben meist auch allein: Auf zwei alleinreisende Frauen kommt ein alleinreisender Mann (Hachmann 1977, S. 12). Aktiv sein, Neues sehen und kennenlernen stehen an der Spitze ihrer Urlaubswünsche. Dazu gehören Schwimmen (66 %), Besichtigungen (62 %) sowie Wandern und Spazierengehen (55 %). Gezielte Partnersuche (9 %) rangiert am unteren Ende der Lieblingsbeschäftigungen im Urlaub.

Viel haben sie nicht zu erwarten: Das Paar ist die Norm, das Doppelzimmer auch. Alleinreisende fühlen sich diskriminiert. Sie sind Outsider im Urlaubsgeschäft. Was bleibt — ist der ,,Katzentisch":

,,Die Einzelzimmer liegen am Fahrstuhl, an der Müllschütte, am Treppenaufgang, bei der Besenkammer oder ähnlichem. Badezimmer, Toiletten sind besonders beliebte Nachbarn!"

,,Natürlich gehe ich in jeden Urlaub mit der Sehnsucht nach neuen Kontakten und Freunden, aber als isolierte Persönlichkeit ist man außerordentlich vorsichtig im Vertrauen-Geben und zudem völlig ungeübt, aus der mühsam anerzogenen Rolle als ,glücklich-zufriedene Ledige' wirklich herauszutreten."

,,Was bleibt einem also anders, wenn man nicht zufällig ein gleichgesinntes weibliches Wesen trifft, als allein durch die Gegend zu wandern und abends mit den Hühnern ins Bett zu gehen."

,,Zur Zurückhaltung erzogen (von Emanzipation sprach man erst später), steht man im Beruf, das ,Heiratsalter' liegt hinter einem, weil man sich nicht entschließen konnte und auch noch nicht reif genug dazu war. In der heimischen Gesellschaft findet man ohne Partner keinen Einlaß beziehungsweise man versucht es erst gar nicht. Der Urlaub bleibt somit für viele Alleinreisende die einzige Möglichkeit, neue Kontakte herzustellen."

Die zitierten Auszüge aus Leserbriefen (Loccumer Protokolle 1977, S. 112f.) spiegeln Enttäuschungen und zerstörte Hoffnungen wider. Kontaktträume werden zu Alpträumen.

Dies erklärt die wachsende Beliebtheit von Gruppen-, insbesondere Busreisen bei Alleinstehenden. Sicherheit und Geselligkeit werden hier gleich mitgeliefert, der Busfahrer wird zur Bezugsperson. Die Busunternehmen, meist im lokalen Bereich angesiedelt, werben im Nahbereich von Nachbarschaft, Wohnquartier und Stadtteil. Mundpropaganda, die Empfehlung von Freunden und Bekannten, baut Hemmnisse und Ängste ab. Dies gilt vor allem für ältere Menschen. Die Busunternehmer profitieren von der Angst der Rentner vorm Alleinsein: ,,13 Stunden im Bus von Frankfurt nach Engelberg? Was macht das schon. Besser als immer nur vor der ,Glotze' sitzen. Hier geschieht doch was. Hier ist es doch interessant. Man sieht was. Spricht mit dem Nachbarn. Und wenn der Bus hält, beim Rasten und Essen, geht es fröhlich zu" (Tubbesing 1980, S. 41).

Die Isolation des Einzelreisenden wird aufgehoben in der Reisegruppe, die zur verschworenen Gemeinschaft auf Zeit wird und sich nicht selten bei der

Heimfahrt für die nächste Tour verabredet. Die offensichtliche Bedürfnis-
lücke im organisierten Massentourismus findet hier ihr Entfaltungsfeld. Das
Zusammensein in vertrauter, fast heimischer Atmosphäre läßt das Gefühl des
Alleinseins vergessen — mit Nachkontakten und Nachwirkungen oft bis in das
Alltagsleben hinein.

Alleinreisende haben intensivere Bedürfnisse nach Kontakten zu anderen
Teilnehmern. Aus einer Befragung von 591 Teilnehmern von Rund- und Studienreisen (Datzer 1980, S. 5ff.) geht hervor, daß die Alleinreisenden eher als
die übrigen Reisenden versuchen, neue Bekanntschaften zu schließen, mit denen sie über die Reise hinaus in Verbindung bleiben: 62,9 Prozent der Alleinreisenden geben an, noch Kontakt zu Mitreisenden früherer Fahrten zu haben.

Alleinreisende sind bei Rund- und Studienreisen überrepräsentiert. Von den
befragten Rund- und Studienreisenden sind 30,3 Prozent ledig und 15,6 Prozent verwitwet oder geschieden. Zu ihnen gehören überwiegend Frauen im
Alter von über 50 Jahren, die sich von der Reise ,,Kontakt, Unterhaltung und
Unabhängigkeit" (Datzer 1980, S. 7) versprechen. Bus-, Rund- und Studienreisen stopfen somit notdürftig eine Kontaktlücke, die für die Veranstalter zu
einer einträglichen Marktlücke geworden ist.

Freizeitverhalten nach soziodemographischen Merkmalen

Geschlecht: Im Vergleich männlicher und weiblicher Alleinlebender überwie-
gen die Gemeinsamkeiten. Dennoch zeichnen sich in Teilaspekten Akzentverschiebungen ab.

Die weiblichen Alleinlebenden neigen verstärkt zur Planung ihrer Freizeitaktivitäten und räumen entspannungsorientierten Freizeitbeschäftigungen den
Vorrang ein. Hinzu kommt, daß vorhandene gesellschaftliche Stereotype über
das Rollenverhalten der Frau den Aktionsradius alleinlebender Frauen erheblich einschränken. Infolgedessen haben sie insgesamt weniger Gelegenheiten
für neue Kontakte in der Freizeit. Nur etwa jede vierte alleinlebende Frau
(26 %) nimmt die kontaktfördernde Freizeitbeschäftigung ,,Ausgehen" öfters
wahr, während fast jeder zweite alleinlebende Mann (46 %) das ,,Ausgehen"
zu seinen Hauptaktivitäten zählt.

Anders verhält es sich im Beruf. Für alleinlebende Frauen ist der ,,Kontakt
im Beruf" (63 %) doppelt so bedeutsam wie für alleinlebende Männer
(35 %). Umgekehrt schätzen die Männer den Kontaktwert des Ausgehens
(55 %) deutlich höher ein als die in dieser Beziehung benachteiligten Frauen
(31 %). So verwundert es auch nicht, daß 33 Prozent der befragten alleinlebenden Männer neue Freunde in Lokalen kennengelernt haben, während dies
nur 20 Prozent der befragten weiblichen Alleinlebenden bestätigen.

Weibliche Alleinlebende leiden auch in größerem Maße unter Einsamkeits-
problemen und Depressionen (18 %) als männliche Alleinlebende (5 %).

Alter: Zentrale Bedeutung haben für die jüngeren Alleinlebenden (25 bis 34
Jahre) Gesichtspunkte wie „sein eigener Herr sein", frei sein und selbständig
sein. Sie sind aktiver als der Durchschnitt. Sie sind eher unruhig, wollen noch
mehr ausprobieren, wirken von außen hektisch. Sie verbringen ihre Freizeit
so häufig wie möglich außerhalb der Wohnung. Sie bewegen sich am liebsten
unter Leuten und gehen sehr gerne aus.

Die Familie wird noch stark positiv gesehen (bei Älteren *wieder* positiv),
wobei das Verhältnis von Jüngeren und Älteren inhaltlich differiert. Jüngere
haben eine hohe Besuchsfrequenz und lassen sich zu Hause bevorzugt bewir-
ten, während Ältere eher Kommunikation pflegen.

Bei Jüngeren entsteht als Gesamteindruck, daß sie — fast hemmungslos — alle Vorteile ihres Alleinseins ausnutzen (frei zu allem, viele Freunde, wechselnde
Partner, keine Rücksichtnahme). Sie neigen auch dazu, alles extrem zu beurteilen, das heißt, es geht ihnen eher sehr gut als gut und ähnliches mehr. Sie leben
verstärkt für den Augenblick und sehen kaum Negatives in ihrer Lebensform.
An das Morgen denken sie kaum, ihre zukünftige Lebensform halten sie sich bewußt offen. Konkrete Zukunftsperspektiven sind in dieser Altersgruppe selten.

Die Gruppe der 35- bis 44jährigen Alleinlebenden zeigt eine ganz andere
Reihe von Gemeinsamkeiten mit den Jüngeren. Sie wünscht sich einen großen
Freundeskreis, ist sehr aktiv, macht große Unternehmungen und ist relativ gut
mit finanziellen Mitteln ausgestattet. Auffallend ist, daß sich diese Alters-
gruppe in recht hohem Maß viele (wechselnde) Einzelkontakte wünscht.
Hierbei liegt wohl ein Nachholbedürfnis von „Wieder-Alleinlebenden" vor,
die sich nach einer Ehe/Zweierbeziehung bewußt und voll in die Freiheit des
Alleinseins stürzen.

Diese Altersgruppe lebt ein ausgefülltes Berufsleben, schätzt die Kontakte
im Beruf relativ hoch ein und klagt über zu wenig Zeit. Persönliche Probleme
des Alleinlebens werden offenbar durch berufliche Erfolge kompensiert.

In erstaunlich hohem Maße (46 %) muß bei der Gruppe der 45- bis 54jähri-
gen das Fernsehen Kontakt- und Unterhaltungsfunktionen übernehmen. Die
Älteren halten sich stärker zu Hause auf und lieben Ruhe, Harmonie und Faulenzen. Sie wirken abgeklärter. Sie haben ein relativ hohes Beziehungs-Pro-
blembewußtsein (wie auch die Altersgruppe der 34- bis 44jährigen). Man hat
ganz einfach sehr viele Beziehungen gehabt, alle Höhen und Tiefen durchlebt,
auch teilweise eine Ehe hinter sich und ist nun auf diesem Gebiet sehr vorsichtig und zurückhaltend.

Wohnort (Ballungsraum): Bis auf wenige Ausnahmen lassen sich aus den
Untersuchungen die Räume Nord/West und Mitte/Süd als Unterschiedspaar
gegenüberstellen. Bei einem ersten vorläufigen Vergleich fällt

Abb. 24:

FREIZEITVERHALTEN VON ALLEINLEBENDEN
Merkmal Alter

	25–34 Jahre N = 108	35–44 Jahre N = 96	45–54 Jahre N = 98
	In Prozent		
Zeit in eigener Regie gestalten	**65**	55	41
Kontakte im Beruf	44	**53**	51
Tun was man will	57	62	47
Zu wenig Zeit	37	**44**	27
Zu wenig Geld	28	22	15
Fernsehen zur Unterhaltung	21	22	**46**
Feierabend zu Hause	24	29	**50**
Ausgehen	42	44	20
Vorstellungen zum Feierabend			
Aktivität	**87**	74	57
Eigeninitiative	85	72	59
Familie/Verwandte	35	24	37
Faulenzen	74	59	74
Vorstellungen zum Wochenende			
Offene Gespräche, plaudern, Diskussionen (machen am Wochenende am meisten Spaß)	19	15	33
Nichts störte am Wochenende	34	39	51
Besonders gelungenes Wochenende mit Freund(in)	16	29	17
Sehr gute Stimmung am Wochenende	37	23	24
Bin ausgeglichener Mensch	17	22	33
Freundeskreis besteht aus einzelnen Personen	28	**44**	39

Quelle: B.A.T Freizeit-Forschungsinstitut

— eine stärkere introvertiert-familienbezogene Freizeitorientierung der Alleinlebenden im Nord-West-Bereich und
— eine stärkere extrovertiert-aktivitätsbezogene Freizeitorientierung der Alleinlebenden im Mitte-Süd-Bereich auf. Hieraus kann keine Typologie ab-

geleitet werden; tendenziell und graduell unterschiedliche Ausprägungen aber sind unverkennbar.

Im *Freizeitverhalten von Alleinlebenden im Nord-West-Bereich* ist feststellbar:

— Relativ wenig Aktivitäten und Unternehmungen werden durchgeführt;
— Auf der Gefühlsebene wird vorsichtiger und zurückhaltender geantwortet;
— Sie haben weniger Probleme, sie stört ,,nichts";
— Sie überlassen nicht gern dem Zufall etwas, sondern planen lieber;
— Sie benötigen nicht den großen Trubel; Familie und Freunde sind ihnen wichtiger.

Folgende Merkmale dominieren im *Freizeitverhalten von Alleinlebenden im Mitte-Süd-Bereich:*

— Sie lieben ,,viel Rummel", gehen gerne aus;
— Die Aktivität geht manchmal schon in Nervosität über;
— Sie sind ungern allein;
— Die Zahl an Freunden und gemeinsamen Unternehmungen ist groß;
— Es werden alle Kommunikations- und Kontaktmöglichkeiten genutzt (Telefon).

Bildung: Bei einem Vergleich des Freizeitverhaltens von Alleinlebenden der Bildungsstufen Volksschule/Mittlere Reife und Abitur/Hochschule fällt auf, daß die Alleinlebenden mit höherem Bildungsabschluß zu 58 Prozent einen ,,Beruf zur Selbstverwirklichung" gefunden haben. Die großen Selbstverwirklichungsmöglichkeiten im Beruf (zum Beispiel Eigeninitiative, Kreativität, Kommunikation) spiegeln sich auch in ihrem Freizeitverhalten wider. Freunde und Ausgehen, Aktivität und Kreativität sind die beherrschenden Merkmale ihres Freizeitverhaltens. Gleichzeitig zeigen die Alleinlebenden mit höherer Bildung ein hohes Maß an Selbstreflexion und Selbstkritik: 68 Prozent können sich gut an einen mißlungenen Feierabend erinnern und nur 14 Prozent meinen: ,,Habe keine Probleme."

Bei Alleinlebenden der Bildungsstufe Volksschule/Mittlere Reife nimmt das Fernsehen als Unterhaltungsmedium einen zentralen Platz im Freizeitverhalten ein. Der Feierabend wird gerne zu Hause verbracht. Mehr als ein Drittel der Befragten ist der Meinung, keine Probleme zu haben und in Rückerinnerung an das letzte Wochenende ist fast die Hälfte der Meinung: ,,Nichts störte am Wochenende." Eigenes Unbehagen und aufkommende Probleme werden wohl leichter verdrängt.

Es bleibt festzuhalten, daß mehr Bildung über insgesamt mehr Selbstverwirklichungsmöglichkeiten in Beruf *und* Freizeit entscheidet. Mehr und höhere Bildung heißt: Mehr Kommunikationschancen, mehr Initiativbereitschaft und mehr kreative Entfaltungsmöglichkeiten in Beruf *und* Freizeit.

FREIZEITVERHALTEN
VON ALLEINLEBENDEN
Merkmal Bildung

	Volksschule Mittlere Reife N = 146 In Prozent	Abitur Hochschule N = 154 In Prozent
Mit Freunden zusammensein	28	**42**
Beruf zur Selbstverwirklichung	36	**58**
Habe keine Probleme	**34**	14
Fernsehen zur Unterhaltung	**40**	19
Feierabend zu Hause	**42**	27
Ausgehen/Bekannte besuchen	56	80
Gespräche, Diskussionen	27	41
Alkohol trinken	7	13
Erinnerung an mißlungenen Feierabend	43	68
Vorstellungen zum Feierabend		
Aktivität	69	77
Eigeninitiative	66	**79**
Freunde	84	93
Weiterbildung	36	67
Kreativität	38	**58**
Gemeinsame Unternehmungen am Wochenende	33	63
Nichts störte am Wochenende	**47**	36

Quelle: B.A.T Freizeit-Forschungsinstitut

Einkommen/Beruf: Zwischen den untersuchten Einkommens- und Berufsgruppen gibt es nur geringe Unterschiede. Im wesentlichen finden sich hier die Einstellungen und Verhaltensweisen des Merkmals ,,Bildung" wieder. Alleinlebende der Einkommensgruppe unter DM 2.000 Netto-Einkommen klagen deutlich weniger über Probleme mit der Freizeit, während die Höherverdienenden freimütig über Mißlungenes und Problematisches reden und auch häufiger bereit sind, zuzugeben, selbst daran schuld zu sein. Auffallend hoch ist bei ihnen der Wunsch, noch mehr gemeinsam auszugehen und mit Freunden etwas zu unternehmen. Ähnlich verhält es sich mit den unterschiedlichen Berufsgruppen. Alleinlebende, die in Berufen mit geringeren Selbstverwirklichungsmöglichkeiten arbeiten, schätzen die Harmonie des Feierabends besonders hoch, Eigeninitiativen, kreatives Tun und Unternehmungen außer Haus entsprechend gering ein. Dafür aber sind sie von Einsamkeitsgefühlen (55 %) mehr geplagt als Alleinlebende in leitenden oder freien Berufen (37 %).

Freizeit als Problem

Drei Viertel der Alleinlebenden geben unumwunden zu, Freizeitprobleme zu haben. Ihr Problembewußtsein ist relativ hoch entwickelt. Die Selbstehrlichkeit verblüfft — zumindest auf den ersten Blick. Erstaunlich hoch ist nämlich der Anteil, der die Ursachen in ,,objektiven" Problemen angesiedelt wissen will. An der Spitze rangiert die Klage über ,,zu wenig Freizeit", obwohl ihnen doch niemand etwas von ihrer Freizeit ,,stiehlt". Nicht die objektive Menge der zur Verfügung stehenden freien Zeit stellt das Problem dar, sondern das eigene Anspruchsniveau der Alleinlebenden. Sie haben subjektiv das Gefühl, daß ihnen die Zeit davonläuft, daß ihre persönliche Freizeit eigentlich zu knapp ist, um alle Erwartungen und Wünsche zu erfüllen. Und da sie die meisten Freizeitwünsche durch Konsum befriedigen, ist ihr Unbehagen über ,,zu wenig Geld" ebenso folgerichtig wie verständlich.

,,Ein Single ist ein Mensch, ganz gleich welchen Alters, der gewollt oder ungewollt alleine lebt, wobei die Frage, ob er diesen Zustand beenden will oder nicht, völlig ohne Bedeutung ist"

Selbstdefinition eines Single-Clubs

Zusammenfassung: Alleinlebende und Verheiratete im Vergleich

Die grundsätzliche Definition des Freizeitbegriffs ist bei Verheirateten und Alleinlebenden identisch. Dominant ist beide Male der enge Bezug zwischen Arbeit und Freizeit. Beide Gruppen erleben Freizeit:

○ als Pendant zur Arbeit, zur Pflichtzeit in Ausbildung und Beruf,
○ als fremdgesteuertes, zugeteiltes Gut,
○ als eine zu verdienende Pause/Erholung (von Arbeit und Leistung): Ein moralisches ,,Recht" auf Freizeit wird (auch) vom Alleinlebenden nur der arbeitenden Bevölkerung zuerkannt.

Die am häufigsten benutzte Vokabel ist bei beiden Gruppen das schillernde Wort ,,Freiheit". Die subjektiven Erlebnisinhalte unterscheiden sich allerdings deutlich. Familienangehörige akzentuieren das *Freisein-von-etwas* (gemeint ist primär das Loskommen von der Arbeit, aber auch der Wunsch nach dem — zeitweiligen — Lösen aus der engen Familienbindung). Der Freiheitsbegriff der Alleinlebenden ist konkreter. Die Alleinlebenden meinen das

Abb. 26:

FREIZEITPROBLEME	
(Offene Frage)	
Alle Befragten (N = 302)	In Prozent
Kenne Probleme/habe Probleme	76
Kenne keine Probleme/habe keine Probleme	24
Persönliche Probleme	
Ungern allein, zu wenig Kontakte, einsam	22
Freie Zeit wird nicht richtig genutzt	9
Abgespannt	8
Langeweile	6
Probleme mit Personen	
Schwierigkeiten, die unterschiedlichen Wünsche der Freunde auf einen gemeinsamen Nenner zu bringen (Kompromisse, Rücksichtnahme, Koordinationsprobleme)	15
»Objektive« Probleme	
Zu wenig Freizeit	36
Zu wenig Geld	22
Verpflichtungen in der Freizeit (zum Beispiel Haushalt)	9
Zu wenig Freizeitmöglichkeiten vorhanden	5

Quelle: B.A.T Freizeit-Forschungsinstitut

Freisein-für-etwas und praktizieren diese Offenheit und Mobilität auch in ihrem Freizeitverhalten. Innerhalb der Familie kommt Freiheit einer Wunschvorstellung gleich, ist eher Wunsch als Wirklichkeit. Alleinlebende hingegen sehen für sich größere Chancen einer Umsetzung der Freiheit in praktiziertes Freisein. Dies bedeutet psychologisch, daß die verbreitete Angst vor der Freiheit in der Freizeit bei Alleinlebenden im Prinzip geringer ist als bei Verheirateten, weil sie mehr Gelegenheit haben, den Umgang mit der Freiheit in der Freizeit zu lernen und zu üben.

Beide Gruppen brauchen und wünschen in ihrer Freizeit soziale Kontakte: In Intensität und Dauer unterscheiden sich allerdings die Bedürfnisse stark, auch was die psychologische Funktion des Sozialkontaktes angeht. Die Familie verbringt die Freizeit traditionsgemäß weitgehend zusammen. Diese enge und kontinuierliche soziale Dichte wird häufig als Zwang und Belastung erlebt. Charakteristisch für Familienangehörige ist folglich der starke Wunsch, mehr Zeit für sich selbst zu haben, mal alleine was unternehmen zu können, sich — zeitlich begrenzt — auch als Individuum und nicht nur als Familienmitglied zu fühlen und zu verhalten. Die äußeren Gegebenheiten (räumliche Enge, Zeitmangel, soziale Verpflichtungen und anderes) und innere Zwänge (Schuldgefühle, Phlegma, Angst vor dem Experiment des Alleinseins und anderes) hindern den Ausbruch aus dem „Zwangsverband Familie" beziehungsweise schränken Anzahl und Dauer der Alleingänge erheblich ein. Familienangehörige fühlen sich dabei oft unwohl, eingeschränkt und bedrängt.

Abb. 27:

WAS MACHT AM FEIERABEND AM MEISTEN SPASS?
Vergleich: Familien–Alleinlebende

	Verheiratete/ Familienangehörige In Prozent	Alleinlebende In Prozent
Zeit für sich	**55**	25
Zeit mit anderen	40	**59**
Zeit für Hobbys	29	11
Zeit für verschiedenes	20	10
Zeit für Fernsehen	10	8

Quelle: B.A.T Freizeit-Forschungsinstitut

Was sich für Verheiratete als Wunschtraum darstellt, wird von Alleinlebenden als Alptraum erlebt: *Alleinsein in der Freizeit gilt als unerträgliche Vorstellung.* Gerade die Alleinlebenden suchen den Kontakt in der Freizeit, ja definieren ihre angenehme Freizeit als Zeit, die sie mit anderen zusammen verbringen. Der persönliche Akzent liegt auf der Quantität der Kontakte. Sie wünschen sich dabei nicht eigentlich Intimität und Nähe, sondern zwangloses Zusammensein und freies Miteinander. Idealtypisch für sie ist das Leben in der Clique mit fluktuierenden Zweierkontakten (nicht Zweier-Dauer-Beziehungen). Viele und interessante Kontakte zählen für sie mehr als enge und dauerhafte Verbindungen.

Die unterschiedlichen Kontaktbedürfnisse von Alleinlebenden und Verheirateten basieren auf grundsätzlich anderen Feststellungen zum Alleinsein. Verheiratete leben mit einem *Defizit an Eigenleben*, daher ist für sie das Alleinsein ein notwendig positiv erlebtes Korrektiv zum Sozialleben. Psychosozial sind sie für das Alleinsein gut ausgerüstet: Sie erleben sich sozial eingebettet, die Familienangehörigen bleiben als Umfeld verfügbar: Verheiratete sind nur zeitlich begrenzt allein; sie kommen (in der Regel) und können (im Prinzip) immer in die Familiengemeinschaft zurück. Die Situation der Alleinlebenden ist grundsätzlich anders: Dauerndes Alleinsein droht bei ihnen schnell in Einsamkeit umzuschlagen. Die Alleinlebenden sind — so paradox das klingt — psychosozial für das Alleinsein nicht gut ausgerüstet. Ihre Angst vor der Einsamkeit ist vielschichtig motiviert. Hier einige zentrale Aspekte:

○ Das Alleinleben widerspricht bestehenden Normen über „richtiges" soziales Verhalten (die auch Alleinlebende verinnerlicht haben). So versuchen die Alleinlebenden, zwischen persönlicher Existenzform und gesellschaftlicher Sollvorstellung einen Kompromiß zu finden.
○ Die Alleinlebenden stehen unter sozialem Erfolgszwang. Sie müssen sich und der Welt beweisen, daß sie sozial aktiv sind und ihre Lebensweise danach ausrichten.
○ Auch die Alleinlebenden brauchen menschliche Nähe. Da sie ihre Beziehungen aber grundsätzlich frei und unverbindlich halten wollen, müssen sie Versagens- und Verlassenheitsgefühle in Kauf nehmen.

So fällt das Resümee für beide Gruppen ähnlich aus, beide — Verheiratete und Alleinlebende — fühlen sich letztlich allein beziehungsweise einsam in der Freizeit: Die einen, allein in der Familie, weil das Zuviel an Nähe und Enge die Freuden des Gemeinschaftslebens durch Routine und Zwang überdeckt. Die Alleinlebenden, einsam in ihrer Kontakt(über)aktivität, weil sie zur echten emotionalen Beziehung und Bindung nicht willig oder fähig sind.

Familienangehörige neigen — besonders am Feierabend — verstärkt zur passiven Freizeitnutzung. Ihre Hauptziele sind die zu leistende Arbeit. Alleinlebende entwickeln dagegen einen mehr erlebnisorientierten und aktivitätsbezogenen Freizeitlebensstil, der konkret mehr Out-door- als In-door-Freizeit und mehr ausgefallene Freizeitunternehmungen beinhaltet. Den unterschiedlichen Freizeitorientierungen liegen unterschiedliche Freizeiteinstellungen und -bewertungen zugrunde. Natürlich ist Freizeit für beide Gruppen ein positives Phänomen, für Alleinlebende erhält Freizeit aber subjektiv ein noch höheres Gewicht. In der Freizeit können sie ihr Lebensprinzip (Offenheit, Flexibilität, Mobilität, Ungebundenheit und anderes) kurz: Freiheit realisieren. Sie machen daher auch von der Möglichkeit, sich in der Freizeit zu entfalten und auszuleben, mehr Gebrauch.

Dies hat Rückwirkungen auf die Einstellung zur Arbeitswelt. Alleinlebende gehen flexibler und experimenteller mit Beruf und Arbeitsstelle um. Trotz und gerade wegen dieser mehr spielerischen Einstellung zur Arbeit verstehen sich die Alleinlebenden als engagierte Berufstätige, die sich mit ihrer Arbeit identifizieren und im Beruf ein Stück Selbstverwirklichung suchen.

Auch aus der Verantwortung für die Familie fühlen sich Verheiratete fester an ihre derzeitige Arbeitssituation gebunden. Bei ihnen herrscht eine pragmatisch-ökonomische Einstellung zur Arbeit vor. Entsprechend ernst wird der Erholungsgedanke in der Freizeit genommen. Das Ziel, für die kommenden Arbeitsanforderungen fit zu sein, schränkt den Bewegungsspielraum und Aktionsradius familiärer Freizeitunternehmungen entsprechend ein. Andererseits unterliegen Familienangehörige einem geringeren Bedürfnisdruck nach immer neuen Reizen und Aktivitäten, der die Alleinlebenden nicht selten zu Überaktivität und Konsumstreß drängt.

Unterschiede im Feierabendverhalten

Verglichen mit dem typischen Familienfeierabend trägt der Normalfeierabend von Alleinlebenden stärker ausgeprägte Freizeitakzente. So ist zum Beispiel die Zeit zwischen Arbeit und Feierabend durch deutlich mehr und gezieltere Übergangsaktivitäten wie Duschen, Umziehen gekennzeichnet: die ,,Häutung" vom Arbeitsmenschen zum Freizeitmenschen wird konsequenter und bewußter vollzogen.

Interessant ist der Vergleich der Antworten auf die Frage: ,,Was macht Ihnen am Feierabend am meisten Spaß?": Was die einen haben, wünschen sich die anderen. Beim Feierabend denkt wohl jeder an sich selbst zuerst. Mal ganz allein sein, den Abend ohne Zwang gestalten, abschalten oder gar nichts tun, steht an der Spitze der Wunschliste von Verheirateten/Familienangehörigen. Bei Alleinlebenden fängt der Feierabend-Spaß erst an, wenn ,,andere" mit dabei sind. In einem aber sind sich alle einig: *Fernsehen ist die am häufigsten ausgeübte Freizeitbeschäftigung und macht doch zugleich am wenigsten Spaß. Deutlicher kann man das Unbehagen (über sich selbst!) nicht zum Ausdruck bringen.*

Den Verheirateten fällt es leichter, von einem mißlungenen Feierabend zu berichten. Berufsprobleme und vor allem der permanente Störfaktor Familie werden als Hauptursache genannt. Alleinlebende haben weniger Sündenböcke zur Verfügung, vor allem nicht den Blitzableiter Familie, müßten also sich selbst mehr zur Verantwortung ziehen. Aber auch sie schieben die Ursachen des Scheiterns von sich weg und klagen die äußeren Umstände an oder das ,,Schicksal", das trotz guter Vorbereitung ,,alles vermasselt" hat. Das enttäuschende Moment am mißlungenen Feierabend ist die Diskrepanz zwischen euphorischen Erwartungen (daß etwas ,,wirklich Außergewöhnliches" geschieht) und dem Scheitern oder Nicht-Stattfinden, wobei das Platzen eines Planes typischer als ein Scheitern während der Unternehmung ist.

Charakteristisch ist auch ihre emotionale Reaktion auf Feierabendprobleme: Die Verstimmung ist total. Unerwartet allein und unbeschäftigt ist der Alleinlebende besonders anfällig für depressive Verstimmungen, häufig verbunden mit tiefen Verlassenheitsgefühlen und Versagensängsten. Die sich

Abb. 28a:

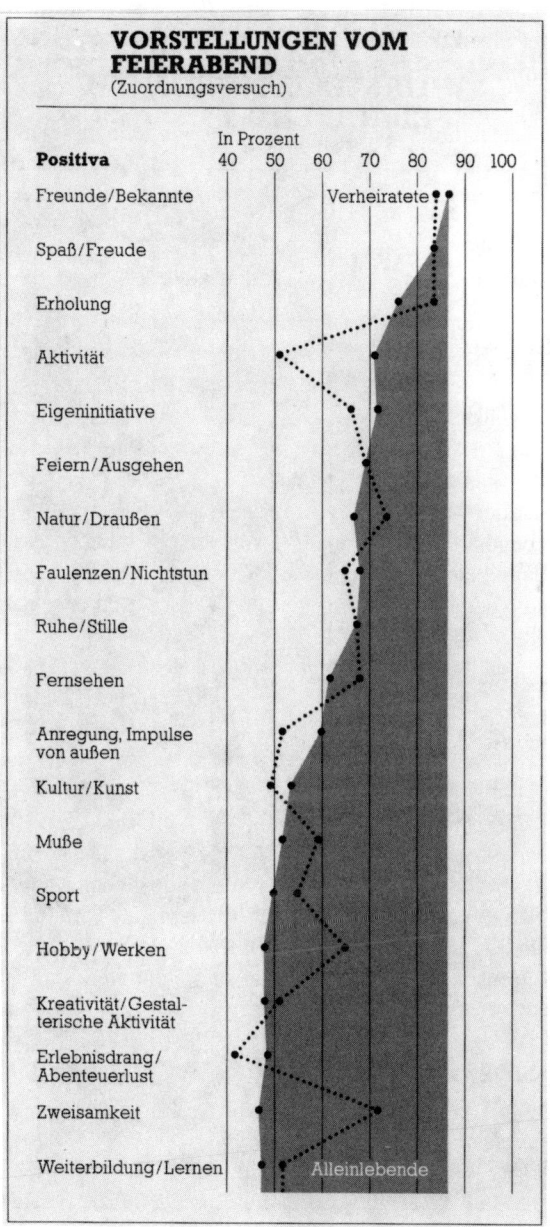

VORSTELLUNGEN VOM FEIERABEND
(Zuordnungsversuch)

In Prozent

| Positiva | 40 | 50 | 60 | 70 | 80 | 90 | 100 |

Freunde/Bekannte — Verheiratete

Spaß/Freude

Erholung

Aktivität

Eigeninitiative

Feiern/Ausgehen

Natur/Draußen

Faulenzen/Nichtstun

Ruhe/Stille

Fernsehen

Anregung, Impulse von außen

Kultur/Kunst

Muße

Sport

Hobby/Werken

Kreativität/Gestalterische Aktivität

Erlebnisdrang/Abenteuerlust

Zweisamkeit

Weiterbildung/Lernen — Alleinlebende

Quelle: B.A.T Freizeit-Forschungsinstitut

93

Abb. 28b:

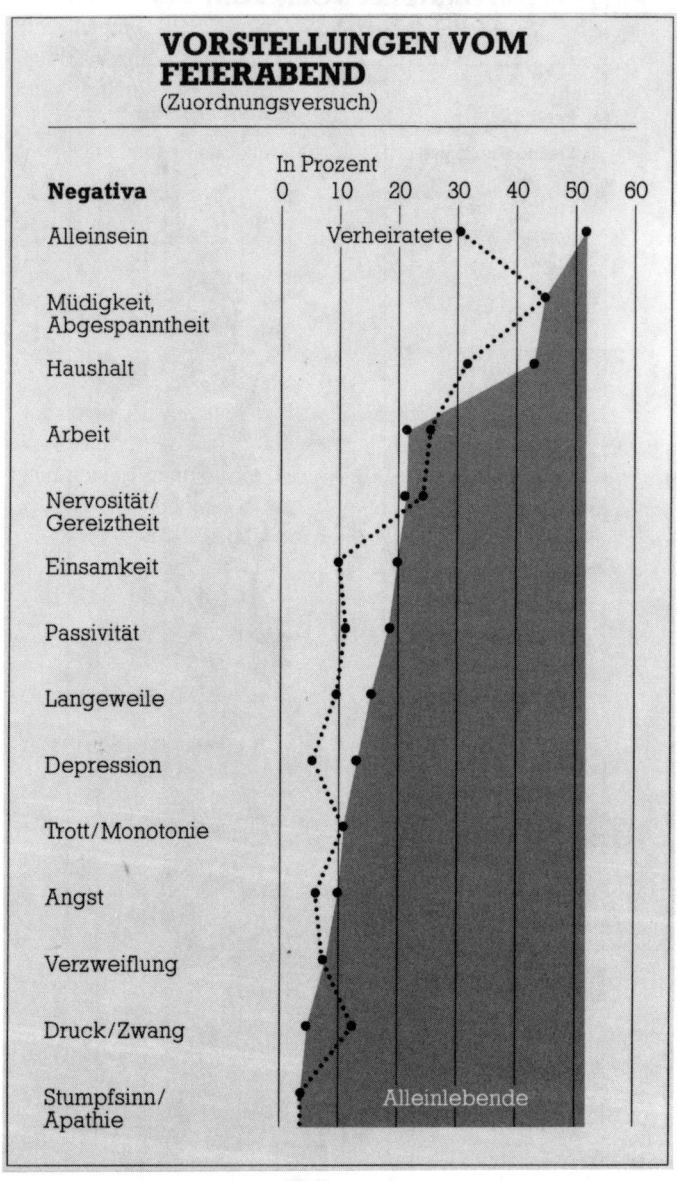

VORSTELLUNGEN VOM FEIERABEND
(Zuordnungsversuch)

In Prozent

| Negativa | 0 | 10 | 20 | 30 | 40 | 50 | 60 |

Alleinsein — Verheiratete

Müdigkeit, Abgespanntheit

Haushalt

Arbeit

Nervosität/ Gereiztheit

Einsamkeit

Passivität

Langeweile

Depression

Trott/Monotonie

Angst

Verzweiflung

Druck/Zwang

Stumpfsinn/ Apathie — Alleinlebende

Quelle: B.A.T Freizeit-Forschungsinstitut

sonst so aktiv gebenden Alleinlebenden reagieren jetzt passiv-resignativ, ein Indiz für ihre labile Stimmungslage. (Familienangehörige reagieren den Ärger über einen mißlungenen Feierabend viel direkter und aktiver ab, zum Beispiel durch einen heftigen Familienstreit). An dieser Stelle deutet sich an, wie wichtig das soziale/familiäre Umfeld für die Regulation und Stabilisierung des Gefühlshaushaltes sein kann. Bleibt den Alleinlebenden in ihrer Verstimmung nur der Griff zum Telefon oder zur Flasche?

Am deutlichsten werden die Differenzen und Gemeinsamkeiten zwischen Alleinlebenden und Verheirateten in den beiden Grafiken ,,Vorstellungen zum Feierabend". Auch wenn die Vorstellung nicht mit der Wirklichkeit übereinstimmt, so schätzen sich die Alleinlebenden einerseits aktiver und aufgeschlossener für Anregungen von außen, andererseits auch einsamer und depressiver ein.

Unterschiede im Wochenendverhalten

Im Prinzip erleben Alleinlebende jedes Wochenende als etwas Schönes und Interessantes. Um diesem hohen Anspruch zu genügen, müssen sie allerdings ihr Wochenende gut vorplanen. Sie wollen und können es sich nicht leisten, wie Verheiratete relativ unvorbereitet in das Wochenende zu gleiten. Erfolgskriterien aus der Sicht von Alleinlebenden sind:

○ in Wochenendstimmung sein
○ unter Leuten sein
○ aktiv sein.

Bei diesen hochgesteckten Erwartungen an das Wochenende ist die Mißstimmung nicht selten vorprogrammiert. Mit ihren Enttäuschungen aber bleiben sie — anders als die Verheirateten im Familienkreis — allein. So ist das Freizeitbild von Alleinlebenden: Schwankend zwischen euphorischen Freiheitsgefühlen und beklemmenden Einsamkeitsängsten.

3.3 Freizeit im Ruhestand

Die Erwartungen der Berufstätigen

Den meisten Berufstätigen ist die ,auf sie zukommende Freizeit im Ruhestand' durchaus bewußt, doch die Überlegungen und Pläne bleiben meistens im Allgemeinen stecken. Sie wollen später ihr Hobby pflegen, lange Urlaub machen, tun, was Spaß macht und sich mehr der Familie widmen. Sie spielen mit dem Gedanken, sich eine Nebenbeschäftigung zu suchen — auch ein Hinweis dafür, wie stark sie sich an das Arbeiten gewöhnt haben, wobei finan-

Abb. 29:

Die Erwartungen der Berufstätigen an die Freizeit im Ruhestand

Die guten Vorsätze dominieren

Alle Befragten (N = 30) — Antwortvorgaben	Anzahl
Ich werde mich vor allem bemühen, meine Freizeit **sinnvoll** zu **gestalten**	25
Man darf nicht erst nach der Pensionierung anfangen, sich **Gedanken** über Freizeit/Ruhestand zu **machen**	22
Es wird herrlich sein, **völlig frei** bestimmen zu können, was man tut	21
Körperlich fit zu sein und möglichst lange zu bleiben, wird eines meiner Hauptanliegen sein	21
Ich glaube, die viele **gemeinsame Zeit** wird unserer Ehe/Familie guttun	21
Endlich werde ich Zeit für **meine Hobbys** haben	18
Man sollte sich frühzeitig ein paar Hobbys zulegen	18
Ich werde endlich all das in Angriff nehmen, wozu ich bisher nicht gekommen bin	18
Ich werde auf jeden Fall mit meinen jetzigen Arbeitskollegen in Kontakt bleiben	16
Vor allen Dingen werde ich mich vor allzuviel Grübeleien und Nachdenken hüten	11
Ich werde mir einen festen Tagesplan machen und den möglichst auch einhalten	7
Ich verspreche mir viel davon, mit anderen Rentnern zu diskutieren und gemeinsame Probleme zu besprechen	5
Dann werde ich faulenzen und nichts tun	4
Ich werde einem Verein beitreten	3

Quelle: B.A.T Freizeit-Forschungsinstitut

zielle Aspekte eine untergeordnete Rolle spielen. Und es deutet sich an, daß einige dann noch arbeiten wollen, aber nicht mehr dürfen.

Endlich Muße. Bei den antizipierten Vorteilen des Ruhestandes dominieren zwei Bereiche: Der Genuß der neuen Freiheit (frei von Verpflichtungen sein, selbst bestimmen, was man tun will, keine Rücksicht mehr nehmen müssen) und die Ruhe (kein Streß, keine Hektik, keine Termine mehr und endlich Zeit für sich selbst haben). Besonders der Aspekt „viel Zeit" wird konkret und anschaulich ausformuliert, wobei in den Schilderungen Begriffe wie „unbegrenzt", „ausgiebig" und „endlos" besonders häufig fallen. Hier deutet sich zweifellos ein starkes und verbreitetes Bedürfnis nach Erholung und Ruhe an

— nach einem offensichtlich immer belastender gewordenen Berufsleben. Aktive Aspekte (zum Beispiel die Vorfreude auf bestimmte Unternehmungen) fehlen in dieser Vorausschau völlig. Die ‚Freiheit' in der Freizeit wird lediglich als ‚Freiheit von etwas' definiert. Die primäre Erwartungshaltung läßt sich so beschreiben: Ausruhen von den Strapazen des Arbeitslebens oder: Endlich Zeit und Muße haben. Was die Berufstätigen später konkret mit dieser Zeit anfangen wollen, darüber machen sie sich offensichtlich vorher wenig Gedanken. Sie haben nur den einen Vorsatz, sich zu bemühen, ihre ,,Freizeit sinnvoll zu gestalten".

Auf große Ablehnung stoßen alle Aussagen, die Probleme ansprechen — sei es im sozialen Bereich, sei es in beruflicher Sphäre. Zudem fällt die verbreitete Tendenz auf, die Bedeutung des Wechsels herunterzuspielen. Man will sich den Austritt aus dem Berufsleben nicht als Umbruchsituation bewußt machen und schon gar nicht den ‚Ruhestand' als neue Lebensphase akzeptieren.

Plötzliche Leere. Die Mehrzahl der Befragten zeigt ein relativ geringes Problembewußtsein, indem sie entweder Schwierigkeiten gänzlich ausschließt oder sich nur ‚Schicksalsschläge' (Krankheit, Geldknappheit, Krieg und so weiter) als Freizeithandicaps vorstellen kann (oder will).

So gering das Problembewußtsein für die eigene Zukunft ist, so kritisch ist die Beurteilung der Situation von den Menschen, die bereits im Ruhestand sind. Nach dem Grundsatz ,,Probleme haben immer nur die anderen" unterstellt man ihnen — aufgrund eigener subjektiver Beobachtungen und Vorurteile — einen massiven horror vacui, ein Gefühl der inneren Leere: Sie haben plötzlich nichts mehr zu tun; haben nicht genügend oder keine Hobbys; können sich nicht beschäftigen; kennen nur ihren Beruf; haben nur für die Arbeit gelebt; haben sich nicht frühzeitig darauf eingestellt; lassen sich hängen; haben resigniert; sind allein, vereinsamt und zählen sich zum alten Eisen. Ein düsteres Bild der Leere und Orientierungslosigkeit! Man kann davon ausgehen, daß diese Aussagen starken projektiven Charakter haben, das heißt, zumindest ein Teil dieser Angst vor Leere, Struktur- und Orientierungsunsicherheit wird — mehr oder weniger unterschwellig – auch schon vor dem Ruhestand vorausgeahnt. Eine unbewußte Auseinandersetzung mit diesen Befürchtungen findet aber offensichtlich kaum statt. Nach dem Motto ,,Es kann nicht sein, was nicht sein darf" wird das aufkommende Unbehagen schnell wieder beiseite geschoben.

Bei dieser Diskussion über zu erwartende Veränderungen und Umstellungen für die Zeit des Ruhestandes negiert knapp die Hälfte jegliche Veränderungen für die Zeit nach dem Berufsaustritt: ,,Es wird im Grunde alles so bleiben, wie es ist." Diese Reaktion wird verständlich, wenn man die zu erwartenden Veränderungen inhaltlich analysiert: Im Mittelpunkt steht der Anspruch, die viele freie Zeit sinnvoll zu nutzen und sie auf keinen Fall zu vertrödeln. Das Status-quo-Denken dient als Schutz gegen die Angst vor negativen Veränderungen.

*Einfach nachholen.*Gut die Hälfte der Befragten signalisiert Zufriedenheit (Vorfreude auf die neue Freiheit und Erleichterung über das Ende von Streß und Trott). Ein Drittel reagiert realistisch-abwägend. Ihnen ist bewußt, daß sie einerseits etwas gewinnen, andererseits aber auch etwas verlieren. Ihre Stimmungslage ist entsprechend ambivalent, das heißt, sie haben ,gemischte Gefühle'.

Die Pragmatik setzt sich schließlich durch. Im Ruhestand will man alles das nachholen oder intensivieren, wozu man bisher aus Zeitmangel nicht oder nicht ausgiebig genug kam. Man denkt hier vor allem an Lektüre jeder Art: ,,Die Zeitung von vorne bis hinten lesen" oder ,,mal wieder ein gutes Buch lesen". Auch dem Garten will man sich mehr widmen als bisher. Und man will häufiger spazierengehen und natürlich viel Reisen und Ausflüge machen.

Zusammenfassend läßt sich zur Situation der Menschen *vor* dem Ruhestand sagen, daß bei ihnen eine starke Tendenz besteht, den kommenden Wechsel und die damit verbundenen Konsequenzen von sich wegzuschieben. Aus dem rationalen Wissen über die zukünftigen Veränderungen werden emotional kaum Folgen gezogen. Thematisieren sie den Ruhestand, so breitet sich anfänglich diffuse Irritation und amorphes Unbehagen aus, die aber nicht zur Auseinandersetzung mit den Problemen führen, sondern schnell Abwehr und Verdrängung auslösen. Die Folge ist eine typische Ausweichreaktion nach dem Motto: ,,Kommt Zeit, kommt Rat", verbunden mit der Versicherung (nach innen und außen), daß man den Ruhestand sinnvoll nutzen werde und sich auf diese schöne Zeit freue.

Freizeit im subjektiven Empfinden der Ruheständler

Wie für andere Bevölkerungsgruppen ist auch für Rentner und Pensionäre Freizeit ein Wort, das die Phantasie anregt und eine Fülle von Assoziationen auslöst. Inhaltlich wird das Vorstellungsbild von Freizeit beherrscht durch körperliche Aktivität und out-door-Unternehmungen wie Sport treiben, Reisen und Ausflüge machen. Erst mit deutlichem Abstand folgen körperlich eher passive Beschäftigungen wie Lesen und Gemütlich-Beisammensitzen. Fernsehen und Radio hören tauchen zunächst nur am Rande auf. Die Gruppe im Ruhestand hebt zusätzlich noch den (neuen) Genuß der Freiheit und Unabhängigkeit in der Freizeit hervor, während die Gruppe der Berufstätigen vor dem Ruhestand stärker auf den Erholungsaspekt der Freizeit abhebt. Ansonsten sind die Vorstellungsumfelder der beiden Gruppen — vor dem Ruhestand und im Ruhestand — inhaltlich sehr ähnlich.

Art der Freizeitassoziationen und Parallelität der Vorstellungsinhalte sind ein erstes Indiz dafür, daß auch die Ruheständler das derzeitig geltende positive Freizeit-Ideal verinnerlicht haben und daß gesellschaftliche Normen auch nach dem Ausscheiden aus dem Arbeitsprozeß ihre Gültigkeit und Verbindlichkeit behalten.

Wie stark der Freizeitbegriff von allgemeinen Wertvorstellungen geprägt ist beziehungsweise wie wenig individuelle Freizeitaspekte bei diesen Definitionsversuchen eingehen, zeigt sich deutlich bei einem projektiven Ansatz, bei dem es galt, einem Marsmenschen zu erklären, was Freizeit ist. Freiheit ist das Stichwort, das bei den Erklärungsversuchen immer wieder herangezogen wird. Das Vorstellungsbild von Freiheit erhält aber inhaltlich interessante Akzentunterschiede: *Vor dem Ruhestand* betont man den Spaß, den es macht, seine freie Zeit ohne Zwang von außen ,,nach Lust und Laune" zu verbringen. Freizeit bedeutet für diese Gruppe primär ,,Freiheit von etwas". *Die Ruheständler* verstehen Freizeit dagegen mehr als Aufgabe und ,,Freiheit für etwas". Freizeit ist in ihren Augen die Zeit, die sinnvoll gestaltet werden muß — in Selbstverantwortung und aus Verpflichtung. Auch andere Bevölkerungsgruppen neigen grundsätzlich dazu, die Gestaltung der Freizeit als ihre persönliche Aufgabe (mit Erfolgszwang) anzusehen.

Die Ruheständler unterscheiden sich also in ihrer Haltung nicht prinzipiell von der Gesamtbevölkerung, wohl aber graduell. Das Problem der Sinngebung und Eigenverantwortlichkeit potenziert sich in dieser Gruppe. Freizeit ist für sie eine ernste Sache, eine Aufgabe, die ,,angepackt", ,,eigengestaltet" und ,,selbst bestimmt" werden muß: ,,Am besten macht man sich einen Stundenplan, um den Tag auszufüllen."

In diesem Zusammenhang ist auch bemerkenswert, daß die Ruheständler von sich aus Hausarbeit, Einkaufen, Behördengänge und ,sonstige Pflichten privater Art' dezidiert als Nicht-Freizeit definieren. Mit diesem bewußten Ausschluß häuslicher Tätigkeiten aus dem Freizeitbegriff schaffen sie sich quasi eine ,Kontrastzeit' zur *Freizeit*. Die Tageszeit wird dadurch deutlich strukturiert. Offenbar nimmt dieser Übergangsbereich die Funktion der früheren Berufsarbeit an, ist psychologisch eine Art Berufsersatz.

Anschaulicher Beleg für die Haltung der Mehrheit der Befragten sind auch die Ergebnisse eines Zuordnungsversuchs, bei dem die Untersuchungsteilnehmer aus einer Vielzahl positiver, neutraler und negativer Vorgaben ihre ,Freizeitwelt' beschreiben konnten. Wie die Übersicht zeigt, zeichnet man ein Bild voller Lebenslust, Geselligkeit und Aktivität. Auch Freiheit und Eigeninitiative spielen zentrale Rollen. Dagegen geht man mit den Begriffen Spontaneität und Sich-treiben-lassen vorsichtig um. Offenbar wird hier eine Umkippgefahr ins Haltlose und Strukturlose befürchtet. Diese Art von Freiheit ist in hohem Maße angstbesetzt. Es ist folglich eine der wichtigsten Aufgaben der Ruheständler, dieses Problem zu meistern, also dem neuen Leben Sinn und Struktur zu geben: ,,Gerade als Rentner darf man nicht Trübsal blasen. Man muß das Leben genießen!" Negativ-Beschreibungen werden wieder mehrheitlich

Abb. 30:

Assoziationen zur ‚Freizeit im Ruhestand'

Aus der Sicht der Betroffenen

Alle Befragten (N = 450)			In Prozent
Antwortvorgaben	Paßt gut	Paßt mit Einschrän- kungen	Paßt nicht
Lebenslust	85	13	2
Fröhlichkeit	83	15	2
Zufriedenheit	83	14	3
Entspannung	82	12	6
Geselligkeit	77	19	4
Kontakt haben	77	19	4
Freiheit, Unabhängigkeit	77	17	6
Gesundheit	76	19	5
Glück	72	21	7
Eigeninitiative	72	22	6
Familie	70	23	7
Selbständigkeit	68	23	9
Aktiv-sein	68	26	6
Muße	66	23	11
Lebenskunst	63	30	7
Genuß	62	30	8
Selbstvertrauen	61	27	12
Liebe	59	30	11
Tatendrang/Energie	53	35	12
Ordnung	47	31	22
Fitness	46	41	13
Spontaneität	45	36	19
Sex/Erotik	28	38	34
Alltag	25	34	41
Einsamkeit	6	22	72
Abgespanntheit	6	21	73
Langeweile	6	17	77
Streß	2	8	90

Quelle: B.A.T Freizeit-Forschungsinstitut

als unpassend abgelehnt. Von Einsamkeit, Langeweile oder Streß wollen die meisten in ihrer Freizeit nichts wissen.

Der Übergang vom Arbeitsleben in den Ruhestand

Der Januskopf der neuen Freiheit. Unmittelbar nach dem Berufsaustritt ist der Genuß der neuen Freiheit und Freizeit zunächst groß. Symptomatisch für die neue Selbständigkeit ist die verbreitete Euphorie über die ‚Emanzipation vom Wecker' und damit das Wegfallen von Zeitdruck, Terminplänen, Hektik und Leistungszwang. Man genießt die neue Freiheit im Bewußtsein, die Ruhe verdient zu haben. Gleichzeitig aber wächst langsam aber sicher die Einsicht, daß Freiheit zwei Gesichter hat: Die Befreiung von den Pflichten und Zwängen der Arbeit, aber auch die Aufgabe, mit der gewonnenen Freiheit etwas Sinnvolles anzufangen. Damit sind wir bei dem Kernproblem dieser Bevölkerungsgruppe: Sie ist für die Gestaltung und damit letztlich auch Sinngebung ihres Lebens jetzt selbst verantwortlich. Weder Chefs noch Berufs- und Standesregeln bestimmen, was sie tun und lassen soll und richten über den Wert ihres Tuns. Der einzelne Ruheständler muß sowohl die Rolle der Legislative als auch der Exekutive für seine neue Lebensführung übernehmen. Für beide Aufgaben ist er denkbar schlecht gerüstet. Folglich braucht er Krücken. Zwei Übergangsphasen helfen weiter.

Erste Phase: Flüchten. Ein probater und häufig praktizierter Weg, mit der neuen Situation fertig zu werden, ist das Urlaubsspiel: Man stellt sich vor, man wäre im Urlaub. Man benutzt ein Verhaltensschema, das man kennt und das sich bewährt hat: Lange schlafen, gemütlich frühstücken, spazierengehen, einen Ausflug oder eine ,,richtige Urlaubsreise" machen. Man praktiziert nicht nur Urlaub, man vertritt auch voll die dazugehörige Freizeitideologie. Alles ist ,,phantastisch", ,,toll", ,,wie im Märchen", ,,ein Traum". Kennzeichnend für die erste Phase des Ruhestandes ist eine verbreitete Tendenz zur Glorifizierung der neuen Freizeit (nach altem Muster). Diese Quasi-Ferien sind eine gute Überbrückungshilfe zwischen Berufsaustritt und Ruhestand. Aber nach einer Weile spürt der Rentner, daß das Urlaubsspiel nicht mehr so recht funktioniert. Die selbst auferlegte neue Lebensphilosophie, die Freizeit sinnvoll zu gestalten, fordert ihren Tribut, das heißt, Ausweichen und Flüchten sind auf Dauer keine Lösung.

Zweite Phase: Strukturieren. Mehr oder weniger schnell und bewußt wird versucht, die ‚grenzenlose Freiheit' und ‚Freizeit' zu strukturieren, ihr eine feste Form zu geben. Diese neuen selbstgeschaffenen Strukturen ähneln in Form und Inhalt stark den bisher benutzten ‚Steuerungshilfen': Es werden regelrechte Stundenpläne aufgestellt, die Tätigkeitsbereiche in der Familie in Verantwortungssphären gegliedert, wobei Freizeit von Nicht-Freizeit (Hausarbeit, Behördengänge und so weiter) deutlich voneinander getrennt wird. Das Endergebnis ist in den meisten Fällen eine klare, feste Tagesablaufreglementierung. Nicht laissez-faire, Spontaneität oder gar Faulenzen sind die Devise, sondern ‚geordnete Verhältnisse‘. Die neue Lebensstruktur bietet sowohl Stabilität als auch Zufriedenheit. Folglich hängt man an den neuen Gepflogenheiten und zelebriert sie zum Teil wie Rituale (zum Beispiel das Frühstücken oder das Zeitunglesen). Störungen dieser Rituale lösen Verwirrung und Verstimmung aus.

Der erste Tag im Ruhestand. Der von vielen herbeigesehnte erste Tag im Ruhestand gleicht einem Feiertag oder freien Wochenende: Man schläft lange, läßt alles langsam angehen, geht spazieren oder macht einen kleinen Ausflug. Die überwiegende Mehrheit hat diesen Tag in guter Erinnerung. Der Tag ist unproblematisch; man kennt das Tagesmuster von freien Wochenenden und aus der Urlaubszeit. Orientierungsprobleme kommen kaum auf.

Jeder siebte Befragte (14 %) schildert diesen Tag weniger begeistert, weil die Arbeit fehlt und innere Unruhe und Nervosität dominieren: ,,Bin ständig auf und ab gelaufen wie ein Löwe im Käfig" oder ,,Wußte nichts mit mir anzufangen".

Sieht man einmal vom konkreten Tagesablauf ab, der alles andere als dramatisch oder euphorisch verläuft, und wendet sich der Analyse von Gefühl und Stimmungslage zu, so wird erkennbar, daß jeder dritte (34 %) diesen Tag bedrückt, traurig und ängstlich erlebt. Man fühlt sich zum ersten Mal ,,richtig alt", schlagartig wird einem das Alter bewußt, die Zugehörigkeit zum ,,alten Eisen". An die zurückliegende Zeit wird ‚wehmütig‘ gedacht, die Zukunft erscheint plötzlich angstbesetzt. Unmut und schlechte Laune stellen sich ein. Der erste Tag ist für diese Gruppe ein langweiliger Tag.

Die übrigen zwei Drittel (66 %) wollen jedoch davon nichts wissen. Sie fühlen sich rundum befreit — ,,frei wie ein Vogel". Sie sind endlich den ständigen Termindruck los. Sie fühlen sich beschwingt, fröhlich, heiter (,,Habe den ganzen Tag geträllert"). ,,Ein Gefühl wie Weihnachten" oder ,,wie Ostern und Pfingsten an einem Tag". Sie sind glücklich, zufrieden und auf sich selbst stolz, ,,so lange gearbeitet" und es bis zum Tag der Pensionierung ,,geschafft zu haben." In den Stolz mischen sich Neugierde und Gespanntheit auf das neue Leben.

Die ersten Tage des Übergangs. Von den ‚ersten Tagen‘ der Pensionierung sprechen die Ruheständler zunächst nicht oder nur am Rande. Und auch auf die direkte Frage nach dem subjektiven Erleben der Übergangssituation besteht fast ein Drittel darauf, daß ‚nur' mehr Zeit hinzugekommen sei. Es fällt offenbar leichter, sich auf die eher formale Betrachtungsweise zurückzuziehen, als direkt von möglichen Irritationen oder (Sinn-)Problemen zu sprechen, die dieses ‚Mehr' an Zeit zumindest in der Übergangsphase mit sich brachte. Forsche Formulierungen wie ,,Bei mir ging alles glatt" oder ,,Es war völlig unproblematisch" deuten auf vordergründige Abwehrversuche hin.

Nach den anfänglichen Rationalisierungen kommen die wirklichen Ängste in beeindruckender Weise zur Sprache:

○ *Zwischen zwei Stühlen sitzen*
  ,,Ich hatte keine Angst. Aber ich habe zwischen zwei Stühlen gesessen, der eine Teil war froh, der andere nicht. Ich war zwischen zwei Gefühlen."
○ *Zum alten Eisen gehören*
  ,,Ich wußte, daß ich aufs tote Gleis geschoben wurde. Darauf mußte ich mich einstellen und akklimatisieren, es war nicht ganz einfach."
○ *Nicht mehr gebraucht werden*
  ,,Ich wußte, ich werde nicht mehr gebraucht, und das war schlimm! Ich fühlte mich zu jung zum Aufhören. Man hat mich immer noch ein bißchen was arbeiten lassen, aber ich machte dann auch alles falsch und konnte nichts mehr machen und wurde krank. Ich habe viel Zeit gebraucht, um mich daran zu gewöhnen."

Der Übergang vom Arbeitsleben zum Ruhestand kommt einem Schwebezustand gleich. Die Betroffenen befinden sich in einer ambivalenten Stimmung: Sie wußten wohl, was sie erwartete, aber sie ahnten nicht, was sie dabei fühlten. Gegen diese tiefgreifenden emotionalen Veränderungen kann man keine systematischen Vorbereitungen treffen und keine Hilfe von außen erwarten: ,,Damit muß jeder für sich fertig werden" und schließlich ,,hat mir ja auch keiner geholfen."

Individuelle Übergangsstrategien

Im Übergang vom Arbeitsleben zum Ruhestand werden ganz unterschiedliche individuelle Übergangsstrategien entwickelt, um Krisen und Konflikte gar nicht erst aufkommen zu lassen. Ein Strategiekonzept läßt sich so umschreiben: *Verdrängen und langsam daran gewöhnen.* Dabei dienen Reisen oft als Flucht-Vehikel:

○ ,,Man sollte erst eine Reise machen, um den Übergang zu überbrücken — so als ob die Rente nun ein langer Urlaub wäre."
○ ,,Ich bin in Urlaub gefahren und habe mich gefreut. Das hat mich kalt gelassen. Aufgeregt habe ich mich dabei nicht. So verrückt war ich nicht, wie andere, die sagen, ohne Arbeit kann ich nicht existieren."

Eine zweite Verhaltensstrategie kommt in folgender Reaktion zum Ausdruck: *Ausweichen und nicht akzeptieren.* Hier bedienen sich die Frührentner und Pensionäre häufig der Krankheit, um das krisenhafte Moment des Ausscheidens und der Abschiebung zu umgehen beziehungsweise in die Zukunft zu verlegen:

○ ,,Ich hatte vorher eine Grippe, dadurch ging das übergangslos. Es war nicht schlimm.''

○ ,,Ich war zu diesem Zeitpunkt krank und habe mich langsam daran gewöhnt.''

Am häufigsten wird eine dritte Verhaltensstrategie eingesetzt, die bei der Bewältigung von Freizeitproblemen besonders wirksam ist: *Immer aktiv und beschäftigt sein.* Einige bringen es in dieser Beziehung zu arbeitsähnlichen ,Höchstleistungen'. Sie entwerfen umfassende Pläne, stellen sich vielerlei Aufgaben und Ziele und beschäftigen sich permanent mit irgendwelchen Problemen und Tätigkeiten. Die hektische Betriebsamkeit und die Kurzlebigkeit der Aktionen macht die Problematik deutlich: Es sind bestenfalls trial-and-error-Versuche auf der Suche nach neuen Wegen und Lebenszielen. Bei einigen wird die Überaktivität zum Aktionismus, der sich verselbständigt. Die Konsequenz ist ein Paradoxum: Sie suchen Ruhe in der Unruhe. Sie überspielen (im wahrsten Sinne des Wortes) die drängende Sinnproblematik ihrer neuen Lebensphase. Und der gewünschte Effekt stellt sich auch ein: Von selbstquälerischen Fragen, welchen Wert das eigene Leben noch habe, werden sie entlastet und ,tödliche Langeweile' kommt gar nicht erst auf.

Die vierte Strategie heißt: *Den Alltag zum Ritual machen.* Es ist der Versuch, den Zeit-,Brei des Tages' auf irgendeine Weise so zu strukturieren, daß fast Alltägliches zum Zeremoniell wird:

○ ,,Ich habe den Wecker immer gestellt, am Morgen draufgehauen und laut ,Feierabend' gerufen.''

○ ,,Frühstück immer um 9.00 Uhr. Zeitunglesen bis 10.30 Uhr. Anschließend Einkaufen. 13.00 Uhr Mittagessen. Dann Mittagschlaf bis 15.00 Uhr. Na, und so weiter...''

Spätestens hier fiel dem Befragten die Monotonie des Tagesmusters auf. Er brach die Chronologie ab. Ritualisierung und Strukturierung sollen helfen, das fehlende Zeit-,Korsett' im Rhythmus von Arbeit und Feierabend zu ersetzen. Es ist schwer, ein neues Zeitkonzept zu entwerfen und danach zu leben.

Vorschläge zur Erleichterung der Übergangsprobleme
Trotz der aktuellen eigenen Erfahrung mit der Übergangsproblematik fällt es den Betroffenen schwer, darauf Lösungsvorschläge für Dritte abzuleiten. Sie versuchen die Frage meistens weit von sich zu schieben. Jeder müsse das

,,mit sich selbst ausmachen", man könne ,,keine allgemeingültigen Regeln" aufstellen oder ,,Ratschläge" geben. Die Übergangszeit sei eine ,,sehr persönliche Angelegenheit", eine Situation, in der jeder einzelne ,,auf sich selbst angewiesen" sei.

Abb. 31:

Vorschläge zur Erleichterung der Übergangsprobleme
Vor dem Hintergrund eigener Erfahrungen

Alle Befragten (N = 450) Offene Frage/Mehrfachnennungen	In Prozent
Sich **rechtzeitig Hobbys** zulegen, sich möglichst »**viele Hobbys**« zulegen, falls man eins nicht ausüben kann (zum Beispiel wegen Wetter)	36
Sich **seelisch** darauf vorbereiten, sich schon frühzeitig mit dem Gedanken beschäftigen, daß es »mal soweit ist«	**34**
Sich auf den Ruhestand **freuen**, eine **positive** **Einstellung** entwickeln, »keinesfalls« denken, daß man zum »alten Eisen« gehört	**18**
Sich »immer **beschäftigt halten**«, »nicht zum Grübeln kommen — lieber was tun«, »nicht rumhängen«	18
Kontakte pflegen, sich einen Freundeskreis zulegen	15
Arbeitszeitverkürzung in den letzten Jahren, Job-Sharing, in den letzten Jahren schon Verantwortung abgeben	15
Ist eine ganz »persönliche Sache«, da muß jeder **allein** durch	10
Sich fit halten, Sport treiben	8
Weiterleben **wie bisher**	8
Eine **Nebenbeschäftigung** suchen	7
Anderes (Erwartungen nicht zu hoch stecken, sich abfinden, ruhig werden, in Urlaub fahren, etc.)	15

Quelle: B.A.T Freizeit-Forschungsinstitut

Der Eindruck entsteht, daß bewußt eigene Erfahrungen und praktische Beispiele aus der eigenen Übergangsphase zurückgehalten werden. Man möchte offenbar sich selbst schützen und der Umwelt die (anfänglichen) *Ängste und Probleme vorenthalten.* Jetzt (zum Zeitpunkt der Befragung), wo die seelische Balance mehr oder weniger wiederhergestellt ist, will man sich an diese Phase der Unsicherheit nicht erinnern.

Konkret wird zunächst empfohlen, sich möglichst ,viele Hobbys' zuzulegen, also das Hobby-System zu erweitern. Man hat die Erfahrung gemacht, daß *ein*

Hobby allein nicht ausreicht, weil es auf die Dauer fad und langweilig wird und die Initiative für neue Hobbys fehlt. Nur versteckt wird auf eigene Unzulänglichkeiten hingewiesen, indem anderen geraten wird, sich vor allem seelisch auf die Umstellung vorzubereiten und zu versuchen, gefühlsmäßig eine positive Einstellung zum nachberuflichen Leben zu entwickeln. Mehr als die Hälfte der Befragten stellen dieses psychologische Moment in den Vordergrund.

Interessant ist auch der Ratschlag einer Gruppe, die zum keep-on-going auffordert. Hierbei handelt es sich auch um eine besonders aktive (bis rastlos wirkende) Gruppe, die selbst auch die Devise ,,Wer rastet, der rostet" praktiziert. Man bemüht sich, körperlich und geistig aktiv zu sein beziehungsweise zu bleiben, und ja nicht ,,rumzuhängen" oder ,,ins Grübeln zu kommen". Sie empfehlen und praktizieren die Flucht nach vorne.

Jeder achte Befragte empfiehlt, schon vor der Pensionierung das soziale Gefüge zu stabilisieren, also frühzeitig Kontakte zu pflegen und sich einen Freundeskreis zuzulegen. Ebenfalls 15 Prozent schlagen einen fließenden Übergang beziehungsweise eine abgestufte Pensionierung vor. Eine gleitende Arbeitszeitverkürzung in den letzten Jahren des Berufslebens würde ermöglichen, Zug um Zug Verantwortung abzugeben und sich langsam aber stetig aus dem Arbeitsleben davonzuschleichen.

Das Freizeiterleben verändert sich

74 Prozent der Befragten erleben die Ruhestandszeit als einen fließenden Übergang zwischen Freizeit und übriger Zeit. Als Besonderheit dieser neuen Lebensphase wird herausgestellt, daß man sich jetzt die Zeit so einteilen könne, wie man ,,Lust habe". Eine strenge Trennung von Freizeit und Nicht-Freizeit ist kaum mehr möglich. Jeder zwölfte ist sogar der Auffassung: ,,Es ist doch alles Freizeit!"

Trotz fließender Übergänge können die meisten Ruheständler sehr wohl zwischen Freizeit und Nicht-Freizeit unterscheiden: *,,Pflichten erfüllen ist keine Freizeit!"* Infolgedessen werden arbeitsähnliche Tätigkeiten und Beschäftigungen mit Pflichtcharakter (zum Beispiel Haushaltsarbeiten, Besorgungen, Erledigungen) nicht zur Freizeit gezählt. Auch unlustbetonte Situationen werden nicht dazugerechnet. Hat man Langeweile oder Ärger, leidet unter Hektik oder Streß, so wird dies nicht als Freizeit empfunden.

Freizeit ist bei den Ruheständlern — wie bei Hausfrauen und Arbeitslosen auch, denen der Gegenpol Berufsarbeit fehlt — mehr eine Empfindung, ein Gefühl: *Freizeit hat man, wenn man sich wohlfühlt.*

Nur was die Ruheständler subjektiv als frei verfügbare Zeit empfinden und haben wollen, ist wirklich Freizeit. Für fast jeden dritten Befragten (29 %) beginnt daher die Freizeit meist erst nachmittags; weitere sechs Prozent geben an, erst abends Freizeit zu haben. Sie gehören zu denjenigen, die ,,immer was zu tun haben". Sie haben die Aktivität und den Rhythmus der Arbeitswelt offenbar noch ganz verinnerlicht.

Nur so ist auch erklärbar, warum etwa jeder vierte Ruheständler während der Woche ein anderes Freizeitverhalten als am Wochenende zeigt. 27 Prozent fahren — wie zur Zeit der Berufstätigkeit — am Wochenende weg und machen Ausflüge. Und ein weiteres Viertel (25 %) reagiert auf den Alltags- und Haushaltsstreß der Woche mit bewußtem ,,Faulenzen und Nichtstun" am Wochenende. Die Abnabelung vom Berufsleben ist noch nicht ganz gelungen.

Anders stellt sich das *Wochenende als Problem-Freizeit* dar. Wenn an Sonn- und Feiertagen die Geschäfte geschlossen sind und die Innenstadt verlassen wirkt, stellen sich für acht Prozent der Befragten Gefühle von Einsamkeit und Langeweile ein. Die vorhandene Freizeit macht plötzlich keinen Spaß mehr, weil ,,nichts los" ist und Einsamkeit spürbar wird.

> Es bleibt festzuhalten: Das Freizeiterleben ändert sich im Ruhestand. Es bekommt mehr Gefühls- und Empfindungscharakter. Die Aktivitätsorientierung spielt eine geringere Rolle. Wenn Pflicht und Unlust im Spiel sind, kann auch keine rechte ,Freizeit-Stimmung' aufkommen.

Der typische Ruhestandstag

Für die befragten Frührentner und Pensionäre lag der Austritt aus dem Arbeitsprozeß inzwischen ein bis drei Jahre zurück. Die meisten haben sich mit ihrem neuen Leben arrangiert und einen festen Rhythmus gefunden. So fiel es keinem schwer, einen typischen Alltag im Ruhestand zu schildern. Die 450 Tagesabläufe weisen erstaunliche Ähnlichkeit und Übereinstimmung auf, so daß man vereinfacht von dem ,typischen Ruhestandstag' sprechen kann.

Dieser Tag beginnt häufig spät. Dabei wird betont, daß man den Wecker (als Symbol für Fremdbestimmung) durch die eigene innere Uhr ersetzt hat. Gut ausgeschlafen wird ausgiebig gefrühstückt. Dieses Frühstück ist nicht nur eine Mahlzeit. Es trägt deutliche Züge eines Rituals mit charakteristischen Merkmalen und minuziös festgelegtem Ablauf: ,,Mann holt Brötchen, Frau kocht inzwischen Kaffee" — ,,Mehrere Marmeladen müssen dabei sein" — ,,Ohne Frühstücksei ist der ganze Tag nichts wert" — ,,Ab der zweiten Tasse Kaffee wird die Zeitung gelesen" — ,,Meine Frau bekommt den Lokalteil, ich lese immer erst die Politik". *Das Ritual verträgt keine Unregelmäßigkeit:* ,,Als der Bäcker zu hatte, wußte ich gar nicht mehr, was ich machen sollte" — ,,Was ich auf den Tod hasse, sind Telefongespräche während des Frühstücks" — ,,Meine Frau möchte seit neuestem immer auf dem Balkon frühstücken, ich kann mich aber nicht daran gewöhnen". Jedes Ausscheren aus dem gewohnten Rhythmus wird als unliebsame Störung und unangenehme Irritation empfunden.

Abb. 32: Der typische Ruhestandstag
Alltag zwischen Ritual und Regelmäßigkeit

Offene Frage	Alle Befragten N = 450 In Prozent	Arbeiter N = 150 In Prozent	Mittlere Angestellte N = 150 In Prozent	Höhere Angestellte N = 150 In Prozent
Morgens				
Spät aufstehen, ausschlafen, aufstehen ohne Wecker	29	28	29	31
In Ruhe ausgiebig **frühstücken**	73	75	71	73
Im Haushalt arbeiten	39	41	39	37
Einkaufen gehen	38	41	38	35
Zeitung lesen	33	25	37	37
Im Garten arbeiten	15	19	11	15
Spazierengehen	9	9	9	9
Behördengänge, Arzt	8	5	11	8
Anderes (Sport, Kirchgang etc.)	9	9	9	9
Mittags				
Mittagessen **zubereiten**	24	28	23	21
Mittagessen	52	49	60	47
Mittagsschlaf	39	50	41	26

Nachmittags

Spazierengehen	**27**	26	**33**	22
Im **Garten** arbeiten	19	18	19	20
Kaffee trinken	18	16	18	20
Lesen	16	13	15	19
Hobby (handarbeiten, basteln etc)	12	12	12	12
Besuche machen, Besuche bekommen	11	9	13	10
Stadt-, Einkaufsbummel	8	6	9	9
Sport (schwimmen, kegeln, angeln etc.)	7	3	10	7
Haushalt	6	7	6	5
Anderes (fernsehen, Gesellschaftsspiele, Musik hören etc.)	12	12	10	13

Abends

Abendessen	37	35	37	39
Fernsehen	**63**	65	71	51
Lesen	11	10	12	11
Ausgehen (Kneipen, Restaurant, Theater etc.)	10	8	12	10
Besuche machen beziehungsweise empfangen	5	5	4	6
Hobby (handarbeiten etc)	7	7	7	7
Anderes (Musik hören, sich unterhalten etc.)	9	10	7	10

Quelle: B.A.T Freizeit-Forschungsinstitut

Nach dem Frühstück trennen sich die Partner: Der Mann liest weiter in der Zeitung (,,Von vorne nach hinten und von hinten nach vorne"), die Frau kümmert sich um den Haushalt und macht Besorgungen. Teilweise übernimmt auch der Mann die Einkäufe. Gemeinsame Einkaufsaktivitäten sind am Morgen die Ausnahme. Eher widmen sich die Männer ,,ein bißchen" dem Garten oder machen einen ,,kleinen" Spaziergang.

Größere beziehungsweise längere Aktionen sind mehrheitlich dem Nachmittag vorbehalten. Die Frau bereitet inzwischen das Mittagessen vor, das dann ohne spezielles Zeremoniell — relativ zügig und nicht so genußvoll wie das Frühstück — eingenommen wird. Für viele schließt sich ein ,,Mittagsschläfchen" an. Erholt macht man sich zu einem Stadtbummel oder Spaziergang auf, pflegt den Garten oder Balkon. Beliebt ist (besonders bei Frauen) der Nachmittagskaffee (,,Aber nur am Wochenende mit Kuchen!") Danach liest man ein bißchen, handarbeitet oder bastelt. Größere soziale oder sportliche Aktivitäten sind dagegen während der Woche relativ selten.

Nach dem Abendessen widmet sich die Mehrzahl regelmäßig und ausgiebig dem Fernsehangebot. Außer-Haus-Aktionen (Besuche, Ausgehen) sind die Ausnahme und werden vor allem von Männern praktiziert (,,Ein Glas Bier in der Kneipe um die Ecke gehört für mich seit eh und je zum Feierabend dazu").

Der typische Ruhestandstag verläuft ohne Besonderheiten und hat drei Fixpunkte: In Ruhe ausgiebig frühstücken (73 %), Mittagessen (52 %) und Fernsehen (63 %). Bemerkenswerte Unterschiede im Freizeitverhalten sind hinsichtlich der sozialen Schichten feststellbar: Doppelt so viele Arbeiter (50 %) wie höhere Angestellte (26 %) pflegen den Mittagsschlaf. Höhere Angestellte sind dafür die eifrigsten Leser von Zeitungen und Büchern, während mittlere Angestellte am meisten spazieren gehen.

Der gelungene Ruhestandstag

Die Frage nach einem besonders schönen Tag provoziert bei einem Teil der Befragten (vor allem bei den Männern) zunächst einmal Abwehr. ,,Bin jeden Tag zufrieden" oder ,,Alle Tage sind gleich schön" — vielleicht ein weiteres Indiz für die erkennbare Tendenz, das Bild eines problemlosen Ruhestandes zu vermitteln.

Die meisten Befragten können sich sehr wohl an einen besonders gelungenen Tag erinnern. Es fällt jedoch auf, daß sich die genannten praktischen Beispiele nicht durch besondere Unternehmungen oder glanzvolle Höhepunkte auszeichnen. Bescheidene Freuden und kleine Unterbrechungen des gewohnten Alltags dominieren: Ein Ausflug, eine Tagesfahrt, ein Tag mit Freunden, eine Geburtstagsfeier oder ein Tag in der Natur. Genauso wichtig wie die Unternehmung an diesem Tag ist aber die Stimmung. Die Atmosphäre sollte un-

Der besonders gelungene Ruhestand
Abwechslung, Geselligkeit und kleine Freuden

Offene Frage/ Mehrfachnennungen	Alle Befragten N = 450 in Prozent	Männer N = 300 in Prozent	Frauen N = 150 in Prozent
Bin **jeden Tag zufrieden**, gibt keinen besonders gelungenen Tag, alle Tage sind gleich schön	18	20	13
Ein **Ausflug**, eine Tagestour eine Autotour	16	13	22
Ein **Tag mit Freunden** in netter Gesellschaft	16	16	14
Geburtstag, Feier, Festtag, Festessen	9	9	8
Ein Tag in der **Natur**	8	10	3
Ein Tag, an dem **alles geklappt** hat, nichts schiefging	7	6	9
Gelungener, harmonischer **Tag** mit **Kindern und Enkeln**	7	6	9
Ein besonders schönes Erlebnis im **Urlaub**	4	5	3
Erfolg in der **Firma**	4	6	3
Wenn ich **gesund** bin	3	3	4
Ein **ausgefüllter Tag**, ein Tag ohne Leerlauf/ Langeweile	3	2	4
Weiß keinen solchen Tag, fällt mir nicht ein	5	4	7

Quelle: B.A.T Freizeit-Forschungsinstitut

getrübt sein. Atmosphärische Störungen kommen durch kleine Mißerfolge, Pannen oder soziale Spannungen zustande. Kurz: Ein solcher Tag muß immer auch Erfolg und Harmonie beinhalten.

Wie stark ein kleiner Teil der Ruheständler noch geistig und seelisch im Arbeitsleben steckt, zeigt die Tatsache, daß vier Prozent als besonders gelungenen Tag einen Berufserfolg nennen und diesen dann besonders detailliert ausmalen. Eine nachträgliche Anerkennung für geleistete Arbeit vermittelt den

Eindruck des wohlverdienten Ruhestandes. Ein nachdrückliches Erlebnis, an das man sich gern erinnert.

Der mißlungene Ruhestandstag

Nach dem Motto ,,Es kann nicht sein, was nicht sein darf" wehrt gut ein Viertel der Ruheständler die Frage nach einem mißlungenen Tag strikt ab. Für sie gibt es keinen solchen Tag. Sie sind ,,immer zufrieden". Bei ihnen klappt alles.

Bei der Analyse der Schilderungen von mißlungenen Tagen sind weniger die konkreten Anlässe (schlechtes Wetter, Krankheit usw.) interessant als vielmehr die Folgen für die Stimmungslage. *Die typische Gefühlsreaktion ist depressiv-passiv* — ganz gleich, ob der Tod des Haustieres oder das Regenwetter der Auslöser war. Diese depressive Verstimmung scheint häufig die Tendenz zu haben, sich festzusetzen und auszubreiten, das heißt, die Reaktion löst sich vom konkreten Anlaß und verselbständigt sich. Es brechen — zumindest ansatzweise — grundsätzliche Existenzprobleme (Angst vor Krankheit, Siechtum und Tod) und Versagensängste (,,Alles geht schief") und Sinnprobleme (,,Ich bin so nutzlos, so überflüssig") auf.

Frauen leiden offensichtlich mehr unter Enttäuschungen als Männer — vielleicht, weil ihre Erwartungen oder ihre Vorfreude auf bestimmte Ereignisse oder Erlebnisse größer sind. Wenn dann die Wirklichkeit den Wünschen hinterherhinkt, ist die Enttäuschung groß.

In den Schilderungen mißlungener Ruhestandstage kommen depressive Verstimmungen auch bei denjenigen zur Sprache, die sonst nur Zufriedenheit demonstrieren. Einen mißlungenen Tag darf sich wohl jeder leisten. Unverkennbar ist jedoch, daß in der Wortwahl (,,deprimiert", ,,unglücklich", ,,mutlos", ,,nutzlos", ,,ausgelaugt", ,,überflüssig" u.a.) Stimmungslagen beschrieben werden, die über Ein-Tages-Probleme hinausweisen.

Die Diskrepanz zwischen Erwartungen und Wirklichkeit

Ein Vergleich der Freizeiterwartungen von Berufstätigen *vor* dem Ruhestand mit den Freizeiterwartungen von Frührentnern und Pensionären *im* Ruhestand zeigt große Diskrepanzen auf.

Man stellt sich als Berufstätiger die ,,Freizeit im Ruhestand" anders vor als sie dann tatsächlich ist. Die dramatischsten Abweichungen zwischen Soll und Ist finden sich im Außer-Haus-Bereich. Hier gibt es nur wenige ausgeglichene Posten (dazu gehören zum Beispiel Tagesausflüge und als Grenzfall Behördengänge). Auch Über-Erfüllungen sind sehr selten und beinhalten eher Halb-Freizeitbeschäftigungen, also Aktivitäten mit Arbeitscharakter wie Besorgun-

Abb. 34a:

Freizeitverhalten außer Haus
Vergleich der Vorstellungen von Berufstätigen
mit dem tatsächlichen Freizeitverhalten im Ruhestand

Alle Befragten (N = 480)   In Prozent

Antwortvorgaben   0   20   40   60   80   100

Spazierengehen

Besorgungen
machen

Ausflüge in die
nähere Umgebung
machen

Freunde/Verwandte
besuchen

Einkaufsbummel,
Schaufensterbummel

Reisen

Sich fit halten,
Sport treiben

Ausgehen

Café- und
Restaurantbesuche

Tagesausflüge,
Busfahrten

Skatabend/
Stammtisch

Hund ausführen

**Ausstellung,
Vorträge besuchen**

Ehrenamtliche Auf-
gaben übernehmen

**Theater-/
Konzertbesuch**

Kaffeekränzchen

Arztbesuche

Kurse besuchen,
etwas Neues lernen

Behördengänge

Verhalten von
Pensionären und
Frührentnern (N = 450)

Erwartungen
von Berufstätigen
(N = 30)

Quelle: B.A.T Freizeit-Forschungsinstitut

113

Abb. 34b:

Freizeitverhalten im Haus

Vergleich der Vorstellungen von Berufstätigen mit dem tatsächlichen Freizeitverhalten der Ruheständler

Alle Befragten (N = 480)   In Prozent

Antwortvorgaben   0   20   40   60   80   100

Zeitung lesen

Fernsehen

Ausgiebig frühstücken

Radio, Musik hören

Sich der Familie widmen

Zeitschriften lesen

Im Haus arbeiten

Sich ausgiebig pflegen

Ausgiebig Mittagsruhe halten

Mit den Nachbarn plaudern

Ein Buch lesen

Im Garten arbeiten

Das tun, wozu man gerade Lust hat

Handarbeiten, basteln, handwerken

Einem speziellen Hobby nachgehen

Mit Enkelkindern beschäftigen

Kreuzworträtsel lösen

Faulenzen, nichts tun

Reparaturen ausführen

Spiele

Verhalten von Pensionären und Frührentnern (N = 450)

Erwartungen von Berufstätigen (N = 30)

Quelle: B.A.T Freizeit-Forschungsinstitut

114

gen und Arztbesuche. Geht es um echte Freizeitaktivitäten, so zeichnet sich dagegen ein *drastisches Defizit* ab. Besonders groß ist die Diskrepanz (ca. 50 % Unterschied) beim Reisen, aber auch bei kleineren Aktionen (Spaziergehen, Ausflüge machen, Ausgehen usw.), im sozialen Bereich (Besuche machen und empfangen usw.) klafft zwischen Vorhaben und Realisierung ein deutlicher Sprung.

Die Erwartungen der Noch-Berufstätigen sind ganz auf Aktivitätsvielfalt im out-door-Bereich fixiert. Die Berufstätigen stellen sich einen erlebnisreichen (Un)-Ruhestand voller Aktivität und Mobilität vor. Doch *die Wirklichkeit hinkt deutlich den Wünschen hinterher.* Die Unternehmungslust wird nicht in die Tat umgesetzt, weil es an Eigeninitiative mangelt. *Über 80 Prozent wollen auf die große Reise gehen. Wenn es dann soweit ist, bleiben 70 Prozent zu Hause.*

Weniger gravierend stellen sich die Unterschiede im in-door-Bereich dar, weil hier der Dehnungseffekt alltäglicher Freizeitgewohnheiten voll zum Tragen kommt. Die Berufstätigen stellen sich vor, daß sie später im Ruhestand mehr Zeit zum Zeitunglesen, Fernsehen oder Radiohören finden. Und genauso kommt es: Alte Gewohnheiten werden beibehalten, zeitlich gestreckt, gedehnt und intensiviert. Dabei ist auch hier auffällig, daß man sich mehr beziehungsweise Anspruchsvolleres vornimmt, als man dann im Ruhestand wirklich realisiert: Ein Buch lesen, einem speziellen Hobby nachgehen, den Garten mal so richtig ,,auf Vordermann bringen'' oder ,,ihn ganz neu gestalten''. Doch die Wirklichkeit sieht ganz anders aus.

Anders als im out-door-Bereich gibt es in der häuslichen Freizeitsphäre allerdings auch Über-Erfüllungen. Dazu gehört unter anderem das Frühstücksritual. Das Übersoll an Beschäftigungen innerhalb der eigenen vier Wände bewirkt auch, daß man sich mehr der Familie widmet als man eigentlich möchte. Kurz: Die eigene Bequemlichkeit, die Konzentration auf häuslichen Medienkonsum führt dazu, daß viele de facto die Zeit mehr totschlagen, als sie es wahrhaben möchten.

Die Beziehungen zum ehemaligen Beruf

Der Austritt aus dem Beruf stellt für gut die Hälfte der Ruheständler keine totale Zäsur dar. Sie versuchen, einen mehr oder minder lockeren Kontakt aufrechtzuerhalten. Während sich zwischen den Geschlechtern in dieser Frage kaum Unterschiede abzeichnen, ist die Neigung, die Verbindungen zur ehemaligen Arbeitssphäre nicht abreißen zu lassen, bei den Berufsgruppen unterschiedlich stark. Besonders groß ist das Interesse bei den höheren Angestellten. Es zeichnen sich aber nicht nur quantitative Unterschiede ab, auch qualitativ sind die Beziehungen anders geartet. Ehemalige höhere Angestellte pflegen primär den Kontakt zur Arbeitswelt selbst, sind zeitweise beziehungsweise *aushilfsweise im alten Job tätig* oder bleiben indirekt über das Studium von Fachliteratur oder ähnlichem gedanklich mit dem ehemaligen Aufgabenbereich verbunden. Bei Arbeitern und mittleren Angestellten sind dagegen die Beziehungen zur früheren Arbeitswelt primär sozialer Art, das heißt, sie werden über *Kontakte mit ehemaligen Kollegen* realisiert — sei es durch Besuche am Arbeitsplatz oder Treffen im privaten Bereich. 49 Prozent pflegen keine Beziehungen mehr zum ehemaligen Tätigkeitsbereich. Sie begründen dies damit, daß ,,dieses Kapitel nun abgeschlossen`` (43 %) sei und ,,man einen Schlußstrich gezogen`` habe. Zum Teil schwingt auch ein aggressiver Unterton mit: ,,Die Firma existiert nicht mehr für mich``, ,,Ich will nun endlich meine Ruhe haben`` und ,,Nichts mehr von alledem hören``. Dies sind deutliche Hinweise darauf, daß man persönlich bestrebt ist, sich in der neuen Lebensphase zu stabilisieren und alles, was das Gleichgewicht stören könnte, vermeidet. Eine nennenswerte Untergruppe (13 %) spricht diesen Konfliktbereich direkt an. Sie lehnt strikt Kontakte zum ehemaligen Berufsbereich mit dem Argument ab, daß man dort das Gefühl bekäme, ,,nicht mehr dazuzugehören``, ,,zum alten Eisen zu zählen`` und ,,nichts mehr zu verstehen``, weil sich inzwischen zuviel geändert hat. Resignierend wird der Schluß gezogen: ,,Man muß wissen, wann man abtreten muß, sonst macht man sich lächerlich oder lästig`` oder ,,Das hat keinen Sinn. Die würden mich als Belastung empfinden, wenn ich sie von der Arbeit abhalte.``

Bereits bei der allgemein gehaltenen Frage nach Beziehungen zum ehemaligen Tätigkeitsbereich wurde häufig mit sozialen Kontakten geantwortet. Wie wichtig diese ‚Schiene zur Vergangenheit‘ für die Ruheständler insgesamt ist, bestätigt sich bei der direkten Ansprache dieses Themas. Drei Viertel (78 %) der Befragten unterhalten noch Beziehungen zu den ehemaligen Arbeitskollegen, wobei die Kontaktbasis meist privater Art ist. Man trifft sich weniger am früheren Arbeitsplatz, sondern arrangiert das *Treffen auf ‚neutralem Terrain‘.* Das Territorialdenken als Ausdruck von Macht und Einfluß kommt nicht zum Zuge.

Daß es sich bei diesen Kontakten zu den ehemaligen Kollegen nicht um Wunschdenken, sondern Realitäten handelt, bestätigte auch das Gespräch mit den Berufstätigen. Sie berichteten von Treffen mit früheren Arbeitskollegen, die jetzt im Ruhestand sind. Sie schilderten diese Beziehungen meistens als lockere, private Zusammenkünfte. Interessant sind auch die Gesprächsthemen beziehungsweise die Tabuzonen. So wurde relativ selten über Probleme des Ruhestandes oder der Arbeit gesprochen. Wichtigste Gesprächsinhalte waren vielmehr nach Auskunft dieser Gruppe die Vorzüge des neuen Status. ,,Die Rentner strunzen, wie gut es ihnen geht`` — ,,Sie schwärmen`` — ,,Machen uns neidisch`` — ,,Tun so, als ob sie das große Los gezogen hätten`` und

Abb. 35:

Kontakte zur früheren Arbeitskollegen

Der private Rahmen wird bevorzugt

Mehrfachnennungen	Alle Befragten N = 450 In Prozent	Männer N = 300 In Prozent	Frauen N = 150 In Prozent
Ja, habe noch Kontakte	**78**	**80**	**73**
Nein, habe keine Kontakte mehr	22	20	27

Art der Kontakte

	N = 349 In Prozent	N = 237 In Prozent	N = 112 In Prozent
Halten Kontakte auf privater Ebene, besuchen uns gegenseitig, gemeinsame Unternehmungen	65	59	78
Besuche die Kollegen (regelmäßig) am alten Arbeitsplatz	31	33	25
Telefonieren (oft) miteinander	9	5	14
Treffen uns nur zufällig auf der Straße	9	10	8
Feiern zusammen	8	8	6
Treffen uns im Verein (Kegelklub, Gesangs-/Turnverein)	8	11	3

Quelle: B.A.T Freizeit-Forschungsinstitut

,,Stellen die Rente als den Himmel auf Erden dar." Kurz: Die Ruheständler scheinen bemüht zu sein, das *Bild einer völlig problemlos-heilen Ruhestandswelt* zu zeichnen, voller Glück, Zufriedenheit und grenzenloser Freiheit. Inhaltlich bleibt diese Darstellung relativ vage und abstrakt. Einziger nennenswerter konkreter Gesprächspunkt ist die Höhe der Bezüge.

> Zusammenfassend bleibt festzustellen: *Es finden Kontakte statt, aber es kommt zu keinem echten Gedanken- und Erfahrungsaustausch mehr.* Man vertut die Chance, sich gegenseitig zu helfen oder voneinander zu profitieren.

25 Prozent der Frührentner und Pensionäre würden das Angebot, ,,mal wieder zeitweise zu arbeiten", annehmen, wobei Frauen diese Idee noch attraktiver finden (30 %). Dazu gehören vor allem alleinstehende Frauen, die der häuslichen Monotonie und Einsamkeit entfliehen möchten und Ablenkung und Kontakt am Arbeitsplatz suchen. Materielle Überlegungen spielen insge-

117

samt eine untergeordnete Rolle bei diesem Gedankenspiel. Relevante schicht-spezifische Unterschiede zeichnen sich in dieser Frage der (zeitweisen) Arbeitsaufnahme ebensowenig ab. Lediglich in den Motiven deuten sich leichte Akzentverschiebungen an: *Bei den Arbeitern kommt das finanzielle Moment stärker zum Tragen, während Angestellte mehr mit sozialen Aspekten argumentieren.*

Die Idee, unabhängig vom ehemaligen Berufsumfeld tätig zu werden, überraschte die Mehrzahl der Ruheständler. Spontan waren sie auf diese Möglichkeit nicht gekommen, fanden den Gedanken aber nicht uninteressant. Gut ein Drittel der Befragten sprach sich, nachdem es sich mit der Vorstellung vertraut gemacht hatte, für eine solche Alternative aus. Auch bei dieser Art von Beschäftigung spielt das finanzielle Moment (außer bei Arbeitern) eher eine sekundäre Rolle. Doch die Vorstellung, wie eine solche Tätigkeit konkret aussehen könnte, bleibt auch bei den Befürwortern vage.

○ ,,Mal aus Daffke zu arbeiten, so ganz freiwillig und ganz ohne Geld, wäre schon ein echter Gag.''

○ ,,Ich würde sehr gerne auch zeitweise arbeiten, sogar ohne große Bezahlung.''

○ ,,Ja, teilzeitmäßig, das wäre gut. Da würde ich sogar unentgeltlich arbeiten.''

○ ,,Ich versuche, mich immer noch nützlich zu machen, Vielleicht würde ich ganz gerne mal wieder ,richtig' arbeiten, aushilfsweise, und über das Bezahlen könnte man auch reden.''

Interessant sind die Gegengründe der Zwei-Drittel-Mehrheit, die sich gegen jegliche Tätigkeitsaufnahme ausspricht. Sie artikuliert das Gefühl, lange genug gearbeitet zu haben (oft gekoppelt mit dem stolzen Hinweis, ,,erfolgreich'' — ,,fleißig'' — ,,lange'' — ,,treu'' die ,,Pflicht erfüllt zu haben''). Hier dokumentiert sich das Bewußtsein, daß die Arbeitszeit (wie auch immer Arbeit definiert ist) vorbei ist, und eine neue Lebensphase begonnen hat, eine Ära, die man als Lebensform auch akzeptiert. Man hat sich in die neue Situation eingelebt, sich daran gewöhnt und die angenehmen Seiten des Ruhestandes kennen- und schätzengelernt. *Das Erreichte möchte man nicht wieder in Frage stellen.* Man ist zufrieden mit dem erreichten Arrangement und möchte nicht frischvernarbte Wunden wieder aufreißen.

Die Erfahrungen mit ,Senioren'-Programmen

Die Einstellung zu Freizeitprogrammen allgemein ist ambivalent, das heißt, positive, neutrale und negative Meinungen sind gleichermaßen vertreten. Interessant sind dabei die Geschlechtsunterschiede: Etwa zwei Drittel (63 %) der Frauen reagieren zustimmend auf die Angebote. Als Vorteil werden vor allem die Kontaktmöglichkeiten, die solche Veranstaltungen bieten, gewertet. Auch die Anregungen, die man bei solchen Unternehmungen und Zusammenkünften bekommt, werden positiv erlebt. *Die Männer beurteilen diese Programme eher skeptisch.* Sie halten nichts davon oder legen Wert auf die Feststellung, daß sie solche Hilfsangebote nicht brauchen, da sie sich selber helfen können. Eine inhaltlich ähnliche Argumentation findet sich auch in der neutralen Bewertung: Die Idee ist zwar grundsätzlich gut (als Hilfsangebot für andere), man selbst distanziert sich aber von derartigen Aktionen (,,Nicht für mich"). Unter den drei Berufsgruppen sind die Unterschiede geringer. Besonders kritisch reagieren die höheren Angestellten auf Angebote dieser Art.

Gibt es noch ein beachtliches Zustimmungs- (und Interessen-)Potential gegenüber allgemeinen Freizeitangeboten, so sinkt die Zustimmungsbereitschaft rapide, wenn es um ,spezielle' Angebote für ,Senioren' geht. Für die *Mehrzahl* der Frührentner und Pensionäre ist offenbar die *Bezeichnung ,Senioren' ein Reizwort*, auf das sie persönlich allergisch und abwehrend reagieren. Trotz der allgemeinen Negativierungstendenz der Beurteilung bleibt die Grundstruktur soziodemographisch erhalten, das heißt, weibliche Ruheständler bewerten auch Seniorenprogramme tendenziell positiver als Männer und ehemals mittlere Angestellte urteilen ebenfalls wieder freundlicher als frühere höhere Angestellte und Selbständige.

Die Begründung der mehrheitlich eher ablehnenden Haltung zeigen zwar Parallelen zur Beurteilung von allgemeinen Freizeitangeboten auf, die Argumente verschärfen sich aber inhaltlich. Vor allem das Thema ,,Alte", ,,Einsame" und ,,Kranke" färbt nun das Bild und erhöht die Ablehnungs- und Distanzierungsneigung: ,,So alt bin ich doch noch gar nicht" und ,,Da wird doch nur über Krankheiten gesprochen".

Obwohl man die Vorteile (Abwechslung, Anregung, Gespräche mit Gleichgesinnten) durchaus sieht, hindern die *psychischen Barrieren* offensichtlich die Mehrzahl daran, sich offen zu Veranstaltungen dieser Art zu ,bekennen'. Dadurch würde man doch nur dokumentieren, sowohl zur Gruppe der Senioren (= Alten) zu gehören als auch bedürftig zu sein, also nicht alleine mit der Aufgabe fertig zu werden, seine Freizeit selbst zu gestalten. Im übrigen sind die Programme viel zu wenig auf die wirklichen Interessen der über 58jährigen ausgerichtet. Ihre *motivationale und inhaltliche Zielgruppenansprache ist bisher nicht gelungen.*

Das Angebot mit der größten Bekanntheit (und Nutzung) sind Kaffeefahrten und ähnliche Arrangements. Das Kenntnis- (und Erfahrungs-)Spektrum der Ruheständler ist inhaltlich breiter als der noch nicht Betroffenen: Seniorentreffen, Altenclubs, Seniorentanz, Seniorensport, Unterhaltungsprogramme und Spezialangebote von Kirchen und anderen Institutionen werden genannt.

Einstellungen zu Freizeitprogrammen für Senioren

Starke Abwehrtendenzen bei den Befragten

Mehrfachnennungen	Alle Befragten N = 450 In Prozent	Männer N = 300 In Prozent	Frauen N = 150 In Prozent
Positiv	**34**	**28**	**38**
Gut, **gute Idee** Angebote sind gut	10	7	13
Würde **gern mitmachen,** nehme häufig teil	9	8	10
Lerne nette Leute kennen, treffe Gleichgesinnte	6	5	7
Besonders gut für **Alleinstehende**	5	4	3
Anderes (muntert auf, hält fit man bleibt auf dem laufenden etc.)	4	4	5
Ambivalent	**22**	**18**	**26**
Nicht alle Angebote sind gut, es gibt **solche und solche**	8	7	9
Angebote sind gut, aber ich bin »**zu krank**«, »meine Frau will nicht«	8	4	11
Anderes (muß jeder selbst wissen, habe keinen Überblick über das gesamte Angebot etc.)	6	7	6
Negativ	**63**	**62**	**65**
Bin **nicht so alt**, um so was nötig zu haben, ist nur für wirklich Alte oder Einsame	24	27	21
Ist nicht für jeden, aber **für Einsame**, Kranke und Alleinstehende ein **gute Sache**	18	17	19
Nutze meine **Freizeit selbst** sinnvoll aus, kann mich selbst beschäftigen	8	10	6
Sagt mir nicht zu, es wird so viel von **Krankheiten geredet**	7	3	12
Anderes (gehe nicht gern unter Leute, »Nepp« etc.)	6	5	7

Quelle: B.A.T Freizeit-Forschungsinstitut

Eine relativ untergeordnete Rolle spielen in diesem Zusammenhang Fortbildungs- und Kulturangebote. Kaffeefahrten werden mehr von ehemaligen Arbeitern in Anspruch genommen, während Angestellte eher Weiterbildungsveranstaltungen akzeptieren. Insgesamt ist das Kenntnisspektrum bei mittleren Angestellten am weitesten. Es umfaßt auch Aspekte, die bei den anderen wenig bewußt sind (von Grauen-Panther-Aktionen bis zu Modeschauen für die reifere Dame). Nur ein Drittel der Befragten kann von persönlichen Erfahrungen mit Senioren-Programmen berichten. Die größte Erfahrungsbasis besteht bei Frauen, ehemaligen Arbeitern und mittleren Angestellten. Eine höhere Nutzungsfrequenz ist bei alleinlebenden Personen festzustellen sowie bei denjenigen, die in einer (kleinen) Mietwohnung leben und bei Ruheständlern, die sich in ihrer Freizeit eher unzufrieden fühlen. Kurz: *Je subjektiv und objektiv schlechter die Lebensbedingungen sind, desto größer ist die Bereitschaft, Hilfsangebote von außen zur Freizeitgestaltung anzunehmen.*

Von den 480 Befragten geben 325 an (=68 %), noch nicht an Freizeitprogrammen für Senioren teilgenommen zu haben. Über die Hälfte von ihnen (57 %) hält solche Programme für überflüssig: Man braucht sie nicht und hat auch keine Zeit dafür. Und weitere 19 Prozent wollen sich damit überhaupt nicht identifizieren: Sie fühlen sich zu jung dazu. Für die ablehnende Haltung der ‚Früh‘-Rentner im ‚Vor‘-Ruhestand gegenüber speziellen Senioren-Programmen gibt es zwei psychologische Erklärungen:

1. Wer so etwas nötig hat, muß wirklich alt sein.

Die Befragten fühlen sich nicht so alt, um so etwas nötig zu haben. Eine Identifikation mit dem Leitbild ‚Alter‘ findet nicht statt. Kontakte mit der jüngeren und mittleren Generation sind für das Selbstverständnis viel lebenswichtiger. Das Lebensgefühl dieser Gruppe ist positiv und aktiv auf soziale Integration ausgerichtet. Wer an Seniorenprogrammen regelmäßig teilnimmt, begibt sich in die Isolation:

○ ,,Da gehen doch nur Greise hin.‘‘
○ ,,Ich fühle mich da fehl am Platze; die sind zu alt.‘‘
○ ,,So alt bin ich doch auch wieder nicht.‘‘

2. Wer organisierte Betreuung in Anspruch nimmt, dokumentiert die Unfähigkeit, sich selbst zu helfen.

Die Gruppe der 58- bis 68jährigen will sich nicht ‚verbasteln‘ lassen. Sie hat Erfahrungen, Ideen und Unternehmungslust genug — es mangelt allenfalls an ernsthaften Aufgaben und Betätigungsfeldern. Engagement und Eigeninitiative aber werden bei den Seniorenprogrammen gerade nicht gefordert und gefördert:

○ „Ich kann mich noch gut selbst beschäftigen."
○ „Solche Angebote sind für Leute notwendig, die keine Eigeninitiative haben. Ich distanziere mich davon."
○ „Für mich ist nichts dabei, habe auch kaum Zeit dazu."

Nach der subjektiven Einschätzung der Frührentner und Pensionäre tragen Seniorenprogramme lediglich dazu bei, Zeit und innere Leere zu füllen. Wer sich daran beteiligt, gesteht sich und anderen Zeitvergeudung ein, die Unfähigkeit, mit sich und der neuen Lebensphase etwas anfangen zu können.

Zielgruppenspezifische Freizeitangebote müssen in doppelter Weise psychologisches Einfühlungsvermögen zeigen: *Jeden Eindruck von Ersatzcharakter oder Beschäftigungstherapie vermeiden* und sich auf die Bedürfnisse dieser Zielgruppe einstellen, ohne sie zu ‚Alten‘ zu machen oder als ‚Senioren‘ zu umschreiben: „*Senioren* ist ein vornehmer Ausdruck für Alte — so wie man heute Raumpflegerin statt Putzfrau sagt." Akzeptanz- und Nutzungschancen haben nur psychologisch sensibel arrangierte Angebote, die einerseits den Bedürfnissen dieser Lebensphase entgegenkommen und andererseits die Ängste und inneren Widerstände kennen und konstruktiv aufarbeiten.

Lebenszufriedenheit und Wünsche an die Zukunft

Arrangieren, nicht resignieren. Die überwiegende Mehrheit (73 %) der Ruheständler ist mit ihrer Freizeit zufrieden. Nur 27 Prozent stellen Freizeit eher als Last denn als Lust dar. Die Unzufriedenen zeichnen ihre gesamte Situation grau in grau, während die ‚zufriedene Mehrheit‘ nicht müde wird, ihre positive Einstellung immer wieder zu betonen. Zum Selbstbild des Ruheständlers gehört es offensichtlich, mit sich und der Welt zufrieden zu sein und diesen Zustand auch zu zeigen. Gesellschaftliche Klischees vom ‚zufriedenen Alten‘ und individuelle Bedürfnisse scheinen sich hier zu mischen. Die Frührentner und Pensionäre spielen sich und uns eigentlich nicht etwas vor, sondern haben — nach einer Phase der Umorientierung und Gewöhnung — tatsächlich ein Arrangement gefunden, das ihnen persönliche Stabilität und Zufriedenheit gibt. Es ist das ‚bescheidene Glück‘, das sie verständlicherweise bewahren möchten.

Konservieren, nicht verändern. Das im wahrsten Sinne des Wortes märchenhafte Angebot, sich drei Wünsche von einer ‚guten Fee‘ erfüllen zu lassen, wurde sehr bescheiden und — für das sonst gezeigte Niveau — phantasielos genutzt. In den Antworten tauchen so gut wie keine utopischen oder wunderbaren Wünsche auf (etwa der ‚Jungbrunnen‘ oder das ‚Ewige Leben‘). Es finden sich auch wenig persönliche Träume (zum Beispiel das ‚Häuschen im

Abb. 37:

Wünsche und Pläne für die Zukunft

Weiterleben wie bisher

Antwortvorgaben	Alle Befragten N = 450 In Prozent	Männer N = 300 In Prozent	Frauen N = 150 In Prozent
Hauptsache ist die **Gesundheit**, alles andere ist nebelsächlich	**72**	73	71
Ich möchte so **weiterleben wie bisher**	**70**	73	66
Gegenseitiges Verständnis und Liebe sind das Wichtigste	57	60	51
Die Zeit, die mir noch bleibt, möchte ich in **Ruhe genießen**	45	46	43
Ich werde mich mehr mit den eigenen **Kindern** und **Enkelkindern** beschäftigen	29	25	**38**
Ich wünsche mir mehr **Kontakt** zu **jungen** Menschen	26	26	25
Es ist **schwierig**, in diesem Alter noch wirklich **Zukunftspläne** zu entwickeln	20	18	23
Ich wünsche mir **mehr Kontakt zu anderen** Menschen, darum werde ich mich in nächster Zeit bemühen	19	18	21
Ich wünsche mir mehr **Kontakt zu Gleichaltrigen**	15	14	17
Ich möchte meine Freizeit gern etwas **sinnvoller** gestalten	14	12	20
Ich möchte mich gern mehr **sozial engagieren**	14	13	16
Ich möchte irgendetwas **Bleibendes** schaffen	14	16	9
Ich werde einem **Verein** beitreten beziehungsweise mich mehr meinem Verein widmen	9	9	8
Ich brauche einen **Anstoß** von außen, sonst wird sich gar nichts verändern	8	7	10

Quelle: B.A.T Freizeit-Forschungsinstitut

123

Grünen'). Ausgewählt wurden vielmehr ganz allgemeine Voraussetzungen für die Zukunft: Der Wunsch, gesund zu bleiben (75 %) und finanziell gesichert zu sein (33 %) bis hin zum Frieden in der Welt und im sozialen (familiären) Bereich. Nur ein Wunsch sprengt den Rahmen dieser Grundsätzlichkeiten: *Die Fee soll auch die langersehnte Traumreise ermöglichen. Fast jeder zweite Befragte hält an diesem Wunsch fest, der noch für bedeutsamer gehalten wird als sichere Renten oder Seelenfrieden.*

In einem zweiten Befragungsansatz waren auf einer mehr rationalen Ebene aus einer Auswahl von Möglichkeiten Wünsche und Pläne für die Zukunft zu bestimmen. Die Grundtendenz ist die gleiche: Wieder stehen mit Abstand Status-quo-Aspekte an der Spitze. Die Devise heißt eindeutig: Erhalten, nicht verändern. Ist der Jetzt-Zustand auch nicht optimal, so doch akzeptabel. Die Zukunft kann dagegen nur schlechter werden — eine pessimistische, aber auch realistische Einschätzung.

Unter dem Motto ,,Ich möchte so *weiterleben wie bisher*" werden inhaltlich zentrale Wünsche wie Gesundheit, familiäre Harmonie und Genuß des Vorhandenen subsumiert. Konkrete Pläne und individuelle Intensivierungswünsche sind selten. Inhaltlich konzentrieren sich die Wünsche primär auf soziale Defizite, wobei vor allem der Kontakt zu jungen Menschen als intensivierungsbedürftig angesehen wird. Auch für diese sozialen Bedürfnisse gilt: Man artikuliert zwar Wünsche, aber keine echten Pläne, das heißt, mit diesen Zustimmungen sind nicht zwangsläufig auch aktive Realisierungsabsichten verbunden: ,,Ich brauche einen Anstoß von außen, sonst wird sich gar nichts ändern".

Die Folge ist eine starke Beharrungstendenz, verbunden mit verbreiteter Abwehr von Neuem, Ungewohntem und Veränderungen. Diese grundsätzlich konservative Einstellung wird verständlich vor dem Hintergrund der geringen bis negativen Zukunftsperspektiven. Die Lebensweisheit der Ruheständler heißt: Das, was man (noch) hat und kann, genießen. *Die Mehrheit will konservieren und nichts mehr verändern, weder im eigenen Leben noch in der Welt.*

Dieser konservativen Grundhaltung zum Leben stehen die unbefriedigten Wünsche entgegen, die man gerne noch verwirklichen würde, wenn nicht das eigene Phlegma, die Trägheit und Bequemlichkeit im Wege stehen würden. So bleiben zwangsläufig viele Wünsche offen. Deutlich geht dies aus der Abbildung 38 ,Die Kluft zwischen Wunsch und Wirklichkeit' hervor, die eine Auswahl von 25 Freizeitaktivitäten enthält. Darin wird zunächst die Häufigkeit festgestellt, mit der bestimmte Freizeitaktivitäten im Ruhestand heute ausgeübt werden *(=Beschreibung der Realität)*. Gleichzeitig finden sich in der Abbildung die Antworten auf die Frage, was man denn in Zukunft gern öfter beziehungsweise intensiver ausüben möchte *(=Beschreibung von Wunschvorstellung)*. Der Vergleich von Wunsch und Wirklichkeit läßt erkennen, wo heute schon ein gewisser Befriedigungs- oder gar Sättigungsgrad erreicht ist, und wo es andererseits noch unbefriedigte Wünsche für die Zukunft gibt. Die bisherige Konzentration der Freizeitaktivitäten auf die eigenen vier Wände läßt einen erheblichen *Nachholbedarf im Außer-Haus-Bereich* erwarten:

○ Der intensive Medienkonsum (Zeitung lesen, Zeitschriften lesen, Fernsehen, Radio hören) hat seinen Sättigungsgrad erreicht. Hier sind für die Zukunft kaum noch Wünsche offen.

○ Und was dem Ruhestand seinen Namen gibt, das Ausruhen (ausgiebig frühstücken, sich ausgiebig pflegen, ausgiebig Mittagsruhe halten), übt nach der subjektiven Einschätzung der Befragten ebenfalls keine besondere Attraktivität mehr aus. Was allzu ‚ausgiebig' praktiziert wird, kann auch nicht mehr als Mangel empfunden werden.

○ Als größtes Freizeitdefizit im Ruhestand erweisen sich die Außer-Haus-Aktivitäten in mehrfacher Hinsicht. Es beginnt beim Wunsch, sich mehr Zeit für Besuche bei Freunden und Verwandten zu nehmen. Sehr stark ist auch das Bedürfnis, Ausstellungen, Vorträge und Kurse zu besuchen, wobei der hohe Grad gesellschaftlicher Erwünschtheit einerseits und das eigene Phlegma andererseits im Widerstreit zueinander stehen. Schließlich wird jede Form außerhäuslicher Freizeitmobilität favorisiert.

Die Realisierung scheiterte bisher an den eigenen psychologischen Abwehrmechanismen — der Angst vor dem Ungewohnten und dem eigenen Versagen und an der intuitiven Gewißheit, daß die Realität dem erträumten Glück nicht standhalten kann. Also erhält man sich seine Illusion und reist weiter per Phantasie ins Land seiner Träume.

Zusammenfassung

Die soziodemographischen Unterschiede

Frauen werden mit der neuen Freizeit-Situation deutlich besser fertig als Männer. Ihnen hilft vor allem die Hausarbeit, ihren Tag auszufüllen und ihm eine Struktur zu geben. Allerdings sind bei Frauen (speziell bei Alleinlebenden) die psychischen und sozialen Probleme größer als bei Männern. Sie neigen offenbar dazu, sich im häuslichen Bereich einzuigeln, da ihnen der Mut oder die Initiative für Außer-Haus-Aktionen fehlt.

Die befragten *Arbeiter* können sich mit der neuen Lebensweise vergleichsweise am besten arrangieren. Ihr Ruhestand steht unter dem Motto: Ausruhen und Erholen nach einem harten Arbeitsleben. Sie haben ein starkes körperliches Ruhe- und Erholungsbedürfnis und bekennen sich auch dazu (,,Fernse-

Abb. 38:

17 Die Kluft zwischen Wunsch und Wirklichkeit

Aktivitäten außerhalb des Hauses werden vermißt

Alle Befragten (N = 450)

In Prozent

	Wunsch (»gern intensiver machen«)	Realität (»täglich/ häufig«)	Wunsch minus Realität − +
Zeitung lesen	17	91	74
Fernsehen	11	78	67
Ausgiebig frühstücken	14	76	62
Radio/Musik hören	17	71	54
Sich der Familien widmen	19	72	53
Im Haus arbeiten	6	58	52
Zeitschriften lesen	13	64	51
Sich ausgiebig pflegen	14	55	41
Spazierengehen	33	70	37
Ausgiebig Mittagsruhe halten	16	52	36
Mit den Nachbarn plaudern	14	50	36

Aktivität			
Einem speziellen Hobby nachgehen	14	35	21
Ein Buch lesen	26	46	20
Ausflüge in die nähere Umgebung machen	37	48	11
Freunde, Verwandte besuchen	31	42	11
Sich fit halten, Sport treiben	24	30	6
Skatabend/Stammtisch	10	16	6
Kaffekränzchen	6	11	5
Café- und Restaurantbesuche	20	21	1
Ehrenamtliche Aufgaben übernehmen	10	11	1
Tagesausflüge/Busfahrten	27	20	7
Ausstellungen, Vorträge besuchen	22	12	10
Kurse besuchen, etwas Neues lernen	19	8	11
Theater/Konzertbesuche	32	8	26
Reisen	62	31	31

Quelle: B.A.T Freizeit-Forschungsinstitut

127

hen", „Radio hören", „Zeitschriften lesen" und „Mittagsruhe"). Gleichzeitig ist bei ihnen auch das Nachholbedürfnis in bezug auf Mobilität und Erlebnisse am größten. Die Chancen zur Erfüllung dieser Wünsche stehen allerdings schlecht: Das eigene Phlegma steht der Realisierung entgegen.

Die Gruppe der *mittleren Angestellten und Beamten* neigt eher dazu, ihre Zeit mit Unternehmungen und Aktivitäten außerhalb des Hauses zu füllen: Spazierengehen, Besorgungen machen, Tagesausflüge und Busfahrten unternehmen. Und etwa jeder achte übernimmt ehrenamtliche Aufgaben.

Die größte Aktivität und Mobilität zeigen die *höheren Angestellten*. Sie halten sich fit durch Sport und suchen sich neue Anregungen in Freizeit- und Bildungskursen. Erwartungsgemäß sind in dieser Gruppe auch die kulturellen Ansprüche am größten — in der Rolle als Nutzer ebenso wie in der Rolle als Produzent, wobei letzteres eher Zielvorstellung („was Bleibendes schaffen") als Realität ist. Dennoch ist die subjektive Zufriedenheit bei ihnen vergleichsweise hoch — nicht zuletzt aus Stolz über die erbrachte Eigeninitiative und die Umsetzung der neuen Freiheit in Aktivität.

Die große Sehnsucht

Auch Frührentner und Pensionäre sind stark durch geltende Freizeitnormen, das heißt durch das ‚Idealbild' von Freizeit geprägt. In den Freizeitvorstellungen dominieren positive Aspekte von Freiheit und Spontaneität, Aktivität und Erlebnisorientierung. Die Generation in der nachberuflichen Lebensphase hat bisher keine alters- und bedürfnisspezifischen Freizeitvorstellungen entwickelt. Problembezüge gehen in der gängigen Freizeit-Euphorie und Freizeit-Ideologie unter.

Unter Verzicht auf eine eigene Identität erfolgt eine *Orientierung nach rückwärts*. Die Erwartungen und Wünsche an die Freizeit im Ruhestand gleichen den *Jugendträumen und Sehnsüchten*, die man von Kindheit an hegt. Die nachberufliche Generation macht sich dabei zu wenig bewußt, daß die Verwirklichung dieser Träume an Jugend beziehungsweise an Merkmale von Jugendlichkeit (z.B. Abenteuerlust, Mobilität, Gesundheit) gebunden ist.

Der ‚ewige Traum' von der großen Reise ist das beste Beispiel hierfür. Fast alle hegen und pflegen solche Reise-Visionen. Sie planen und unternehmen sie immer wieder — in der Phantasie, mit dem Finger auf der Landkarte. Sie sind zufrieden mit der Rolle von ‚Sofatouristen', die praktische Realisierungsabsichten längst nicht mehr haben. Und dennoch bleibt die Traum-Reise psychologische Realität — als Idee und Symbolträger für alles, was das Leben lebenswert macht. Das gleiche gilt für andere große Pläne. Sie erfüllen ihren Zweck, indem sie ganz einfach das Seelenleben bereichern, Spaß machen, die Freude am Leben steigern und innerlich mobil halten.

Das bescheidene Glück

Die Wunschvorstellungen und Gedankenspiele haben eine wichtige Kompensationsfunktion gegenüber der Freizeitrealität, die ganz anders aussieht:

○ Ein durchstrukturierter gleichförmiger Tagesablauf.
○ Tendenz zur Ritualisierung.
○ Viel Ruhe und Muße.
○ Mehr in-door- als out-door-Orientierung.
○ Primär familiäre Sozialkontakte.
○ Geringe Innovationsbereitschaft.

Die Mehrzahl der Befragten bekennt sich zu ihrer monotonen Freizeit-Gestaltung. Sie dokumentiert Zufriedenheit und will von Enttäuschung und Mißerfolg nichts wissen. Die freie Zeit wird (mehr oder minder selbständig) bewältigt; man will sich nicht von ihr bewältigen lassen: Man hat ganz einfach sein neues Leben ‚im Griff‘.

> Die neue Freizeit im Ruhestand wird zu einem pragmatischen Kompromiß: Die positiv überhöhten Freizeitvorstellungen bleiben als Traum, Sehnsucht und Ideal erhalten. Die Wirklichkeit aber wird zum ‚bescheidenen Glück‘. Groß ist die Bereitschaft, sich zu arrangieren und die Gegebenheiten (wenn auch bedauernd) zu akzeptieren. So ist der Ruhestand zwar eine neue Lebensphase, aber kein Neuanfang, eher ein Verwalten des Verbleibenden.

Die psychosozialen Veränderungen

Mit dem Übergang vom Arbeitsleben in den Ruhestand wird der Umgang mit der freien Zeit zur zentralen Herausforderung für jeden einzelnen: Alte Freizeitgewohnheiten müssen intensiviert, verändert oder aufgegeben und neue Lebensziele und Lebensaufgaben als Arbeitsäquivalent gefunden werden.

Die ‚zufriedene Mehrheit‘ liebt und pflegt die Ruhe. Aktivität wird mehr demonstriert als realisiert. Der Rentnerstreß ist eine Legende — ganz im Gegensatz zu den Erwartungen an den Ruhestand: Nach dem Ausscheiden aus dem Berufsleben sollte eigentlich „all das in Angriff genommen werden", wozu man „bisher nicht gekommen" ist.

Was einer Realisierung am meisten entgegensteht, ist das eigene Phlegma (46 %): Der Mangel an Eigeninitiative und der Hang zur Bequemlichkeit. Es sind weniger finanzielle Gründe (35 %) oder gesundheitliche Einschränkungen (26 %).

Diese Diskrepanz ist der ‚zufriedenen Mehrheit‘ durchaus bewußt, doch sie entwickelt Lebenstechniken, die unerfüllte Wünsche verdrängen helfen. Dieses Arrangement mit sich selbst gelingt so weit, daß sie sich glücklich und zufrieden fühlen und geben können, auch wenn unterschwellig die Enttäuschung über nichtrealisierte Erwartungen bleibt.

Haupursache hierfür sind die tiefgreifenden Veränderungen und Verunsicherungen, die mit dem Übergang vom Berufsleben in den Ruhestand verbunden sind. Die auftretenden Konflikte betreffen zwar grundsätzlich die ganze Existenz, aber genaugenommen handelt es sich hierbei um *echte Freizeitprobleme*. Denn das auslösende Moment ist die Herauslösung aus dem gewohnten Lebensrhythmus von Arbeit und Feierabend. Es fehlt jetzt der natürliche Spannungsbogen von Anstrengung und Ruhe. Außerdem ist mit dem Ausscheiden aus dem Berufsleben für die eigene Existenz der gesellschaftlich anerkannte und persönlich akzeptierte Wertmaßstab genommen. Die Folge ist eine tiefe Verunsicherung, auf die mit individuell unterschiedlichen Fluchtbewegungen reagiert wird: Von resignativen Rückzugsstrategien bis zu überaktiven Kompensationsversuchen.

Die Probleme fangen also an oder werden erst richtig bewußt in dem Augenblick, in dem aus der Arbeitszeit Freizeit wird. Die Pensionierung bedeutet einen radikalen Umbruch des Lebens für das Selbstwertgefühl, den gesellschaftlichen Status und die Sozialbeziehungen. Mit dem *Verlust ihres Lebens- und Arbeitszusammenhanges* fühlen sich die Betroffenen auf eine besondere Art isoliert, sozusagen buchstäblich auf sich gestellt. Nicht umsonst betonen sie in ihrer Definition von Freizeit so nachdrücklich die Eigenverantwortung, die diese Zeit kennzeichnet: „Jeder muß für sich selbst damit klarkommen!"

Da sie keinen Gegenpol mehr zu ihrer Freizeit haben (so wie das Berufsleben als Gegensatz zum Freizeitleben erlebt wird), schaffen sie sich *Ersatzstrukturen*. Dies geschieht durch bewußte Trennung von arbeitsähnlichen Tätigkeiten und ganz persönlichen Freizeitbeschäftigungen. Die Tagesabläufe werden streng geregelt und ritualisiert. Damit aber nicht der ganze Tag zur ‚Frei'-Zeit wird, werden Tätigkeiten mit Aufgaben- und Pflichtcharakter (Hausarbeit, Erledigungen, Besorgungen und anderes) deutlich abgegrenzt. Der Kontrast von obligatorischen Tätigkeiten und freigewählten Beschäftigungen wird zur Ersatzstruktur. Mehr Unabhängigkeit und Freiheit im Ruhestand lassen sich nur durch Rhythmus, Regeln und Regelmäßigkeit ertragen.

Mit der Pensionierung stehen die Frührentner und Pensionäre vor dem Problem, die bisher von außen gesetzte und wie selbstverständlich erlebte Sinngebung ihrer Existenz selbst zu übernehmen und neu zu bestimmen. Ihnen fehlt die klare Zielsetzung. *Sinnprobleme entstehen.* Häufig reagieren sie auf diese Situation mit einem Übermaß an Aktivitäten, strikter Festlegung (Stundenplan) und Selbstkontrolle des Alltags und ihrer Tätigkeiten:

○ ,,Man darf vor allem nicht in einen Gammeltrott verfallen. Das darf man sich nicht erlauben. Manchmal passiert das auch einem selbst, aber das muß man zu verhindern versuchen."

○ ,,Ich habe eine sehr positive Einstellung meinem jetzigen Leben gegenüber. Ich habe eine große Selbstdisziplin."

Nicht selten finden sich in den Aussagen auch resignative Elemente. Die Ängste, nichts ,,Richtiges" mit seiner Zeit anfangen zu können, sondern sie nur ,,sinnlos" und ,,nutzlos" zu vertun, sind unmittelbar vor und nach der Pensionierung besonders groß. In den meisten Fällen lösen sich diese Befürchtungen nicht auf, wohl fällt die Gewöhnung an sie mit der Zeit etwas leichter.

○ ,,Ich habe gedacht, nichts Richtiges mit mir anfangen zu können. Es hat mir Angst gemacht, so viel ungenutzte Zeit zu haben. Manchmal ist es mir schon langweilig. Eine Aufgabe fehlt mir halt. Aber im großen und ganzen geht es gut."

Auch die immer wieder als hilfreich in dieser Situation empfohlenen Hobbys taugen nur bedingt dazu, diese Problematik zu lösen:

○ ,,Früher hatte ich mehr Hobbys. Eigentlich bedeutet mir das heute weniger. Irgendwie kommt mir das nur als Beschäftigung vor."

Die vorhandenen Hobbys werden nicht als Freizeithilfe und Problemlösung erlebt. Sie bekommen subjektiv den Charakter einer Beschäftigungstherapie und Ersatzfunktion. Die Folge ist tragisch: Obwohl man Hobbys hat, praktiziert man sie seltener als zur Zeit der Berufstätigkeit. Was geplant war, schlägt ins Gegenteil um. Vor der Pensionierung vertröstete man sich mit dem Gedanken auf später. Und jetzt macht man seine Vorhaben nicht wahr, weil die Hobbys erlebnispsychologisch gesehen fragwürdig werden. Sie verlieren ihren Reiz und geraten unter Ersatzverdacht.

Mit der Pensionierung bricht nicht nur das Beziehungsgefüge zu den Berufskollegen zusammen. Es verändern sich auch die privaten Beziehungen zur Familie, zu Freunden und Bekannten. Die Situation fordert von allen Betroffenen das Einüben neuer Verhaltensweisen und Umgangsformen. Das Mehr an Zeit, das größere Engagement und die größere Intensität, mit denen diese Beziehungen nun erlebt und ausgelebt werden, erfordert *Umstellungen und Neuanpassungen in der Partnerschaft:*

○ ,,Man ist öfter zusammen. Das gibt natürlich auch mehr Reibungsflächen."

○ ,,Besonders Leute, die in der Stadt leben, die kommen nicht raus und gehen nur der Frau auf den Wecker."

○ ,,Nach 45 Ehejahren gibt es keine großen Veränderungen mehr. Wenn man sich aber zu nahe auf der Pelle ist, kommt es schon mal zum Streit."

Die häufigeren und engeren Kontakte zum Ehepartner führen durchaus auch dazu, die Beziehungen zu festigen und mehr gemeinsame Interessen zu entwickeln. Doch geht dies naturgemäß nicht problemlos vonstatten. An das häufigere Zusammensein und das engere Zusammenleben muß man sich erst gewöhnen.

Bezeichnend für die Beziehungsprobleme dieser Lebensphase ist das *Aufbrechen alter Konflikte*: ,,Der Schnee vom letzten Jahr" wird wieder zum Gesprächsthema. Die Vergangenheit wird hochgespielt, aber offensichtlich nur in den wenigsten Fällen wirklich bewältigt, allenfalls ,,nach einem Mordskrach" oder ,,Donnerwetter über den Fehltritt von vorgestern" vorübergehend begraben oder wie es einer drastisch formulierte: ,,Der Rotz kommt hoch, aber doch nicht raus."

Von den Veränderungen betroffen ist auch der Freundes- und Bekanntenkreis, der sich verändert. In vielen Fällen geht die Zahl der Kontakte und Beziehungen mit dem Zeitpunkt der Pensionierung erheblich zurück:

○ ,,Früher hatte ich mehr soziale Kontakte. Das fehlt mir etwas."
○ ,,Ich hatte gehofft, einen neuen Bezugsrahmen zu finden, eine Gruppe von Leuten, die so lebt wie ich. Aber ich lebe doch sehr individuell heute."

,,Individuell leben" heißt wohl im Klartext, allein oder gar einsam sein — ein Schicksal, auf das man innerlich nicht vorbereitet ist und das man sich und vor allem anderen nur ungern eingesteht. Die mit der neuen Lebenssituation verbundenen Verunsicherungen werden aber auch als Chance zur Neuorientierung gesehen. Man lernt, tolerant zu sein und gemeinsame Problemlösungen zu suchen und zu finden. Man hat Zeit und Gelassenheit, den Dingen ruhiger gegenüberzustehen.

Im Vergleich zu früher wird die Freizeit im Ruhestand in dreifacher Hinsicht als gehaltvoller angesehen:

— Mehr Ruhe und Muße.
— Mehr Genuß und Spaß.
— Mehr Sinn und Niveau.

Für ein Drittel: Die Freizeit im Ruhestand wird zum existentiellen Problem

Während etwa zwei Drittel der Befragten mit der neuen Lebenssituation zufrieden sind, klagen 38 Prozent über Einsamkeit und Langeweile, vermissen die Arbeit oder haben Angst vor dem Alter. Sie erleben den Ruhestand als ‚Faß ohne Boden‘. Die Freizeit, die während ihres Berufslebens fast spielerisch als schöne Sache galt, wird für sie zu einer ernsten Sache. Die zur freien Verfügung stehende Zeit *muß* ausgefüllt, gestaltet und bewältigt werden. Die

Freizeit im Ruhestand bekommt für sie — psychologisch gesehen — fast Zwangscharakter.

Abb. 39:

Typologie des Ruhestandes

Selbsteinschätzung von Frührentnern und Pensionären

Alle Befragtren (N = 450)	In Prozent
Typ »Freiheit und Aktivität«	**29**
Bin unabhängig es kann mir keiner mehr was vorschreiben	12
Habe endlich Zeit für die Familie, Freunde, für mich	10
Habe endlich Zeit für alles, was ich schon immer machen wollte	5
Bin geselliger geworden, unternehme mehr mit Freunden	2
Typ »Ruhe und Erholung«	**33**
Keine Hektik, kein Streß mehr, kann alles in Ruhe machen	21
Bin entspannter, ruhiger geworden, fühle mich wohler	4
Kann schlafen und faulenzen, wann und wie lange ich will	4
Muß nicht mehr arbeiten, kein beruflicher Streß mehr	4
Typ »Probleme und Konflikte«	**38**
Bin oft allein, habe heute weniger Kontakt als früher	15
Langweile mich manchmal, habe manchmal zu viel Freizeit	8
Vermisse die Arbeit, mir fehlt die Anerkennung im Beruf, habe keine sinnvolle Aufgabe mehr	8
Merke, daß ich älter werde, kann das Alter nicht aufhalten	7

Quelle: B.A.T Freizeit-Forschungsinstitut

Sie sind auf ein Leben *nach* der Arbeit am wenigsten vorbereitet. Der Umgang mit dem plötzlichen Mehr an freier Zeit setzt Fähigkeiten voraus, die sie offenbar verlernt oder nie gelernt haben. Ein Leben lang an Arbeit und abhängige Beschäftigung gewöhnt, sind Eigeninitiative und die Fähigkeit, freie Zeit in Eigenregie zu planen und zu gestalten, außer Übung geraten. In einer Beziehung stimmt diese Problemgruppe mit der zufriedenen Mehrheit überein: Fast alle Frührentner und Pensionäre haben den Wunsch, aktiver zu sein als sie wirklich sind.

133

4. Psychosoziale Probleme der Freizeit

4.1. Vereinsamung

Es scheint offenbar das größte Paradox unserer heutigen Zeit zu sein, daß der moderne Mensch in der Masse zu vereinsamen droht, ja daß sich die Geschichte des neuzeitlichen Menschen zu einer Geschichte wachsender Einsamkeit entwickelt. Von Rousseaus Träumereien eines ,,promeneur solitaire" über Tiecks ,,Waldeinsamkeit", Achim von Arnims ,,Trösteinsamkeit", Nietzsches ,,Sonnenvereinsamung" bis hin zu Erich Fromms ,,Sinneinsamkeit" durchzieht das Motiv der Vereinsamung die Literaturdarstellungen als Spiegelbilder zeitgenössischen Lebensgefühls. Auf Albert Camus geht schließlich das Wortspiel ,,solidaire" (gemeinsam) und ,,solitaire" (einsam) zurück, das ein ungelöstes Spannungsverhältnis zum Ausdruck bringt, was sich früher in ,,Weltschmerz" niederschlug und heute in ,,Lebensangst" äußert.

Bestimmte Entwicklungsmerkmale der Industriegesellschaft (Trennung von Wohn- und Arbeitsstätte, Trennung der Generationen, Entstehung der Kleinfamilie, Kommunikationsarmut am Arbeitsplatz, anonymitätsfördernde Strukturen im Wohnungs- und Städtebau, hohe soziale Mobilität und anderes) haben soziale Ausgliederungs- und Vereinsamungsprozesse gefördert. Dazu gehört auch das ausgeprägte Leistungs- und Karrierestreben, das soziale Erfolglosigkeit als eine Form moderner Einsamkeit brandmarkt.

Massenvereinsamung

Das insbesondere in den Ballungszentren vorherrschende enge Zusammenleben so vieler Menschen auf engstem Raum hat mehr räumliche Zusammenballung als menschliche Nähe bewirkt. Kommunikationsdichte und Kontaktlosigkeit sind keine Gegensätze mehr. Die Massenmedien machen aus der Privatsphäre, ,,der ,privaten' Freizeit die öffentlichste und allgemeinste Angelegenheit, die wir kennen, während gleichzeitig die Berufe der inneren Vereinsamung verfallen" (Hentig 1968, S. 105). Ein solches Klima macht Partner zu Einzelkämpfern und menschliche Formen des Sichverständigens zu

PSYCHOSOZIALE URSACHEN WACHSENDER VEREINSAMUNG
Angst vor Isolation und mitmenschlicher Gleichgültigkeit

Frage: "Wann leiden Sie am meisten unter dem Gefühl von Einsamkeit?"

Aussage	w	m	gesamt
Wenn ich mich von anderen verlassen fühle			54%
Wenn mir tiefere Beziehungen und echte Bezugspersonen fehlen	w = 47%	m = 63%	52%
Wenn ich mit mir selbst nichts anzufangen weiß und mich selbst nicht ausstehen kann	w = 12%	m = 19%	32%
Wenn ich mich nicht verstanden oder mißverstanden fühle			32%
Wenn mir die Menschen keine Beachtung schenken, sich mir gegenüber gleichgültig verhalten und die "kalte Schulter" zeigen	w = 32%	m = 19%	28%
Wenn ich keine Antwort bekomme, so als ob eine Wand zwischen mir und den anderen ist			28%

26% — Wenn ich kein Erfolgserlebnis habe und keinen Ausweg sehe

22% — Wenn es nichts gibt, worauf ich mich freuen kann

16% (w=18% m=13%) — Wenn ich ewig mit anderen "was zusammen machen" muß, obwohl ich lieber allein wäre

14% — Wenn ich auf Anerkennung hoffe, aber Ablehnung befürchte

Weitere Nennungen:

10% — Wenn ich nichts zu tun habe und auch keine Lust habe, etwas zu tun; wenn sich andere gut verstehen und ich 'außen vor' bin; wenn ich mich selbst nicht mehr verstehe; wenn ich überhört werde ...

Quelle: Eigene Befragung von 50 Studenten (Pädagogen, Psychologen, Soziologen, Betriebswirtschaftler) der Universität Hamburg

Splendid-isolation-Arrangements. Da wird der Solidär zum Solitär: „Eine neue Einsamkeit wächst heran. Trotz Telefon und Television, trotz engen Zusammenlebens und organisierter Freizeitgestaltung gibt jeder fünfte Bundesbürger an, sich einsam zu fühlen" (Schultz 1980, S. 9).

Metropolis, Technopolis, Profitopolis — die Bezeichnungen gleichen sich. Wohndichte, Bevölkerungsdichte, Motorisierungsdichte — wer kennt sie nicht? Urbanität und Mobilität, Anonymität und Vereinzelung, Kontaktflut und Massenbegeisterung — der Moloch Stadt schluckt alles. Die Stadtsoziologie hat uns in den letzten Jahren eine Vielzahl von Erkenntnissen und Bekenntnissen beschert. Gemessen an dem, wie der französische Schriftsteller Antoine de Saint-Exupéry vor fast einem halben Jahrhundert das Stadt-„Leben" beschrieb, wirken viele dickleibige Wissenschaftsbücher wie farblose Verkürzungen. Saint-Exupéry verglich die Stadt mit dem Bild einer vertrockneten, von ihren Wurzeln abgeschnittene Pflanze: „Da war kein lebendiges Wesen mehr, bei dem jeder Teil mit dem anderen zusammenklang; da war kein Herz mehr, das das Blut sammelte, um es in den ganzen Körper zu pumpen; es gab nicht mehr einen einzigen Leib, der an den Festtagen zu gemeinsamer Freude fähig war." Nach diesem Stadt-Bild weicht der gewachsene Organismus der Gemeinsamkeit einem künstlichen Mechanismus von Einzelteilen. Technische Funktionalität verdrängt menschliche Lebendigkeit. Fremde Welten rücken mit Hilfe der Massenmedien und modernen Kommunikationsmittel ganz nah, während gleichzeitig der Nachbar wie der Bewohner einer fremden Welt immer ferner rückt. Long-distance-Kontakte drängen sich an die Stelle der Face-to-face-Kommunikation im Alltag.

Nachbarschaftsideologie

„Nachbarschaft" ist ein vielstrapazierter Begriff, der — meist ideologisch überfrachtet — für den Ausgleich struktureller Defizite im modernen Wohnungs- und Städtebau herhalten soll. Nachbarschaftliche Kontakte entstehen durch Nebeneinanderwohnen, durch Begegnungen im Flur, auf der Treppe oder vor der Haustür, im Hof oder Garten, im Austausch von Begrüßungsformeln und Neuigkeiten, beim Einkaufen im Laden oder beim Spaziergang auf der Straße. Nachbarschaftliche Kontakte entstehen aber gleichermaßen aus Konflikten, aus Ärger und Streit mit den Nachbarn. Kinder, Auto, Lärm sind ebenso Ursachen nachbarschaftlichen Ärgers wie Neid, üble Nachrede und Gehässigkeiten, Einmischen in private Angelegenheiten oder aufdringliches In-den-Kochtopf-Gucken.

Die Ergebnisse empirischer Untersuchungen über das Nachbarschaftsverhältnis der Bewohner zwingen zur Revision verfestigter Nachbarschaftsideologien. Die Einschätzung der Nachbarn durch *Bewohner von Altbauvierteln* ist durch Reserven und Vorurteile geprägt. Die Haltung zu nachbarschaftlichen Kontakten ist reserviert, die Offenheit für neue Kontakte gering. Obwohl nach Meinung der Bewohner die Anknüpfung neuer Kontakte relativ leicht möglich ist, werden neue Kontaktchancen nur zögernd oder überhaupt nicht angenommen. Dahinter steht die Angst vor eventuell auftretenden Reibungen und Konflikten.

Als Katalysatoren neuer Kontakte kommt den Bekannten und Verwandten eine besondere Bedeutung zu. Auch das Einkaufen in kleinen Läden hat kontaktvermittelnde Funktion. Wesentlich hierbei ist die Unverbindlichkeit einer Quartiersöffentlichkeit (vgl. Heil 1971), die aktive Kontaktsuche ebenso ermöglicht wie Zurückhaltung bei der Bekanntenwahl.

Bei den *Bewohnern von Stadtrand- und Neubauvierteln* sind vor allem die Kinder die Katalysatoren neuer Kontakte. Über sie und durch sie vermittelt besteht eine relativ große Bereitschaft, Kontakte zu Nachbarn aufzunehmen. Hingegen hat das Einkaufen in den überwiegend als Selbstbedienung organisierten Geschäften nur eine geringe Bedeutung als Kontaktquelle. Dafür ist wiederum der Sympathiewert des Viertels (meist als Ergebnis eines Kontrasterlebnisses zu den vorausgegangenen Wohnbedingungen) höher als im Altbauviertel. Nachbarschaftliche Kommunikation vollzieht sich im Neubauviertel mehr rational als emotional: Kontakte ohne Verbindlichkeit, Bekanntschaften ohne emotionale Bindung, Kommunikation auf Abruf.

Wohnung als zentraler Lebensbereich

Kennzeichnend für die heutige Lebenssituation in Alt- und Neubauvierteln scheint die wachsende Bedeutungsentleerung von Nachbarschaft und Wohnquartier zu sein, die Tatsache also, daß „Nachbarschaft und Wohnquartier als Räume eher bedeutungslos werden, weil sie oft keinerlei Ergänzungsfunktion des Wohnens zu übernehmen imstande sind und die *Wohnung* damit allein der zentrale Lebensbereich des Alltags bleibt" (BMBau 1977, S. 17). Die Wohnung wird als zutiefst privater Bereich betrachtet, denn hier kann man sich den vielfältigen Kontaktzwängen und Rollenanforderungen des Alltags entziehen.

So gesehen muß der halb-öffentliche Bereich der Nachbarschaft am problematischsten erscheinen. Hier müssen die Bewohner ihr privates Freizeitverhalten unter die Augen der Nachbarn tragen, müssen sich ihrer Kritik und ihren Verhaltenserwartungen aussetzen, unterliegen sozialer Kontrolle, sozialem Druck, sozialer Konkurrenz (vgl. Burckhardt 1975). Dies erklärt auch, warum viele Innenhöfe, Grünflächen und Wege, die von jedem Nachbarfenster aus einseh- und kontrollierbar sind, in neuen Wohnquartieren als Freizeit-

und Kommunikationsmöglichkeiten kaum angenommen werden. Der Rückzug in die Privatsphäre ist die unausbleibliche Folge. Freizeitqualität wird privatisiert, in die Wohnung hineingenommen — auf Kosten vielfältiger Kontakte mit Nachbarschaft und Wohnquartier.

Die Wohnung bekommt Inselcharakter. Ihre Lebensqualität wird daran gemessen, ob sie maximale Abgeschiedenheit, Sicherheit (vor Eindringlingen), Schutz (vor Nachbarblicken) und Reizarmut (keine Kinder in der Nähe, gute Geräuschisolierung) gewährt und garantiert. Als Ersatz für die Abriegelung nach außen gilt der Konsumreichtum von innen: Die Wohnung wird zur Freizeitkonsumfläche umgestaltet. Der kleinfamiliäre Privatismus regiert.

Rückzug in die Privatsphäre

Die Mehrheit der Bundesbürger lebt in einer reizüberfluteten städtischen Umwelt inmitten von Menschenmengen und einem aggressiven Lebenstempo in einer Mischung aus Arbeitsstreß und Freizeithektik. Diese Atmosphäre wird als ein System von Aufforderung und ständiger Anforderung erlebt, dem man sich nur durch territoriale Abgrenzungsversuche — wenigstens zeitweise — entziehen kann. Untersuchungen des amerikanischen Umweltpsychologen Albert Mehrabian haben ergeben, daß die Überfüllung von Räumen bei Menschen (wie übrigens auch bei Tieren) zu territorialem Verhalten führt.

Territoriale Bereiche werden geschaffen, behauptet und gegen das Eindringen anderer verteidigt. In einem beengten sozialen Umfeld wird der erkämpfte Rückzug in die Privatsphäre zu einer Frage der Macht und der Stärke. Die Stärksten reservieren naturgemäß die größten Bereiche für sich. Befinden sie sich zudem noch in einer relativ großen Machtposition, so können sie ihre Macht dadurch ausdrücken und verstärken, daß sie darauf bestehen, daß Menschen ihnen auf ihrem eigenen Territorium entgegenkommen — und nicht umgekehrt (vgl. Mehrabian 1978).

Wer sich ständig seine Freizeitpartner in die eigene Wohnung holt, immer nur Gast-Geber (und selten Gast-Nehmer) ist, demonstriert seine Machtposition als Territorialherr. Eine weitere moderne Abart des Territorialprinzips stellt das für dienstliche *und* private Zwecke weit verbreitete Installieren von automatischen Anrufbeantwortern dar. Hier gilt das Telefon nicht mehr als Kommunikationsmittel, sondern als Eindringling in die Privatspäre des Menschen.

Mangel an Arbeit

Der Rückzug in die Privatsphäre bleibt nicht ohne Folgen. Alleinsein und Einsamkeit werden zu einem speziellen Problem der Freizeit. Im Arbeitsleben sind sie kaum spürbar, weil hier das angespannte Beschäftigtsein und das vorgegebene relativ starre Zeitschema ein Gefühl von Leere und Zeittotschlagen kaum aufkommen lassen. Anders verhält es sich in der Freizeit, die vom einzelnen individuelle Zeitgestaltung und Zeitverwendung verlangt. Wo Nichtstun, Unbeschäftigtsein und Beliebigkeit vorherrschen, entsteht Langeweile. Langeweile in der Freizeit erzeugt auf Dauer Leere und Einsamkeit — vor allem dann, wenn es an Arbeit mangelt und die Freizeit zum Zwang wird.

Ist der Tagesablauf nicht gegliedert, fehlen Struktur, Rhythmus und Ziel, entwickelt sich ein Gefühl ungegliederten Dahinlebens. Ganz deutlich wird dies an der Lebenssituation von Arbeitslosen. Bei ihnen verliert die Zeitstruktur als Ordnungsschema im Tagesablauf ihren Sinn, die Zeit gerät aus den Fugen, ein deutlicher Zerfall des subjektiven Zeitbewußtseins ist feststellbar. Die drei Orientierungspunkte Aufstehen/Essen/Schlafengehen treten kaum mehr ins Bewußtsein. Langeweile- und Einsamkeitsgefühle kommen auf.

Die ,,Frei"-Zeitgestaltung wird zur Qual: ,,Meistens weiß ich nicht, was ich morgens und vormittags machen soll" — ,,Da gehst'e vor Langeweile kaputt" — ,,Kontakte braucht wohl jeder, egal, ob arbeitslos oder nicht" (Opaschowski 1976, S. 80). Das In-den-Tag-hinein-Leben verursacht einen *Zustand der Entmutigung*, alte Kontakte brechen ab, neue Kontakte werden kaum noch aufgenommen.

Wenn die Haushaltsarbeit ,,ausgeht" (zum Beispiel mit der Heirat der Kinder), stellt sich auch bei vielen Hausfrauen das Gefühl der Leere, Langeweile und Zeitvergeudung ein. Das in den USA verbreitete ,,Doctor-Shopping" oder ,,Clinic-Hopping" von Hausfrauen ist sinnfälliger Ausdruck für den Versuch einer Verdrängung von Einsamkeit.

Mangel an Freizeitinteressen

Mit dem Ausscheiden aus dem Beruf oder der zwangsweisen Pensionierung sind Umstellungsprobleme verbunden, die je nach beruflicher Situation oder biographischen Gegebenheiten unterschiedlich bewältigt werden. Am leichtesten fällt den Angehörigen freier Berufe das Ausscheiden aus dem Beruf, weil es während ihres Lebens keine starre Aufteilung zwischen Arbeitszeit und Freizeit gab.

Alle übrigen müssen ihre vorhandenen Fähigkeiten und Interessen zur Bewältigung der neuen Lebenssituation einsetzen. Der Tagesablauf muß neu strukturiert und gestaltet werden. Gelingt dies nicht, macht sich Langeweile breit, droht Einsamkeit. Die Altersforscherin Ursula Lehr konnte in Untersuchungen nachweisen: ,,Menschen, die viele Freizeitinteressen hatten, die viel Betätigung hatten, die gern gelesen hatten, Schach gespielt hatten und dergleichen, fühlten sich seltener einsam als jene, die nichts mit der Zeit anzufangen wußten" (Lehr 1978, S. 108).

Die Bereitschaft und Fähigkeit, im Leben eigene Interessen zu entwickeln und zu realisieren, auch ohne Impulse von außen aktiv zu sein, sich mit sich selbst zu beschäftigen und Verantwortung für sich zu tragen, sind biographische Gegebenheiten, die das Alleinleben im Alter erleichtern und Einsamkeit weitgehend verhindern können.

Mangel an Akzeptanz

Aus der Sicht der Sozialpsychologie hat Einsamkeit weniger etwas mit der Tatsache des Alleinseins zu tun, sondern mit dem Gefühl, nicht mehr akzeptiert, anerkannt oder gebraucht zu werden. Dieses Gefühl wird als existentieller Schmerz erlebt. Dahinter verbirgt sich das urmenschliche ,,Dependenzbedürfnis", sich an einen anderen Menschen anlehnen, bei ihm Schutz finden und ihm voll vertrauen zu wollen. Um existentielle Einsamkeit zu überwinden, ist zweierlei zu leisten: ,,Wir müssen auf den anderen zugehen, soziale Kontakte aufnehmen können und wir müssen uns selbst... auf uns selbst vertrauend erleben können. Wir fühlen uns dann einsam, wenn eine dieser beiden oder auch beide Verhaltens- beziehungsweise Erlebnisnotwendigkeiten uns nicht möglich sind" (Gripp 1977, S. 24). Je stabiler also die Vertrauensbeziehung zu anderen Bezugspersonen und je stärker das eigene Selbstvertrauen ist, um so leichter ist der Umgang mit der Situation momentanen Alleinseins und vorübergehender Einsamkeitsgefühle.

Mangel an Vertrauen

Sich anderen verständlich machen und andere verstehen wollen, ist die Grundvoraussetzung sozialen Kontakts zwischen Menschen überhaupt. Dazu gehört einmal prinzipielle Offenheit, zum anderen aber auch ein grundlegender Vertrauensvorschuß. Vereinsamung ist immer auch ein Stück unbewältigter Vertrauensprobleme. In einer Gesellschaft, in der das Konkurrenzprinzip in der Arbeit und das Konsumprinzip in der Freizeit vorherrschen, wird zwischenmenschliche Verständigung erschwert. Die Karriere- und Konsumorientierungen machen den Mitmenschen immer schon zum tendenziellen Rivalen, Gegner, Konkurrenten: „Ein Gespräch mit einem so erlebten Mitmenschen kann nicht offen sein, kann nicht auf der Basis von Vertrauen in die prinzipielle Offenheit des anderen geführt werden" (Gripp 1977, S. 28). So gesehen ist der erfolgsgewohnte Managertyp inmitten pausenlosen Beschäftigtseins genauso einsam wie die alte Frau auf der Bank im Park inmitten lauter Tauben.

Mangel an Wohlwollen

Einsamkeit ist nur durch Gemeinsamkeit zu überwinden, das aber heißt konkret: Gegenseitiges Akzeptieren — gegenseitiges Vertrauen — gegenseitiges Wohlwollen. Dies ist gleichsam die Basis für jede mitmenschliche Beziehung. Wo sich neben dem Mangel an Akzeptanz und Vertrauen der Mangel an Wohlwollen hinzugesellt, ist die innere Einsamkeit total. Wohlwollen setzt Anerkennung und Vertrauensvorschuß voraus, nicht sporadisch, sondern stetig und gleichmäßig. Wo diese Atmosphäre der Freundlichkeit fehlt, treten Versagens- und Überforderungsängste auf, Gefühle völliger Ungeborgenheit. Ohne Wohlwollen keine menschliche Wärme.

Im Zustand des Zurückgewiesenseins kommt es zu Empfindungen der Leere, der Unterwertigkeit und der Verlassenheit. „Délaissement" nennt es Jean-Paul Sartre, eine Art Null-Beziehung zwischen sich und den anderen. So führt Zurückgewiesensein zwangsläufig zur Zurückgezogenheit, zur ver-rückten Lebenssituation „gepanzerter Einsamkeit" (D. Sölle). Die Ein-Igelung wird für den Betroffenen — gleich welchen Alters — zu einer Technik des Überlebens. Daran ändern auch die gesellschaftlichen Stereotype über die einsamen Alten und die kontaktfreudigen Jungen nichts.

Gesellschaftliche Stereotype: Einsame Alte und kontaktfreudige Junge

Alt, einsam und allein gelten beinahe als Synonyme. Im Widerspruch dazu stehen die Erkenntnisse der Altersforschung: „Einsam im Alter sind bestenfalls zehn Prozent der über Fünfundsechzigjährigen" (Lehr 1978, S. 107). Ob jemand im Alter isoliert ist und sich einsam fühlt, ist eine Frage der biographischen Entwicklung und hängt wesentlich davon ab,

○ ob er im mittleren Lebensalter Kontakte geknüpft und erhalten, gewissermaßen bis ins hohe Alter „trainiert" hat und

143

○ ob er von Kindheit an Freizeitinteressengebiete entwickelt und gepflegt hat (die meisten Freizeitinteressen sind bereits im Alter von 18 Jahren „ausgebildet"), so daß Langeweile als Ausdruck von Interessenmangel im Alter verhindert werden kann.

Das Vorstellungsbild von den einsamen Alten, die — von allen verlassen — langsam mit ihrem Leben abschließen, ist schlichtweg falsch. Das gesellschaftliche Stereotyp vom einsamen Alten, das sozialpsychologisch und ideologisch aus der verdrängten Angst des modernen Menschen vor Krankheit, Alter und Tod resultiert (vgl. Opaschowski 1971), wird von der Realität widerlegt: Junge Menschen sind kontaktärmer und fühlen sich einsamer als ältere. Der Glaube an die zwangsläufige Alterseinsamkeit ist ein Irrglaube (und vielleicht gerade darum so hartnäckig).

Kontaktarmut und Einsamkeitsgefühle werden subjektiv empfunden und spielen sich in der Vorstellungswelt des einzelnen ab. Dies erklärt auch, warum gerade junge Menschen so stark zu Einsamkeitsgefühlen neigen.

Bei chronischen Einsamkeitsgefühlen sind die Ursachen meist in der Kindheit zu suchen. Insbesondere die Trennung von den Eltern kann bleibende Schäden bei einem Kind auslösen. Menschen, die jünger als sechs Jahre alt waren, als sich die Eltern trennten, sind mit Abstand die einsamsten Erwachsenen: „Der Verlust eines Elternteils durch Scheidung ist — was etwaige spätere Einsamkeitsgefühle angeht — schädlicher als der Tod eines Elternteils. Dabei spielt es keine Rolle, zu welchem Zeitpunkt der Elternteil stirbt" (Rubinstein u.a. 1980, S. 28). Das Kind empfindet die Scheidung als Zurückweisung und absichtlichen Verstoß von den Eltern. Belastungsgefühle von Unnahbarkeit entwickeln sich. Isolationsängste sind die Folge, menschliche Begegnungen drohen oberflächlich und emotional unbefriedigend zu werden. Scheidung wirkt schlimmer als Tod — der Tod bedeutet schmerzvollen Verlust inmitten emotionaler Geborgenheit, die Scheidung absichtsvolles Verlassensein ohne soziale Einbindung.

Freizeitgeselligkeit: small talk und Kälte der Ungebundenheit

Die Bundesbürger waren in den letzten dreißig Jahren noch nie so gesellig wie heute — und doch wächst der Anteil der Menschen, die über innere Vereinsamung klagen. Nach einer Repräsentativumfrage des B.A.T Freizeit-Forschungsinstituts fühlt sich jeder dritte Bundesbürger in zwangloser Freizeitgeselligkeit unwohl und sehr allein: 36 Prozent leiden unter Vereinsamung, wenn sie in ihrer Freizeit „unter vielen Leuten sind, aber keine echten Gesprächspartner finden". An Gelegenheiten für Besuche und Einladungen, Fêten, Parties und Empfänge mangelt es nicht, wohl aber an tiefergehenden Beziehungen, die über oberflächliche Freizeitkontakte hinausgehen.

Die Kälte im Umgang miteinander bekommen heute die Alleinstehenden am meisten zu spüren. 43 Prozent der Verwitweten, 46 Prozent der Ledigen und 54 Prozent der Geschiedenen leiden in Freizeitsituationen unter dem Mangel an echten Gesprächspartnern. Sie haben das Gefühl, allein unter lauter Paaren zu sein. Die oft zur Schau gestellte Fröhlichkeit und Offenheit bei geselligen Anlässen erweist sich in Wirklichkeit als *Freizeitritual,* bei dem Lebenslust demonstriert werden ,,muß''. Anders als die Alleinstehenden erleben die Verheirateten die gleichen Freizeitsituationen weniger problematisch. Nur 29 Prozent kennen das Gefühl von Einsamkeit in der Vielsamkeit. Der beste Gesprächspartner ist immer noch der eigene Ehepartner. Man kann als Ehepaar in langweiliger Gesellschaft sein und sich doch nicht verlassen fühlen. Für Alleinstehende aber wird in solchen Situationen der Mangel an eigener Geborgenheit doppelt spürbar.

> Am Anfang war das Wort — und nicht der small talk. Bei freizeitgeselligen Anlässen scheint jedoch alles anders zu sein. Es wird mehr konsumiert als diskutiert, mehr untereinander als miteinander geredet. Als moderner Freizeittyp hat man gesellig, unterhaltsam und flexibel zu sein. Wer das Stichwort verpaßt, wird geschnitten. Lieber Unterhaltung aus zweiter Hand als gar keine. Manche sind geradezu Meister im Lauern auf das Stichwort.

Der Publizist Wilfried Schwedler wies unlängst nach, daß sich heute anders als zu Zeiten Theodor Fontanes oder Thomas Manns aus der Literatur herauslesen lasse, wie die Gesprächskultur im argen liege: Von Uwe Johnson über Peter Handke bis Thomas Bernhard. ,,In ihren Büchern unterhalten sich die Akteure fast durchweg kurzatmig, sprunghaft, in Wortschablonen; die Gedankenabläufe geschehen nicht im freien Austausch des Gesprächs, sondern in introvertierter Monologform'' (Schwedler 1984, S. 79).

Von allen Altersgruppen sind die 14- bis 29jährigen von der Unverbindlichkeit oft sekundenschneller Freizeitkontakte am meisten betroffen: 41 Prozent vermissen echte Gesprächskontakte und Bezugspersonen. In der Clique, der Disco oder auf der Fete werden Zuhören-Können und Gefühle-Zeigen ,auf Null heruntergefahren'. Wer hier unter Gleichgesinnten ankommen will, muß sich cool geben und Sprüche auf Lager haben.

Auch die Freizeit hat ihre Zwänge: Lässigkeit verdrängt Natürlichkeit. Zu Kurzkontakten gehören Kurzgefühle. Auf der Strecke bleibt die Sehnsucht nach einem Leben, in dem man wieder ernsthaft miteinander reden und echte Gefühle zeigen kann.

> *Einsamkeit,* freiwilliges oder durch bestimmte soziale Verhältnisse erzwungenes Alleinsein. E. kann bewußt gesucht werden (z.B. zur Selbstbesinnung) oder durch soziale Isolation bedingt sein und zur völligen Vereinsamung der betroffenen Menschen führen.
> In der modernen Industriegesellschaft breitet sich trotz räumlicher Enge, vielfältiger Freizeitangebote und Kommunikationsmittel E. aus. Der einzelne findet nicht mehr jenen Zusammenhang und Halt, den die festgefügten und genau umrissenen Familien- und Gemeinschaftsstrukturen vorindustrieller Gesellschaften zu geben vermochten...

Abb. 41:

Einsam in der Vielsamkeit

Jugendliche und Alleinstehende klagen am meisten über Vereinsamung in der Freizeit.

Frage: „ Auch in der Freizeit, am Feierabend und Wochenende gibt es Situationen, in denen man einsam, sehr allein ist. Geben Sie bitte bei dem folgenden Beispiel an, inwieweit Sie sich persönlich in der genannten Freizeitsituation vereinsamt fühlen".

Unter vielen Leuten sein, aber keine echten Gesprächspartner finden

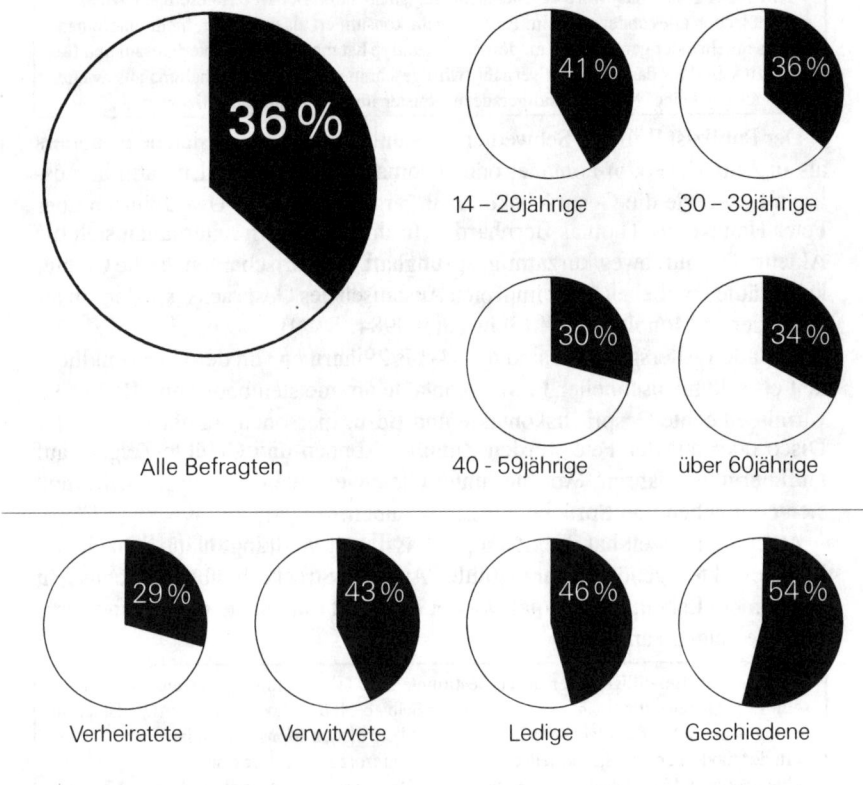

36%

41% — 14 – 29jährige

36% — 30 – 39jährige

30% — 40 - 59jährige

34% — über 60jährige

Alle Befragten

29% — Verheiratete

43% — Verwitwete

46% — Ledige

54% — Geschiedene

Repräsentativbefragung von 2000 Personen ab 14 Jahre

Quelle: B·A·T Freizeit-Forschungsinstitut 1986

146

Menschen reagieren auf erlebte oder befürchtete E.(insamkeit) in einer Weise, die häufig nur das Gefühl, allein zu sein, überdeckt. Organisierte Freizeitgestaltung etwa verhindert eher, Beziehungen zu anderen Menschen aufzubauen, als daß sie der E. entgegenwirken würde.
Quelle: Aktuell. Das Lexikon der Gegenwart, Dortmund 1984, S. 182.

Der Kult der Lässigkeit fordert seinen Tribut. *Aus Lässigkeit wird schnell Nachlässigkeit.* Was in den Augen der Elterngeneration als Zeichen von Spontaneität erscheinen mag, ist nicht selten ein Mangel an Mitgefühl, ein Ausdruck von Gedankenlosigkeit, von Unverbindlichkeit und Beliebigkeit. In dieses Bild paßt folgende Pressemeldung aus dem Freizeit-Alltag einer Großstadt:

Massenansturm auf Party
29/12/84 Berlin (AP)
  Ungeahnte Dimensionen nahm eine Schülerparty an, die eine Berliner Mutter für ihre 16jährige Tochter ausrichten wollte. Wie die Polizei mitteilte, waren etwa 40 Personen zum Fest der Schülerin geladen worden. In der zweistöckigen Villa im Bezirk Zehlendorf seien dann jedoch 400 Jugendliche erschienen. Die völlig überraschte 52jährige Hausfrau habe nach fruchtloser Diskussion mit den ungebetenen Gästen die Polizei gerufen, weil ihr Haus aus den Fugen zu platzen drohte. Bei Eintreffen der Funkstreife hätten die Gäste auf der Straße vor dem Grundstück randaliert und haben erst mit Hilfe zusätzlicher Polizeikräfte abgedrängt werden können, hieß es bei der Polizei. Wie es zu dem Massenansturm gekommen war, blieb ungeklärt.

Da ist sie wieder, die persönliche Gedankenlosigkeit, das öffentliche Desinteresse an einer Klärung, einer Erforschung der wirklichen Ursachen. Hier trifft eher zu, was Nobelpreisträger Konrad Lorenz den ,,Wärmetod unserer Gefühle" nannte: ,,See you later" — ,,Bis bald" — ,,Bis zur nächsten Party!" Und am Ende folgt meist die Erkenntnis: ,,Der Abend hat's wieder nicht gebracht" — die Vielfalt der Kontakte auch nicht. Auf die Frage, was Merkmal eines unzufriedenen, nicht erfüllenden Lebens ist, antworteten Jugendliche: ,,Viele Leute kennen, sich aber mit niemandem wirklich verstehen" — ,,Keine Freunde haben" — ,,Einsam sein".

Vielleicht wird jetzt auch verständlich, warum gerade junge Leute zu Einsamkeitsgefühlen und Depressionen neigen. Die Amerikaner Rubinstein, Shaver und Peplau fanden heraus, daß die Einsamkeitsgefühle von jungen Leuten nicht davon abhängig sind, ob sie allein sind oder allein leben. Junge Leute sind einfach unzufriedener mit ihren sozialen Beziehungen und Bindungen, mit der Anzahl ihrer Freunde, vor allem mit der ,,Qualität dieser Freundschaften" und ,,mit ihren Liebesbeziehungen" (Rubinstein u.a. 1980, S. 28). Junge Leute empfinden die Diskrepanz zwischen der Suche nach Intimität und dem Scheitern dieser Suche am krassesten. Im Vergleich zu den älteren Menschen haben sie ein geringeres Selbstwertgefühl. Subjektiv fühlen sie sich oft einsamer als ältere Menschen. Fast jeder zweite Jugendliche (45 %) im Alter von 14 bis 19 Jahren (vgl. B.A.T-Umfrage 1986) klagt darüber, daß ,,niemand da ist, der die gleichen Freizeitinteressen teilt" (Befragte über 60 Jahre: 39 %).

Vertreibt das Fernsehen die Vereinsamung?

Vor dem Fernseher sind die Bundesbürger am einsamsten. Immer dann, wenn sie in den eigenen vier Wänden mit sich und dem Fernseher allein sind, wächst die Einsamkeit: 44 Prozent fühlen sich am Feierabend und Wochenende vereinsamt, wenn sie ,,allein vor dem Fernseher sitzen". Nach einer Repräsentativumfrage (vgl. Abb. 42) sind die Ein-Personen-Haushalte von der ,,Fernseh-Vereinsamung" am meisten betroffen. Über zwei Drittel (68 %) der Alleinstehenden klagen in solchen Situationen über Vereinsamung, fühlen sich verlassen, traurig und zum Teil depressiv — die Frauen mehr als die Männer, die ältere Generation deutlich mehr als die jüngere.

Häufiges Fernsehen spiegelt wachsende Vereinsamung wider, verursacht sie aber nicht. Für viele Menschen, insbesondere für Alleinstehende und alte Menschen, ist das Fernsehen zum Ersatz für fehlende Kontakte und Gesprächspartner geworden. TV und Telefon helfen zeitweilig über Probleme hinweg, können sie aber nicht lösen. Hohe Einschaltquoten sagen manchmal mehr über Kontaktarmut als über bloße Zerstreuungsbedürfnisse aus.

Immer mehr Menschen leben allein, aber immer weniger Menschen können allein leben. Für sie bleibt als Ausweg nur die Kontaktaufnahme aus zweiter Hand (über Fernseher, Video oder Homecomputer) oder die Fluchtbewegung nach draußen (durch Wandern, Spazierengehen oder Ausgehen).

Für jeden vierten Bundesbürger drohen hingegen Feierabend und Wochenende zu Problemzeiten zu werden, wenn man ,,keine Aufgabe" hat und ,,mit sich selber nichts anfangen" kann. Langeweile, Leere und innere Vereinsamung in der Freizeit gehören unmittelbar zusammen. Zerstreuung, Unterhaltung und organisiertes Freizeitvergnügen sollen oft nur von eigenen Unzulänglichkeiten ablenken. Das wachsende Unterhaltungsbedürfnis vor allem der Fernsehkonsumenten ist weniger ein Ausdruck des Wunsches nach Amüsement als vielmehr der Enttäuschung über das Fehlen menschlicher Kontakte. Medienkontakte werden ersatzweise gesucht, damit aus der situativen keine chronische Einsamkeit wird. Fernsehen vertreibt Vereinsamung. Aber Fernsehen ist nur ein scheinbarer Problemlöser, weil es die Konsumenten mit sich und ihren Problemen allein läßt. Es mildert zwar die Angst vor dem Alleinsein, aber es verhindert auch das problemlösende Nachdenken über sich selbst.

Von Albert Schweitzer stammt die Aussage: ,,Viel Kälte ist unter den Menschen, weil wir nicht wagen, uns so herzlich zu geben, wie wir sind." Wir alle haben das Bedürfnis nach Herzlichkeit, nach Mitgefühl. Doch verhalten wir uns in unserem Umgang miteinander nicht zunehmend wie Maschinen-Menschen einer industrialisierten Freizeit-Arbeitsgesellschaft, die auf Knopfdruck produzieren oder konsumieren, feste arbeiten oder Feste feiern können?

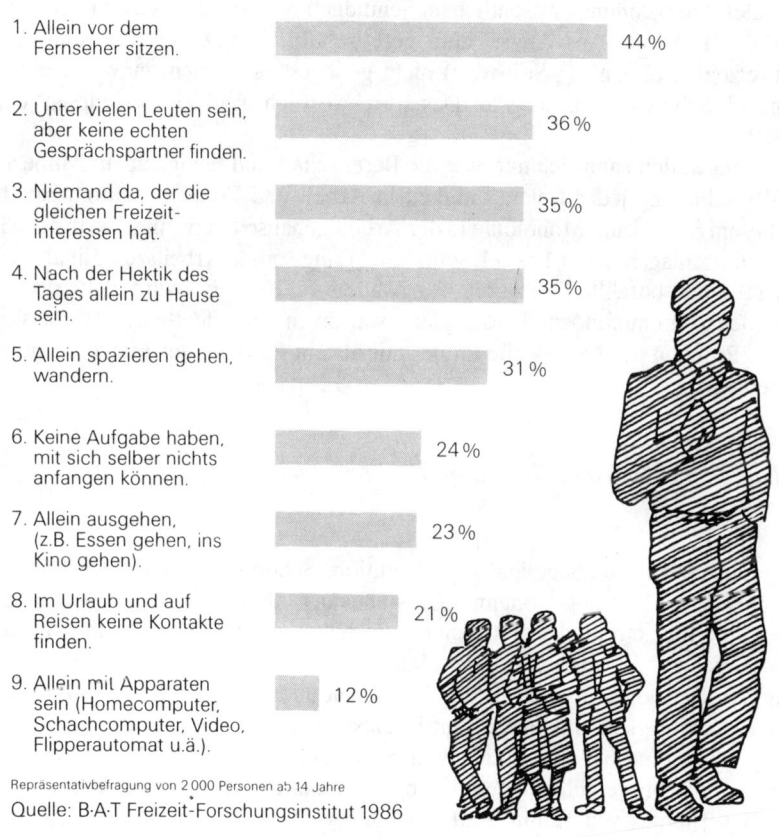

Vereinsamung in der Freizeit

In welchen Situationen sich die Bundesbürger einsam fühlen

Frage: „Auch in der Freizeit, am Feierabend und Wochenende gibt es Situationen, in denen man einsam, sehr allein ist. Geben Sie bitte bei den folgenden Beispielen an, inwieweit Sie sich persönlich in den genannten Freizeitsituationen vereinsamt fühlen."

1. Allein vor dem Fernseher sitzen. 44 %

2. Unter vielen Leuten sein, aber keine echten Gesprächspartner finden. 36 %

3. Niemand da, der die gleichen Freizeitinteressen hat. 35 %

4. Nach der Hektik des Tages allein zu Hause sein. 35 %

5. Allein spazieren gehen, wandern. 31 %

6. Keine Aufgabe haben, mit sich selber nichts anfangen können. 24 %

7. Allein ausgehen, (z.B. Essen gehen, ins Kino gehen). 23 %

8. Im Urlaub und auf Reisen keine Kontakte finden. 21 %

9. Allein mit Apparaten sein (Homecomputer, Schachcomputer, Video, Flipperautomat u.ä.). 12 %

Repräsentativbefragung von 2 000 Personen ab 14 Jahre

Quelle: B·A·T Freizeit-Forschungsinstitut 1986

4.2. Langeweile

Langeweile gehört — neben Streß und Vereinsamung — zu den drei großen Problemen individueller Freizeitgestaltung. Aus psychologischer Sicht gilt die Langeweile als *Erleben eines leeren Zeitgefühls* und eines *Mangels an Interesse und Zielstrebigkeit*. Ursache dieses Mangelerlebens ist ein im Menschen angelegter spontaner Betätigungsdrang, ein Aktivitätsbedürfnis, das sich bei Nichterfüllung bzw. Nichtstun in schlechtem Gewissen oder Schuldgefühlen äußert. Die Schuldgefühle entstehen aus Angst vor dem Verlust sozialer Anerkennung. Wesentlich an Schuldgefühlen in der Freizeit ist ihre soziale Herkunft. Aus Angst, dem gesellschaftlichen Anspruch ,,sinnvoller Freizeitgestaltung" (=Soll-Wert) nicht genügen zu können, entwickeln sich persönliche Gewissensängste: Das sprichwörtlich ,schlechte Gewissen' entsteht.

Langweilen kann sich nur, wer die Bereitschaft und Fähigkeit zur Muße als Vorbedingung jeder freien Tätigkeit in Arbeit und Freizeit verloren hat. In diesem Sinne kann Monotonie in der Arbeit genauso langweilig wie das bloße Zeittotschlagen in der Freizeit sein. Nur: Langweilige Arbeitszeit gilt als verkaufte und bezahlte Lebenszeit, langweilige Freizeit aber wird als verlorene Lebenszeit empfunden. Dies erklärt, warum in der öffentlichen Diskussion das Problem der Langeweile immer nur als ein Problem der Freizeit angesehen wird.

Die abendländische Tradition der Langeweile

Langeweile hat abendländische Tradition. Schon im 5. Jahrhundert n.Chr. beklagte der Theologe Johannes Cassianus den ,,horror loci": den Überdruß und die Langeweile des Einsiedler-Mönches in der Klosterzelle, in dem immer gleichen Wohnraum mit dem immer gleichen Horizont seiner Wahrnehmung. Der horror loci bewirkte, daß Arbeit und Meditation nutzlos erschienen, Rastlosigkeit und innere Unruhe entstanden, die Zeit lang wurde und der Mönch sich nach Zeitvertreib sehnte: ,,Was einem solchen Mönch nicht die Zeit vertreibt, verachtet er", schrieb Cassianus über das Klosterleben.

Bei Thomas von Aquin wird die Langeweile nicht nur in die Nähe von ,,Weltschmerz" und ,,Traurigkeit" gerückt, sondern bekommt auch sündhaften Charakter, weil sie schöpferische Liebe und produktives Handeln blockiert. Hier hat die negative Bedeutung von Langeweile ihren geistigen Ursprung, auch wenn die ,,acedia" bzw. ,,accidia" als ,,Sünde der Trägheit" schon vor Thomas von Aquin in der mittelalterlichen Moral Gültigkeit hatte (die Trägheit zählte im altchristlichen Mönchtum zu den acht Hauptsünden). Einen besonderen Stellenwert bekommt die Langeweile in den Schriften der Existenzphilosophen. Blaise Pascal leitet in seinen „Gedanken" die Langeweile aus dem *Widerspruch von Ruhe und Rastlosigkeit* ab. Unrast treibt zur Ruhe, Ruhe aber wird durch Langeweile unerträglich, so daß wieder Rastlosigkeit entsteht: „Nichts ist dem Menschen so *unerträglich,* wie *in einer völligen Ruhe zu sein,* ohne Leidenschaft ohne Tätigkeit, sich einzusetzen. Dann wird er sein Nichts fühlen, seine Verlassenheit, seine Unzulänglichkeit, seine Abhängigkeit, seine Ohnmacht, seine Leere. Unablässig wird aus der Tiefe seiner Seele die Langeweile aufsteigen, die Niedergeschlagenheit, die Trauer, der Kummer, der Verdruß, die Verzweiflung" (Pascal, Aphorismus 192). Pascals „Gedanken" beschreiben präzise die heutige Wirklichkeit. Jeder dritte Bundesbürger geht sich selbst auf die Nerven. 33 Prozent der Bevölkerung können es nicht ertragen, nach der Betriebsamkeit des Tages „in völliger Stille mit sich allein" zu sein...

„Im Anfang war die Langeweile" ist die Quintessenz von Sören Kierkegaards Abhandlung über „Die Wechselwirkung". Erst langweilten sich die Götter: „Darum schufen sie die Menschen. Adam langweilte sich, weil er allein war, darum ward Eva erschaffen. Von dem Augenblick an kam die Langeweile in die Welt, wuchs an Größe in genauer Entsprechung zum Wachstum der Menge des Volks. Adam langweilte sich allein, alsdann langweilten Adam und Eva und Kain und Abel sich im Familienkreis (en famille), alsdann nahm die Menge des Volks in der Welt zu und langweilte sich en masse. Um sich zu zerstreuen, kamen sie auf den Gedanken, einen Turm zu bauen, der so hoch sei, daß er emporragte in den Himmel. Dieser Gedanke ist ebenso langweilig wie der Turm hoch war, und ein erschrecklicher Beweis dafür, wie sehr die Langeweile überhand genommen hatte. Alsdann wurden sie über die Welt zerstreut, ebenso wie wenn man jetzt ins Ausland reist, jedoch sie fuhren fort sich zu langweilen..." (Kierkegaard 1956, S. 305).

Der Mensch auf der Flucht vor der Langeweile, die von Station zu Station durch Neugier so gesteigert wird, daß sie immer wieder in Langeweile endet — ein Teufelskreis. Nicht zufällig erinnert sich Kierkegaard des lateinischen Sprichwortes: otium est pulvinar diaboli (Muße ist des Teufels Kopfkissen), weshalb man auch heute noch zu sagen pflegt: Müßiggang ist aller Laster Anfang!

Abb. 43:

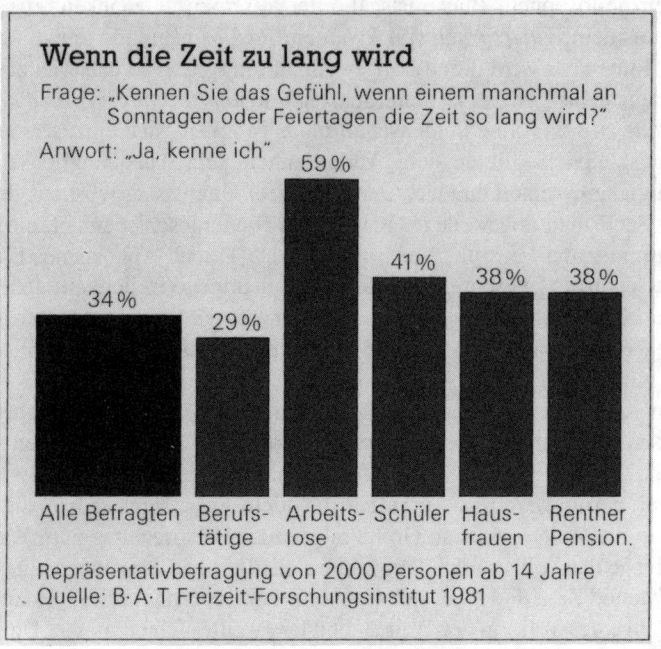

Wenn die Zeit zu lang wird

Frage: „Kennen Sie das Gefühl, wenn einem manchmal an
Sonntagen oder Feiertagen die Zeit so lang wird?"

Anwort: „Ja, kenne ich"

Alle Befragten	Berufs-tätige	Arbeits-lose	Schüler	Haus-frauen	Rentner Pension.
34%	29%	59%	41%	38%	38%

Repräsentativbefragung von 2000 Personen ab 14 Jahre
Quelle: B·A·T Freizeit-Forschungsinstitut 1981

Schleichende Zeitkrankheit

Es gibt drei Forschungsinstitutionen in der Bundesrepublik, die unabhängig voneinander zu dem gleichen Ergebnis gekommen sind: Das Allensbacher Institut, die Wickert Institute und das B.A.T Freizeit-Forschungsinstitut wiesen nach, daß sich der Anteil der Bevölkerung, der über Langeweile klagt, in den letzten 30 Jahren von 18 Prozent im Jahre 1953 auf 36 Prozent heute verdoppelt hat. Die Wickert Institute kamen 1984 sogar auf einen Wert von 39 Prozent.

Aus der Repräsentativbefragung des B.A.T Freizeit-Forschungsinstituts geht hervor, daß vom Leiden an der Langeweile am stärksten die Gruppe der Nichtberufstätigen betroffen ist, weil sie keine Betätigungsmöglichkeiten im Beruf hat und keine gleichwertige Betätigung in ihrer freien Zeit findet. 59 Prozent der Arbeitslosen, 41 Prozent der Schüler, 38 Prozent der Hausfrauen und 38 Prozent der Rentner und Pensionäre führen das Heer der Langeweiler an, denen an Sonntagen und Feiertagen „die Zeit so lang" wird, daß ihnen die Decke auf den Kopf fällt (vgl. Abb. 43). Ihnen fehlt offensichtlich ein durch

„abhängige Beschäftigung" zumeist verplanter 8-Stunden-Tag, der ihnen die Mühe (und die Arbeit) der eigenen Zeitplanung weitgehend abnimmt. Das Freizeitproblem Langeweile kennen aber auch die 14 Millionen Alleinstehenden in der Bundesrepublik: 56 Prozent der Verwitweten und 43 Prozent der Ledigen haben jede Menge Freizeit, doch sie macht sie nicht unbedingt glücklich. Vermißt werden Kommunikationsmöglichkeiten an Feierabend und Wochenende, wie sie die Verheirateten in ihrer Familie finden. Das persönliche Vermögen vieler Bundesbürger, Freizeit zu gestalten, hält mit der gesellschaftlichen Forderung nach mehr Freizeit nicht Schritt.

Zwar gab und gibt es auch Langeweile am Arbeitsplatz — jeder siebte Berufstätige sieht in der Arbeit nur eine „unangenehme Lebensnotwendigkeit" (Noelle-Neumann/Strümpel 1984, S. 62) — doch darüber spricht man kaum. Die Monotonie wird schließlich bezahlt. Sinnvolle Arbeit ist kein einklagbares Recht, doch sinnvolle Freizeit eine moralische Bürgerpflicht! Wo Langeweile im Beruf vorherrscht, wird Streß in der Freizeit gesucht — ob in blindem Spielhallenaktionismus oder ziellosem Abenteuertourismus, in pausenloser „Vollbeschäftigung" oder permanenter Unruhe, „unbedingt was tun zu müssen", also sich selbst und den eigenen Stillstand nicht ertragen zu können. Auf der Flucht vor Langeweile und innerer Leere; Action den ganzen Tag oder gedankenloser TV-Konsum als willkommener Zeitvertreib bis zur nächsten Stimulation.

Assoziationen zu einem problemgeladenen Begriff

Die spontanen und freien Assoziationen, die mit dem Begriff Langeweile verbunden sind, sind ebenso vielfältig wie zwiespältig:

○ *Gefühl der Leere.* Die Angst vor der eigenen Leere („horror vacui") dominiert. Das persönliche Nicht-ausgefüllt-Sein bedrückt. Sich selbst innere Leere einzugestehen ist deprimierend.

○ *Angst vor dem Stillstand.* Wer kann schon in Ruhe die Seele baumeln lassen? Viele können (insbesondere plötzliche) Ruhe nicht ertragen, können nicht (bei sich) verweilen. Dahinter verbirgt sich eine Art Ur-Angst vor dem Stillstand des Lebens.

○ *Unfähig zur Selbstbeschäftigung.* Wer mit sich selbst nichts anfangen kann, ist für Langeweile besonders anfällig. Es fehlt der eigene Schwung, sich zu etwas aufzuraffen. Und die Fähigkeit, in sich hineinzuhören, selbst eigene Ideen und Einfälle zu haben und nicht nur auf Impulse von außen oder von anderen zu warten.

○ *Gewöhnung an das Vorleben-Lassen.* Die passive Konsumhaltung, ständig auf Angebote zu warten und selbst nichts auf die Beine zu stellen, bleibt nicht folgenlos. Die Gewöhnung an das Vorleben-Lassen, statt selbst zu leben, macht unfähig zur Freizeit in Eigenregie. Das Eigenleben kommt zu kurz. Die Gewöhnung an die Angebotsfülle steigert die Angst, überhaupt selbst einmal etwas zu beginnen.

○ *Verunsicherung durch Freiräume.* Nicht eingeplante zeitliche Freiräume verunsichern, blockieren das eigene Tun, machen beinahe unfrei. Schon das bloße Verweilen zwischen zwei Beschäftigungen wird als Herausforderung empfunden. Jede Pause muß durch sinnvolle Beschäftigung gefüllt werden, jede Tätigkeit muß persönlich wichtig und nützlich sein. Alles andere gilt als Zeitverschwendung, produziert Schuldgefühle.

○ *Lähmender Erwartungsdruck.* Die Freizeit muß es bringen. Die Erwartungen und Sehnsüchte an Feierabend und Wochenende sind hoch. Werden sie nicht erfüllt, ist die schlechte Laune da. Das Schlimmste: Man hat kaum Einfluß auf die eigene Gefühlsstimmung. Die große Enttäuschung folgt der überhöhten Erwartung auf dem Fuße. Diese Erfahrung kann sich zur Angst steigern — vor jeder freien Minute, die nicht verplant ist.

> ,,Zur Vertreibung aus dem Paradies wäre es nie gekommen, hätten sich Adam und Eva nicht so gelangweilt." *Ernest Dichter*
> ,,Unsere Zeit ist so aufregend, daß man die Menschen eigentlich nur noch mit Langeweile schockieren kann." *Samuel Beckett*
> ,,Nichts ist anstrengender als Langeweile." *Alexandre Dumas*
> ,,Was die Leute nicht alles aus Langeweile treiben! Sie studieren aus Langeweile, sie beten aus Langeweile, sie verlieben sich, verheiraten und vermehren sich aus Langeweile und sterben endlich aus Langeweile." *Georg Büchner*

Wo und wie Langeweile entsteht

Langeweile spielt sich vorwiegend, aber nicht ausschließlich in den eigenen vier Wänden ab. Langeweile bezieht sich auf Situationen, in denen der einzelne als Person gefordert wird, sich überfordert oder unterfordert fühlt.

○ *Der Sonntagnachmittag mit Montag-Perspektive.* Am Sonntagnachmittag problematisiert sich das Wochenende. Die oft zwanghafte familiäre Dichte über zwei bis drei Tage ist die eine Quelle des Überdrusses, der Gedanke an den kommenden Montag die andere. Nach der hektischen Kurzweil des Wochenendes wird die Langeweile am Sonntagnachmittag zur Qual. Der drohende Montag mit seinen düsteren Aussichten auf eine neue Woche Alltagstrott tut sein übriges. Die Mißstimmung spitzt sich bei novemberhafter Atmosphäre zu, wenn es also draußen grau und naßkalt ist. In dieser Situation können obligatorische Sonntagsbesuche mit belanglosen Kaffee- und Kuchengesprächen tödlich langweilig werden.

○ *Der Fernseher als letzter Rettungsversuch.* Das Freizeit-Paradox: Für das Fernsehen wird am meisten Zeit aufgewendet, obwohl es — subjektiv gesehen — am wenigsten Spaß macht im Vergleich zu anderen Freizeitbeschäftigungen. Zur Verdrängung von Langeweile ist Fernsehen immer gut. Wer sich zu nichts anderem entschließen kann, sieht sich lieber einen faden Fernsehfilm an. Die Wirkung danach wiegt allerdings doppelt schwer:

Leere auf der Mattscheibe und im Inneren auch. Ein plötzlicher Defekt des Geräts oder ein Stromausfall am Abend kann Langeweile explosiv machen.

○ *Unvorbereitet allein sein müssen.* Es fällt schwer, allein zu Hause zu bleiben, weil die Freunde vorübergehend nicht erreichbar sind oder eine gemeinsame Verabredung vergessen wurde. Darauf ist man nicht eingestellt. Die Umstellung auf die neue Situation verläuft nicht konfliktfrei. Gefühle von Verlassen-und-eingesperrt-Sein stellen sich ein. Sie verstärken sich in unerwarteten Zwangssituationen von längerer Dauer (z.B. in Zeiten von Krankheit oder Arbeitslosigkeit).

○ *In öder Gesellschaft.* Mit Leuten zusammensein, die einen anöden, kann höchst langweilig sein. Das mag für den einen eine platte Party, für den anderen ein uninteressanter Besuch sein. Noch ermüdender ist es, wenn Leute beim Fernsehen sind und man als Besucher aus lauter Höflichkeit dabei bleibt und innerlich doch abwesend ist.

○ *Durch Warten Zeit verlieren.* Wer wartet schon gern? Alltägliche Situationen, die einen ärgern oder wütend machen können: Das Warten-Müssen auf einen Bus, vor einer amtlichen Dienststelle oder auf andere Personen. Auch längere U-Bahn-Fahrten machen zu müssen, ohne eine Zeitung, eine Illustrierte oder ein Buch bei sich zu haben, kann auf die Nerven gehen.

○ *Nach dem Streß keine Ruhe finden.* Nach zu viel Hektik, Unruhe und Streß macht vielen die ersehnte Ruhe plötzlich keine Freude mehr. Am Feierabend sind sie ,,geschafft", können nicht abschalten und zu sich selber finden. Und nach dem Einkaufsbummel kann der Heilige Abend im wahrsten Sinn des Wortes Kopfschmerzen bereiten. Die innere Ruhe stellt sich nicht ein. Die Zeit zum Verweilen wird zur Langeweile.

Was die Menschen dabei empfinden

Der positive Sinn des Wortes ,,Lange-Weile" als einer Art schöpferischer Pause, innerer Muße und Selbstbesinnung ist weitgehend verlorengegangen. Die Menschen empfinden Langeweile als persönliches Problem und psychischen Konflikt.

○ *Sich genervt fühlen.* Langeweile geht an die Nerven. Die einen fühlen sich bedrückt, traurig oder frustriert. Die anderen verspüren ein diffuses Ohnmachtsgefühl, ärgern sich über sich selbst, werden wütend oder aggressiv.

○ *Mit sich unzufrieden sein.* Mit der Dauer der Langeweile-Phase wachsen die Zweifel an der eigenen Fähigkeit. Man fühlt sich einfach unproduktiv. Nichts passiert, gähnende Leere bleibt. Der Mißmut über diese Situation kann sich bis zum physischen Unwohlsein steigern.

○ *Nichts fällt ein.* Was sonst Spaß macht, ödet einen plötzlich an. Zu nichts hat man Lust. Viele versuchen zwanghaft, sich auf eine bestimmte Sache

Abb. 44:

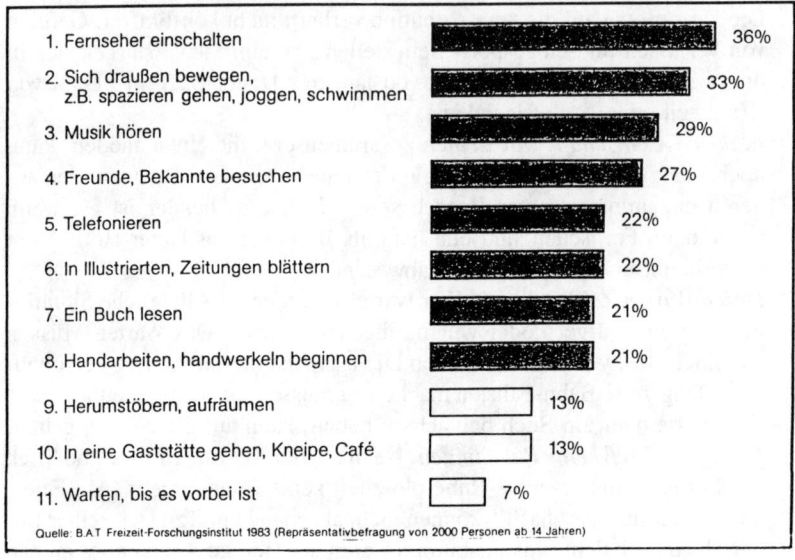

Wie Menschen auf Langeweile reagieren
Frage: „Was tun Sie, wenn Ihnen zu Hause die Decke auf den Kopf fällt?"

1. Fernseher einschalten	36%
2. Sich draußen bewegen, z.B. spazieren gehen, joggen, schwimmen	33%
3. Musik hören	29%
4. Freunde, Bekannte besuchen	27%
5. Telefonieren	22%
6. In Illustrierten, Zeitungen blättern	22%
7. Ein Buch lesen	21%
8. Handarbeiten, handwerkeln beginnen	21%
9. Herumstöbern, aufräumen	13%
10. In eine Gaststätte gehen, Kneipe, Café	13%
11. Warten, bis es vorbei ist	7%

Quelle: B.A.T Freizeit-Forschungsinstitut 1983 (Repräsentativbefragung von 2000 Personen ab 14 Jahren)

zu konzentrieren — doch die Gedanken schweifen immer wieder ab. Zu groß ist die innere Unruhe. Der Freizeiter vor der Langeweile: Ratlos.
○ *Davonlaufen wollen.* Man möchte der Situation davonlaufen. Einfach fliehen, irgendwohin. Panikgefühle stellen sich ein (,,Ich könnte laut schreien!").

Wie die Menschen darauf reagieren
Die individuellen Reaktionen auf Langeweile-Situationen sind ganz unterschiedlich. Auffallend hoch ist die Suche nach Kommunikation (z.B. Telefonieren) oder Kommunikationsersatz (z.B. Fernsehen), das verzweifelte Be-

156

mühen um ,,irgendeine" Aktivität. Dahinter verbirgt sich die Angst, Langeweile könnte sich ,,festsetzen". Dann würde man sie so schnell nicht mehr los.

○ *Ablenkung suchen.* Der Medienkonsum kann zum Kommunikationsersatz werden und Langeweile-Gefühle verdrängen helfen: Den Fernseher einschalten oder Musik hören, wahllos in der Zeitung oder Illustrierten blättern, alte Comics ausgraben oder gute Bücher lesen. So kommt man schneller auf andere Gedanken. (Ein Jugendlicher: ,,Bei Langeweile gehe ich ins Kino. Wenn ich rauskomme, bin ich zwei Stunden älter und die Langeweile ist wieder da").

○ *Schnell telefonieren.* Das Bedürfnis wächst, sofort mit irgendjemandem zu reden, um nicht weiter über Langeweile nachdenken zu müssen. Jemand aus der Familie, ein alter Freund, eine vergessene Freundin: Hauptsache reden und unterhalten, die Stille durchbrechen. Das Telefon erweist sich hierbei als eine hilfreiche Kommunikationseinrichtung. Ist niemand erreichbar oder kein Telefon im Haus, bleibt noch ein Ausweg: Leute besuchen.

○ *Irgendetwas tun.* Den Blick schweifen lassen, um so schnell wie möglich etwas zu finden, womit man sich beschäftigen kann: In Schubläden, Schränken und Abstellkammern herumstöbern, die Wohnung aufräumen oder Handarbeiten beginnen. Andere machen sich einen Drink, rauchen viel oder essen laufend.

○ *Auf jeden Fall Bewegung.* Nur ja nicht ruhig sitzenbleiben, weil einem sonst die Decke auf den Kopf fällt. Durch die Wohnung laufen, hilft als erste Reaktion. Körperliche Bewegung tut gut. Viele verlassen schnell die Wohnung, drehen ,,eine Runde" ums Haus oder den Wohnblock oder gehen spazieren.

○ *Warten, bis es vorbei ist.* Nicht allen gelingt es, irgendeine Initiative zu ergreifen. Sie warten einfach ab. Denken nach, ,,ob ich etwas tun will", sitzen und liegen herum, gammeln, spielen mit den Fingern oder ,,gucken dumm in die Gegend".

Die größten Probleme mit der Langeweile haben wie erwartet die *Erwerbslosen.* Nur selten verlassen sie in Langeweile-Situationen die eigenen vier Wände. Jeder vierte Arbeitslose greift immer dann, wenn sich die Langeweile einschleicht, zum Telefon und sucht das Gespräch nach draußen. Kommt kein Kontakt zur Außenwelt zustande, versuchen 39 Prozent der befragten Arbeitslosen, die Zeit der empfundenen Leere mit Essen, Rauchen oder Trinken auszufüllen. Weitere 27 Prozent laufen unruhig durch die Wohnung, stöbern in Räumen und Schränken herum oder beginnen, irgendetwas aufzuräumen.

Langeweile ist für die meisten Bundesbürger schwer zu ertragen. Und jeder löst das Problem auf seine Weise. Nur 7 Prozent tun ,,gar nichts", warten, ,,bis es vorbei ist". Ein Gutes bewirkt bei der Mehrzahl der Befragten die Langeweile: Weil jeder sich davor fürchtet, denken viele ernsthafter über die eigenen Freizeitgewohnheiten nach oder nehmen sich sogar vor, neue Aktivitäten in der Freizeit auszuprobieren. Und in einer Beziehung stimmen alle überein: Sie haben den Wunsch, aktiver zu sein als sie wirklich sind.

Gefahr der Medikalisierung und Therapie

Nichtstun, Langeweile und Neurose stellen für den Mediziner W. Thiele „einen Erlebniszusammenhang" (Thiele 1966, S. 17) dar. Langeweile als Folge gelebten Nichtstuns zieht längerfristig Sich-krank-Fühlen nach sich. Aus dem Widerspruch von Sich-krank-Fühlen und doch Nicht-krank-sein-Können entstehen Depressionen und Neurosen, die mehr oder weniger geschickt durch eine Scheinproblematik oder Scheinkrankheit kaschiert werden. Gedrückte Stimmung, Verstimmung und Schwankungen des affektiven Befindens bis hin zu psychosomatischen Störungen stellen sich ein.

Der amerikanische Medizinsoziologe Irving Kenneth Zola befürchtet für die Zukunft eine „Medikalisierung" unseres ganzen Lebens, d.h. die Attribute gesund und krank werden zu zentralen Bestimmungsfaktoren für fast alle Lebensbereiche. Mit der Zunahme von Streß- und Überforderungserscheinungen in der immer knapper bemessenen Berufsarbeit und von Leere- und Langeweilesyndromen in der Freizeit werden psychosoziale Lebensprobleme an Bedeutung zunehmen.

Dies läßt sich schon heute an den Medikamenten-Verkaufsziffern ablesen. Der größte Medikamentenverbrauch wird nicht im Bereich der Behandlung organischer Krankheiten, sondern in der Kurierung psychosozialer Zustände, Probleme und Konflikte verzeichnet:

— Als Hilfe zum Schlafen oder Wachhalten
— Als Anregung oder Zügelung des Appetits
— Als Dämpfung oder Hebung des Energieverbrauchs
— Als Steigerung unserer Vorstellungskraft
— Als Aktivierung von Interessen
— Als Milderung von Depressionen.

Medizin und Therapie müssen heute vielfach an die Stelle eines informellen Netzes von Hilfeleistungen treten. Gesundheit und Krankheit werden als Erklärung für so unterschiedliche Phänomene wie Drogenkonsum, Kriminalität oder Scheidung herangezogen. Droht nun auch die Medikalisierung der Freizeit? Werden die ungelösten Probleme des Umgangs mit der Freizeit schon bald mit dem Makel des Etiketts der Krankheit versehen? Ist dann die Freizeit als sozial bedingtes Problem vom Tisch, weil die Heilung im individuell organischen Bereich gsucht wird? Das medizinische Behandlungsmodell darf nicht zum Zuge kommen, weil es ebenso entmündigend wie unmoralisch wirkt und den Sozialcharakter der Probleme leugnet. In den USA ist die Institutionalisierung der Freizeittherapie und Freizeitpsychiatrie einschließlich der Einweisung von Patienten in ,,Langeweile-Kliniken" in vollem Gange: Langeweile wird stationär behandelt!

Von der Psychologie zur Politik der Langeweile

In der Medizin beginnt die Heilung damit, daß man die Krankheit akzeptiert — in diesem Fall also zugibt, daß man unter Langeweile leidet und sie als persönliche Herausforderung zur Lebensbewältigung begreift. Auf diese Weise kann Langeweile der erste Schritt zur Meditation und Muße sein. Im Buddhismus gilt Langeweile als ,,Tor zur Erleuchtung" oder — aktualisiert — als innerer Fernseher, den man nur einzuschalten braucht…

Langeweile als gesellschaftliches Problem
Ursachen und Auswirkungen
- o Normdruck der Protestantischen Berufsethik
  (,,Immer was tun müssen")
- o Leistungszwang und gesellschaftliche Anerkennung
  (Empfindungen von ,,Nutzlosigkeit" bei Nichterwerbstätigkeit, z.B. Arbeitslosen, Rentnern, Hausfrauen)
- o Übersättigung mit Konsum
  (,,Auf Knopfdruck konsumieren können; eigene Phantasie verkümmert")
- o Kontaktschwierigkeiten
  (,,Kontakte kann man nicht kaufen")
- o Materialisierte Lebenshaltung
  (,,Unfähigkeit, viel Freizeit mit wenig Geld auszufüllen")
- o TV-Gewöhnung
  (,,Gewohnt, alles vorgesetzt zu bekommen. Was man lernt, ist Passivität")
- o Lebensgestaltungsprobleme
  (,,Viel Zeit, aber unheimliche Schwierigkeiten, mit sich selbst etwas anzufangen")
- o Fehlender Sinnbezug
  (,,Freizeit ohne Sinnorientierung = sinnlos vertane Zeit")

Die ausschließlich individualistische Therapie verkennt allerdings die gesellschaftlichen Ursachen des Problems. ,,Die Langeweile signalisiert, daß es mit der Humanität der Industriegesellschaft nicht zum besten bestellt ist", so analysiert der Theologe Roman Bleistein die gegenwärtige Situation. Für ihn ist Langeweile ein Charakteristikum des modernen Menschen, der unter der heutigen *Unverbindlichkeit des Lebens* leidet. Ein vordergründig gelebter Hedonismus (,,Freizeitspaß") verhindert die notwendige Einführung in den Lebenssinn. Bleistein empfiehlt als Therapie eine seelsorgerische Psychagogik: Die Wiederherstellung der Balance zwischen Sinn und Kult, zwischen der Einübung in Sinnerfahrung und der Fähigkeit zu Fest und Feier (Bleistein 1973).

Doch wird hier nicht die Rechnung ohne den Wirt gemacht? Steht nicht die Freizeitindustrie schon längst bereit, neue Mittel gegen die Langeweile auf den Markt zu bringen? Ihre Marktstrategen werden das Kunststück schaffen, sich gleichzeitig als Langeweile-Verhinderungsindustrie und Langeweile-Schaffungsindustrie unentbehrlich zu machen? So wie Salzwasser den Durst, den es löschen soll, verschlimmert, *so wird die Freizeitindustrie dazu beitragen, daß dem Menschen seine Langeweile erhalten bleibt.*

Macht man sich einmal bewußt, daß zur Zeit 59 Prozent der Arbeitslosen, also über eine Million Menschen, und 34 Prozent der Gesamtbevölkerung, d.h. über 20 Millionen Bundesbürger, an Langeweile leiden, dann sind Therapien, Medikamente und Psychopharmaka fehl am Platze. Hier muß doch allen klar werden, daß es nicht nur um persönliche Langeweile geht: ,,Wir müssen die Psychologie der Langeweile verlassen und zur Politik der Langeweile vorstoßen. Die Epidemie der Langeweile, der Monotonie und der Depressionen ist eher ein Symptom für kulturelles und gesellschaftliches als für individuelles Versagen" (Keen 1981, S. 93).

Vor fünfzehn Jahren forderte der Verfasser ein Abrücken vom ,,Kult der Effizienz", der die Freizeit zur Arbeit im Leerlauf macht, zu einer Zeit des Aktivismus und der Leistung um jeden Preis oder (mit persönlichen Schuldgefühlen) zu einer Zeit der Langeweile. Mit einem Mehr an Freizeit würde es immer schwieriger, ,,Leistungsnachweise in der Freizeit" zu erbringen. Mit anderen Worten: Die Freizeit würde als ,,bedrückend" empfunden: ,,Wenn unser Erziehungs- und Bildungssystem den herrschenden Leistungsimperativ nicht umgehend relativiert, dann könnte diese kühne Prognose Wirklichkeit werden. Der jahrzehntelange Kampf um Arbeitszeitverkürzung würde zur Farce und jeder quantitative Gewinn an Freizeit zum Symptom sozialen Abstiegs" (Opaschowski 1972, S. 506). Die heutige Wirklichkeit hat inzwischen die damalige Zukunft eingeholt. Eine *Erziehung zur Freizeitkompetenz* findet nicht statt.

Konkret: Zu den Aufgaben des öffentlichen Erziehungs- und Bildungswesens müßte das Erlernen und praktische Einüben von Selbständigkeit und Selbstvertrauen, Rücksicht und Toleranz, Aufgeschlossenheit und Kontaktfähigkeit, Heiterkeit und Lebensfreude gehören. Das sind die zentralen Anforderungen, die das Freizeitleben heute an die Menschen stellt (vgl. Opaschowski/Raddatz 1982). Die Freizeitkompetenz wird in Zukunft für zwei Drittel der Bevölkerung (die noch nicht, nicht mehr oder nie mehr im Erwerbsprozeß stehen) zur Lebenskompetenz werden. In welchen Schulen kann man sie dann erwerben?

○ Freizeit ist für alle da. Es fragt sich nur: Wofür?
○ Jeder dritte Bundesbürger — unvorbereitet in die Freizeit entlassen und für tauglich befunden.
○ Erst haben die Gewerkschaften den Arbeitnehmern Freizeit erkämpft, jetzt haben die Arbeitnehmer mit der Freizeit zu kämpfen.

○ Entweder die Politiker beschäftigen sich mit der Freizeit oder die Freizeit wird schon bald die Politiker beschäftigen.
○ Wehe, wenn sich die Langeweiler organisieren. Sie würden zur größten Bürgerinitiative der Welt.

4.3 Streß

Millionäre an Zeit?

,,Wir haben beim Lesen arabischer Märchen beständig das sehnsüchtige Gefühl: Diese Leute haben Zeit! Massen von Zeit! Sie können einen Tag und eine Nacht darauf verwenden, ein neues Gleichnis für die Schönheit einer Schönen oder für die Niedertracht eines Bösewichts zu ersinnen! Sie sind Millionäre an Zeit!" Das schrieb Hermann Hesse am 28. Februar 1904 in der Neuen Züricher Zeitung. Hesse lieferte die Begründung gleich mit: ,,Wenn ich nicht im Grunde ein sehr arbeitsamer Mensch wäre, wie wäre ich je auf die Idee gekommen, Loblieder und Theorien des Müßiggangs auszudenken". In der Tat: *Der geborene Müßiggänger denkt nicht über Muße nach, er hat sie.*

Die Kunst des Faulenzens, das Nichtstun mit Methode und großem Vergnügen zu pflegen, ist im Zeitalter der Arbeit außer Übung geraten. Hunger und Sehnsucht nach Zeit fanden noch Ende des 19. Jahrhunderts in Richard Dehmels Gedicht ,,Der Arbeitsmann" (1896 vom ,,Simplicissimus" als das ,,beste sangbare Lied aus dem deutschen Volksleben" preisgekrönt) ihren sinnfälligen Ausdruck.

Der Arbeitsmann (1896)	*Der Freizeitmensch (1996)*
Wir haben ein Bett, wir haben ein Kind, Mein Weib!	Wir haben ein Hobby, zwei Autos und viel Freunde, mein Weib!
Wir haben auch Arbeit, und gar zu zweit.	Wir treiben auch Sport, und gar zu zweit.
Und haben die Sonne und Regen und Wind.	Und haben viel Freizeit und Urlaub
Uns fehlt nur eine Kleinigkeit,	Und — irgendwann — ein Kind.
Um so frei zu sein, wie die Vögel sind:	Uns fehlt nur eine Kleinigkeit,
Nur Zeit!	Um so frei zu sein, wie die Vögel sind:
	Nur Zeit!

Fast ein Jahrhundert später haben sich die Hoffnungen des Arbeitsmannes noch immer nicht erfüllt. Wir haben zwar mehr Freizeit und Wohlstand, aber kaum Ruhe zum Genießen der freien Zeit. Nur noch neidisch können wir auf frühere Kulturen zurückblicken, die im Zeitwohlstand lebten und sich eine

,,manana"-Lebenshaltung leisten konnten: Morgen ist auch noch ein Tag. Wir aber haben heute ständig das Gefühl, morgen könnte es bereits zu spät sein: Konsumiere im Augenblick und genieße das Leben jetzt. Wir ,,nutzen" die Zeit mehr, als das wir sie ,,verbringen". Haben wir bald für die eigene Freizeit keine Zeit mehr?

Vom Streß, ein Freizeitmensch zu sein

Die Länge des Tages ist unverändert geblieben, die Arbeitszeit deutlich geringer und die freie Zeit immer kostbarer geworden. Zugleich wird die Zeit für mußevolle Beschäftigungen immer knapper. Die Freizeitbeschäftigung ,,Aus dem Fenster sehen" ist fast ausgestorben, die Zeiten für gemeinsame Mahlzeiten in der Familie werden immer kürzer und manche Mahlzeiten im fast-food-Stil beinahe im Laufschritt eingenommen.

,,Wie unglaublich schnell die Deutschen essen", stellte unlängst die chinesische Dozentin Liu Fangben nach einem Besuch in Deutschland fest: ,,Wie sie zum Beispiel ein großes Stück Fleisch mit Beilagen in wenigen Minuten verschlingen können. Das Wunderbare dabei ist noch, daß sie sich dabei mit ihren Gästen unterhalten können. Also sie vergessen beim Essen auf keinen Fall, sich zu unterhalten und jedes Mal mit schön leerem Mund alles — Teller, Mund, Besteck, Hände, Tischdecke — alles halten sie schön in Ordnung. Die Deutschen haben keine Zeit zu verlieren. Rennen müssen sie zur Arbeit, zur Kantine, ja sogar zur Toilette" (DIE ZEIT vom 6. 2. 1987).

Streß-Situationen in der Freizeit (Beispiele)	
Aus der Sicht von Jugendlichen	*Aus der Sicht von Rentnern*
✳ Wenn zu viel auf einen zukommt	✳ Aus dem Alltagstrott herausgerissen werden
✳ Falsche Zeiteinteilung, unter Zeitdruck stehen	✳ Unausgefüllte Zeit (besonders beim Übergang vom Berufs- ins Rentnerleben)
✳ Sich überfordert fühlen	✳ Urlaubsvorbereitungen
✳ Ärger/Streit mit Freunden	✳ Einsamkeit
✳ Etwas tun müssen, wozu man keine Lust hat	✳ Enkelkinder zu Besuch haben/beaufsichtigen müssen
...	...

Die Vielfalt von Freizeitangeboten und Konsumansprüchen bereitet immer mehr Zeitprobleme: Knapp drei Viertel aller Bundesbürger (73 %) klagen darüber, daß ihnen das Menschengedränge bei Freizeitveranstaltungen zunehmend auf die Nerven geht. Noch 1984 lag der Anteil der in der Freizeit gestreßten Bundesbürger lediglich bei 65 Prozent. Wie aus der 1987 durchgeführten Erhebung des B.A.T Freizeit-Forschungsinstituts hervorgeht, bei der 2000 Personen ab 14 Jahren im gesamten Bundesgebiet befragt wurden, kommen die Bundesbürger nach der Arbeit immer weniger zur Ruhe.

Abb. 45:

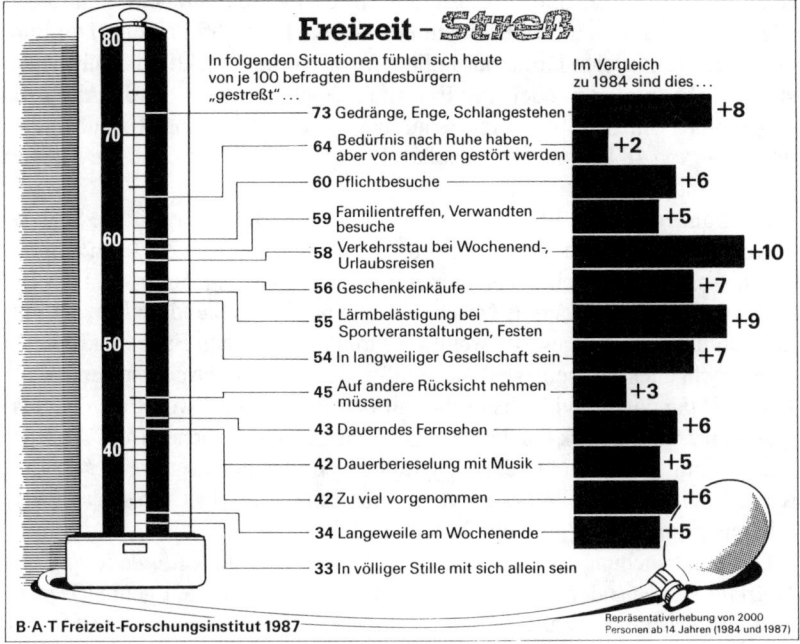

Freizeit – Streß

In folgenden Situationen fühlen sich heute von je 100 befragten Bundesbürgern „gestreßt"...

Im Vergleich zu 1984 sind dies...

- 73 Gedränge, Enge, Schlangestehen — +8
- 64 Bedürfnis nach Ruhe haben, aber von anderen gestört werden — +2
- 60 Pflichtbesuche — +6
- 59 Familientreffen, Verwandtenbesuche — +5
- 58 Verkehrsstau bei Wochenend-, Urlaubsreisen — +10
- 56 Geschenkeinkäufe — +7
- 55 Lärmbelästigung bei Sportveranstaltungen, Festen — +9
- 54 In langweiliger Gesellschaft sein — +7
- 45 Auf andere Rücksicht nehmen müssen — +3
- 43 Dauerndes Fernsehen — +6
- 42 Dauerberieselung mit Musik — +5
- 42 Zu viel vorgenommen — +6
- 34 Langeweile am Wochenende — +5
- 33 In völliger Stille mit sich allein sein

B·A·T Freizeit-Forschungsinstitut 1987

Repräsentativerhebung von 2000 Personen ab 14 Jahren (1984 und 1987)

Am meisten leiden Familien mit Kindern unter 14 Jahren (78 %) unter der räumlichen Enge, dem Gedränge vieler Menschen, dem Warten und Schlangestehen in Freizeitsituationen. Aber auch im häuslichen Bereich fühlen sie sich zunehmend unter Druck gesetzt: Knapp drei Veirtel (74 %) von ihnen haben am Feierabend das Bedürfnis nach Ruhe und Entspannung, werden aber dauernd „von anderen gestört" — vor allem von der eigenen Familie. Alleinlebende leiden folglich deutlich weniger (51 %) unter der Störung durch andere.

Im Freizeitverhalten der Deutschen hat sich seit den fünfziger Jahren die Zahl der Besuche und privaten Einladungen mehr als verdoppelt. Die Folge: Immer mehr private Einladungen werden als „Verpflichtung" angesehen, „der man nachkommen muß". 60 Prozent der Deutschen fühlen sich mittlerweile als Opfer von „Pflichtbesuchen"; 1984 sind es lediglich 54 Prozent gewesen. Vor allem die Selbständigen und Freien Berufe (79 %) stöhnen unter der oft selbstauferlegten Last der Pflichtbesuche, bei denen berufliche Notwendigkeiten und private Freizeitinteressen miteinander in Kollision geraten. Die Geister, die sie riefen, werden sie so schnell nicht los.

Die Freiheit in der Freizeit beginnt für viele erst dann, wenn sie eine Einladung absagen können — ohne Angabe von Gründen.

163

In den letzten drei Jahren hat auch das subjektive Empfinden der Bevölkerung, durch Lärm bei Sportveranstaltungen, Kirmes und Straßenfesten ,,belästigt" zu werden, deutlich zugenommen — von 46 auf 55 Prozent. Die Bundesbürger zeigen sich lärmempfindlicher, auch wenn objektiv die Lärmbelastung nicht zunimmt oder im Einzelfall sogar geringer wird. Auch die allgemeine Unlust am Verkehrsstau bei Wochenend- und Urlaubsreisen wächst — von 48 Prozent (1984) auf 58 Prozent (1987). Vor allem die Männer (66 %) sind davon betroffen.

Die Bundesbürger arbeiten zwar weniger, haben dafür aber größere Schwierigkeiten, mit sich und der eigenen freien Zeit umzugehen. Zugleich empfinden sie soziale Verpflichtungen immer mehr als Belastung. 56 Prozent der Bevölkerung betrachten bereits Geschenkeinkäufe als Streß und 45 Prozent fühlen sich unter Druck gesetzt, wenn sie ihren persönlichen Freizeitaktivitäten nicht nachgehen können, weil sie ,,auf andere Rücksicht nehmen müssen". Dieser Hang zur Individualisierung mit deutlichen Zügen von Freizeitegoismus ist besonders stark bei den 14- bis 17jährigen Jugendlichen (54 %) ausgeprägt — am wenigsten bei der Generation der über 60jährigen (25 %). Entwickelt sich die Freizeit in Zukunft zu einer Zeit der Freiheit von sozialer Verpflichtung und für individuelle Beliebigkeit?

Die Untersuchung zeigt zugleich die *Grenzen der Individualisierung des Freizeitmenschens* der Zukunft auf: Vom Kontaktstreß befreit geht sich jeder dritte Bundesbürger schließlich selbst auf die Nerven. 33 Prozent der Bevölkerung können es nicht ertragen, nach der Betriebsamkeit des Tages ,,in völliger Stille mit sich allein" zu sein. Sie sehnen sich wieder danach, etwas tun zu müssen, wozu sie eigentlich keine Lust haben...

Rastlos in der Freizeit: ,,Freizeitstreß"

Der Streßbegriff in der wissenschaftlichen Diskussion muß überdacht und erweitert werden. Wir wissen, daß ständige Leistungsanforderungen, Klassenarbeiten oder der ,,blaue Brief" an die Eltern Schulstreß erzeugen können. Es ist bekannt, daß körperliche und nervliche Arbeitsüberlastungen, Zeit- und Termindruck oder Angst vor Arbeitslosigkeit bedrohliche Streßsituationen hervorrufen.

> Beim Freizeitstreß hingegen handelt es sich um die Anhäufung vergleichsweise kleiner physischer und psychischer Belastungen, die sich ständig wiederholen und auf Dauer Streß verursachen: Aktivitätenstreß beim Jogging und Langlauf, Kontaktstreß in der Clique oder in Gesellschaft, Lärmstreß bei Feiern oder Massenveranstaltungen. Die Streßbelastungen sind hier subtiler und nicht selten selbst auferlegt.

Aus der Streßforschung ist bekannt, daß täglicher Kleinärger und chronische, sich ständig wiederholende Belastungen des täglichen Lebens für die Gesundheit gefährlicher als die großen Schicksalsschläge des Lebens sind. Der amerikanische Psychologe Richard S. Lazarus wies nach, daß ein Großteil des Stresses aus den kleinen, aber häufigen Ärgernissen des täglichen Lebens resultiert und körperliche und seelische Erkrankungen zur Folge haben kann: Die tägliche Langeweile, die Isolierung und Vereinsamung, die Sinn- und Interesselosigkeit, die ständigen Spannungen in der Familie und im Freundeskreis, der chronische Rollendruck in der Freizeitclique, die Besuchspflichten, die Qual der Wahl, das Zu-viel-am-Hals-Haben, das Gefühl von Zeitnot, von ständiger Anforderung und Überforderung, von Rastlosigkeit und innerer Unruhe, von Hetzen und Hektik (vgl. Lazarus 1982). So entsteht Dauerstreß, ein bedrohlicher Übergang vom Berufsstreß in den Freizeitstreß, ohne zur Ruhe und Entspannung zu kommen.

Die Reaktionen

Was die Menschen in Freizeitstreß-Situationen empfinden und tun, zeigen die folgenden sieben typischen Reaktionen als Ergebnis qualitativer Einzel- und Gruppengesprächsanalysen:

1. *Innere Unruhe empfinden.* Die meisten leiden unter dem Zeitdruck, sind nervös, unkonzentriert, überempfindlich. Sie sind mit sich selbst unzufrieden. Alle und alles ödet sie an.
2. *Sich unwohl fühlen.* Der psychische Streß führt zu körperlichem Unbehagen. Appetitlosigkeit stellt sich ein. Die einen klagen über ,,Magenflattern'', die anderen über ,,Flugzeuge im Bauch''.
3. *Aggressiv werden.* Die innere Unruhe muß raus. Manchen genügt es schon, die Tür zuzuknallen, auf jede Ordnung im Zimmer zu verzichten, laut zu fluchen oder zu schreien. Andere fühlen sich erst wohl, wenn sie sich gehen lassen, mit der Familie streiten, bewußt ungerecht reagieren oder andere Leute einfach nerven können.
4. *Sich abreagieren.* Viele fangen an, sich beim Joggen oder Tennis abzureagieren, sich selbst zu Leistungen anzuspornen, im Zimmer ,,rumzuhopsen'', zu tanzen oder laut zu singen. Andere gehen schnell ins Cafe, in die nächste Kneipe oder erledigen ihre Einkäufe.
5. *Sich ablenken.* Einfach auf andere Gedanken kommen, aus dem Fenster schauen, in den Himmel oder in einen Baum ,,gucken''. Wenn das nicht gelingt, auf den ,,eingebauten Streßschutzschalter'' vertrauen, sich ein Buch ,,vor die Nase nehmen'', konzentrieren und tief durchatmen. ,,Wenn's schlimmer wird, bleibt immer noch autogenes Training''.

6. *Sich zurückziehen.* Viele versuchen, sich zurückzuziehen, zu grübeln und sich die Gründe für den Streß durch den Kopf gehen zu lassen. Die Türklingel wird abgestellt und ruhige Musik gehört. Manch einer legt sich ins Bett, macht die Augen zu und redet sich ein, daß er langsam ruhig wird.
7. *Sich etwas Gutes gönnen.* Der gestreßte Freizeitmensch denkt erst einmal an sich selbst: Leistet sich ,,etwas Leckeres" zum Essen, genehmigt sich einen Drink, genießt in Ruhe eine Zigarette und läßt ,,die Verwandten einfach sitzen". Ansonsten hofft man darauf, daß der Streß auch wieder vorbeigeht.

Dauerstreß wird Zivilisationskrankheit

Definitionsprobleme: Eingeführt wurde der Begriff S. 1936 von dem österreichisch-kanadischen Arzt Hans Selye (1907 - 1982), der damit charakteristische Reaktionen des Körpers auf das Einwirken äußerer Reize bezeichnete (Anpassungsreaktionen). Andere Autoren bezeichnen als S. die Reize, die diese Reaktionen hervorrufen. Eine dritte Definition benennt mit S. den Schaden, der durch äußere Reize bewirkt werden kann. Die moderne psychologisch orientierte S.-Forschung benutzt im allgemeinen einen engeren Begriff. Sie bezeichnet als S. die Situation, in der eine Einzelperson bemerkt, daß sie die Anforderungen, die von außen an sie herangetragen werden, mit den ihr zur Verfügung stehenden Mitteln nicht mehr angemessen bewältigen kann; die Folge ist eine Empfindung der Hilflosigkeit, der Abhängigkeit und des Ausgeliefertseins.

Quelle: Aktuell. Das Lexikon der Gegenwart, Dortmund 1984, S. 642

Die Ursachen

Das Zur-Ruhe-kommen-Wollen ist derzeit der größte Defizitposten in der Freizeit. Die Bundesbürger wünschen sich dreimal soviel ,,Zeit für sich selbst" (63 %) wie sie tatsächlich haben (19 %). Sie wollen sich in Ruhe pflegen oder in Ruhe ein Getränk genießen, sie wollen Musik hören und ihren Gedanken nachgehen. Sie wollen ganz einfach Muße, aber begeben sich in die Betriebsamkeit. Wie ist dieser Widerspruch zu erklären?

Freizeit wird zum Streß, weil viele aus der freien Zeit wieder Arbeitszeit machen, Pflichtzeit, Zeit für Programme, für Aktionen und Aktionismus. Was sie tun, tun sie offenbar gründlich: Sport treiben und Fitness erhalten, Geschenke einkaufen, Gäste einladen oder ein Fest organisieren. Aus der Freizeitbeschäftigung wird schnell Geschäftigkeit — vor lauter Angst, nicht rechtzeitig fertig zu werden oder selbstgesetzte Termine oder Ziele nicht zu erfüllen. Viele haben Schwierigkeiten, *ökonomisch mit der eigenen Zeit umzugehen,* sich selber Grenzen zu setzen und auch mal nichts zu tun. Wer kann schon am Wochenende in Ruhe ,,die Seele baumeln lassen"?

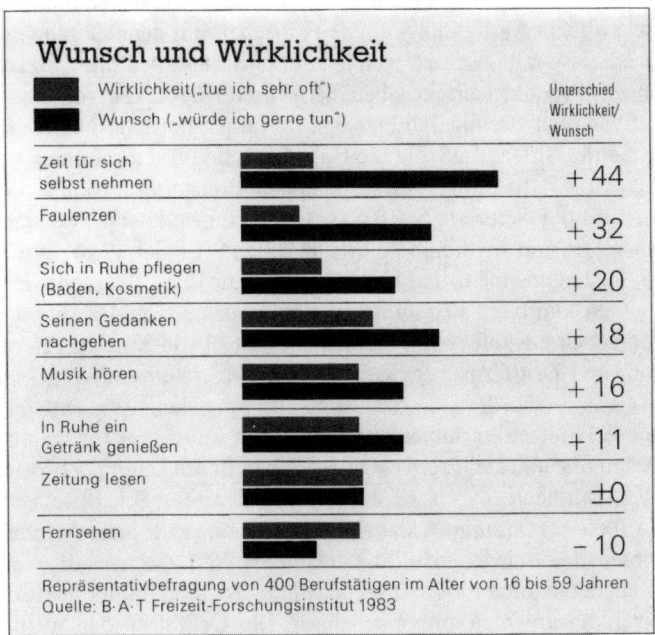

Wunsch und Wirklichkeit

▬ Wirklichkeit(„tue ich sehr oft")	Unterschied
▬ Wunsch („würde ich gerne tun")	Wirklichkeit/ Wunsch

Zeit für sich selbst nehmen	+ 44
Faulenzen	+ 32
Sich in Ruhe pflegen (Baden, Kosmetik)	+ 20
Seinen Gedanken nachgehen	+ 18
Musik hören	+ 16
In Ruhe ein Getränk genießen	+ 11
Zeitung lesen	±0
Fernsehen	− 10

Repräsentativbefragung von 400 Berufstätigen im Alter von 16 bis 59 Jahren
Quelle: B·A·T Freizeit-Forschungsinstitut 1983

Je mehr freie Zeit wir zur Verfügung haben, desto vielfältiger werden die Freizeitangebote und gleichzeitig auch die persönlichen Freizeitwünsche. Dadurch entsteht das subjektive Gefühl, eigentlich nicht zu dem zu kommen, was man schon immer tun wollte. Viele nehmen sich besonders an Wochenenden mehr vor, als sie wirklich schaffen können. Einerseits ist der Nachholbedarf sehr groß, andererseits ist auch die Angst da, vielleicht etwas zu verpassen. Also stürzt man sich in Erlebnisse am laufenden Band. Die Folge ist Erlebnisstreß. Die Geister, die man ruft, wird man so schnell nicht wieder los. Viele möchten dauernd ‚etwas um die Ohren haben'. Wenn es dann so weit ist, stöhnen sie unter der selbstauferlegten Last.

Und schließlich gilt vor allem für Singles und Alleinstehende: Sie haben Angst vor dem Alleinsein und der Langeweile am Wochenende. Also stürzen sie sich in den Kontaktstreß der Clique, um sich nicht selbst auf die Nerven zu gehen. Das Wochenende wird zur Streß-Rallye.

Wir haben keine Muße mehr. Und weil wir immer höhere Konsumansprüche stellen, nimmt das *Gefühl von Zeitknappheit* zu. Was haben wir schon von einem Kinobesuch oder Einkaufsbummel, wenn wir sie nicht in Ruhe genießen können? Im gleichen Maße, wie die Produktivität der Arbeitszeit steigt, versuchen wir auch die Konsumzeit zu steigern und immer mehr in gleicher

Zeit zu erleben. Konsumwünsche werden miteinander kombiniert — der Einkaufsbummel mit dem Treffen von Freunden, das Essengehen mit dem Knüpfen geschäftlicher Verbindungen, das Fernsehen mit dem Zeitunglesen oder die Urlaubsreise mit dem Erlernen neuer Sportarten. Auf diese Weise nimmt die Konsum-Produktivität zu, aber die freie Verfügbarkeit von Zeit ab.

Schon vor über dreißig Jahren sagte der amerikanische Nationalökonom George Soule voraus, daß die Zeit als Wirtschaftsfaktor immer wichtiger werde und die Bedeutung eines ,,knappen Rohstoffes" (Soule 1955) bekomme. Und der Schwede Staffan B. Linder führte knapp zwei Jahrzehnte später aus, ,,warum wir keine Zeit mehr haben" (Linder 1973). Wir arbeiten weniger, leisten uns mehr und kommen nicht zur Ruhe. Werden wir zu Zeitkonsumenten, die beim Konsumieren Zeit verbringen und verlieren?

Wir umgeben uns mit einem dichten Dschungel von Konsumgütern — von Zweitauto und Drittfernseher, Video und Sportgeräten und vergessen dabei oft, daß es Zeit erfordert, davon Gebrauch zu machen. Wir entwickeln uns zu ruhelosen Freizeitkonsumenten, die für sich selbst, zur Entspannung, zur Selbstbesinnung und auch zum nachdenklichen Lesen kaum noch Zeit finden. ,,Die Welt von heute", so hatte schon der italienische Schriftsteller Alberto Moravia 1967 angekündigt, ,,hat zum Lesen keine Zeit mehr" (Interview in ,,La Tribune de Genève" am 9./10. September 1967). Gleichzeitig werden die Konsumangebote immer vielfältiger, das Lebenstempo immer hektischer und die Freizeitkonsumenten immer ruheloser. Das Gefühl für den Wert der Zeit nimmt zu. Mehr Geld allein erscheint wertlos, wenn nicht gleichzeitig auch mehr Zeit ,,ausgezahlt" wird. Das bekommen viele Manager und Politiker heute schon zu spüren. Zeit ist für sie zum knappsten und wertvollsten Gut geworden.

Die Zukunft: Mehr Streß als Ruhe

Werden die Menschen in der Zukunft von einem Freizeitangebot zum anderen hasten? Oder werden sie mehr Ruhe haben und zu sich selbst finden? Welche Zukunftsvorstellungen haben die Bundesbürger selbst?

Jeder zweite Bundesbürger befürchtet, daß der Freizeitkonsum in Zukunft zum Konsumstreß wird. Nach der subjektiven Vorstellung der Bundesbürger kann sich das Konsumangebot in Zukunft nur noch steigern. Die Konsumenten werden Mühe haben, das Angebot zu überschauen. Die Vorstellung von unüberschaubarer Fülle und Vielfalt beunruhigt.

Hingegen sprechen sich 30 Prozent der Befragten für das ,,Zukunftsbild Ruhe" aus. Sie glauben, daß das Mehr an Freizeit die Menschen wieder zu sich selbst finden läßt. Und jeder fünfte Befragte ist der Auffassung, daß sich

Tab. 47:

Vorstellungen über die Zukunft der Freizeit
Mehr Streß als Ruhe

Frage: *»Wenn Sie mal an die Zukunft denken, welche der folgenden Beschreibungen werden Ihrer Meinung nach am ehesten für die Freizeit zutreffen?«*

Alle Befragten (N = 2.000)   In Prozent

Zukunftsbild Streß

»Die Menschen werden in ihrer Freizeit von einem Konsumangebot zum anderen hasten«   49

Zukunftsbild Ruhe

»Die Menschen werden in ihrer Freizeit mehr Ruhe haben und zu sich selbst finden«   30

Beides trifft zu

keine Entscheidung   21

Quelle: B.A.T Freizeit-Forschungsinstitut 1987

Streß und Ruhe im Gleichgewicht befinden werden. Phasen von Streß wechseln mit Phasen der Ruhe.

Aufschlußreich ist die Interpretation der Ergebnisse nach soziodemographischen Merkmalen. Konsumstreß in der Freizeit erwarten für die Zukunft vor allem die Befragten mit Hochschulbildung. 60 Prozent der Universitätsabsolventen schätzen die Zukunftsentwicklung problematisch ein. Ähnlich kritisch (56 %) blicken die 20- bis 25jährigen in die Zukunft. Auch Bezieher von Einkommen unter 1.500 DM (58 %) sowie Arbeitslose (60 %) glauben nicht daran, daß die Menschen zur Ruhe kommen. Schließlich haben sie persönlich auch wenig Veranlassung, auf eine rosige Zukunft zu hoffen. Mit einer ausgeglichenen Balance von Streß und Ruhe rechnen eigentlich nur die 45- bis 49-jährigen. Alle anderen projizieren die Schattenseiten des Freizeitkonsums in die Zukunft und sehen dem Streß unruhig entgegen.

Wir gehen einer Zukunft entgegen, in der mehr Konsumgüter vorhanden sind als Zeit zum Genießen des Konsums. Der technologische Fortschritt hat dafür gesorgt, Zeit zu sparen. Das Kunststück ist ihm aber nicht gelungen,

Zeit gut einzuteilen und zu nutzen. Das müssen wir schon selber tun. Hier zeigen sich die individuellen *Grenzen der Konsumzeit:* Was nutzt einem Tennisspieler jedes Jahr ein neuer Schläger, wenn er keine Zeit zum Spielen hat? Wir haben Mühsal und Hunger überwunden — aber große Mühe mit dem eigenen Zeithunger. Der Konsument von morgen mag materiellen Wohlstandszeiten entgegensehen, er wird dennoch ruhelos bleiben und unter Zeitdruck leben. Der künftige Konsument gleicht einem perpetuum mobile: Ökonomisch schwingt er sich in Spiralen nach oben, psychologisch gesehen aber dreht er sich auf der Stelle. Ein alter Menschheitstraum bleibt auch in Zukunft unerfüllt: Mehr Zeit zum Leben.

Die ganz persönliche Empfehlung kann also nur lauten: Mut zur Muße haben, eigene Interessenschwerpunkte entdecken, vor allem sich selber Grenzen setzen und auch mal nichts tun. Wir lernen für das Leben, trainieren unseren Körper, halten uns fit für den Beruf und erfüllen der Familie jeden Freizeitwunsch und haben am Ende unsere eigene Seele vergessen. Wir müssen uns wieder Zeit nehmen für uns selbst, für Muße und innere Ruhe, wir müssen uns selbst ertragen können, auch wenn die Zeit mal lang oder lang-weilig wird.

So schließt sich der Problemkreis wieder: Vereinsamung, Langeweile und Streß bilden eine Erlebniseinheit (vgl. Abb. 48). Das menschliche Frei-Zeit-Erleben gleicht einer Gratwanderung zwischen den Polen Aktivität und Ruhe, Freiheit und Sicherheit, Alleinsein und Zusammensein. Jeder sucht seine ganz persönliche Balance, sein inneres Gleichgewicht. Das ist eine tägliche Herausforderung, eine Aufgabe für das ganze Leben.

4.4 Gesundheitsrisiko

Hautverletzungen

Urlaub und Freizeit sind für die meisten Bundesbürger gleichbedeutend mit Spaß und Lebensfreude, Erholung und Entspannung. An Krankheit oder Unfall mag da kaum einer denken. Doch die Wirklichkeit sieht häufig anders aus. Jeder dritte Bundesbürger (35 Prozent) mußte sich in den letzten fünf Jahren mindestens einmal in ärztliche Behandlung begeben, weil er im Urlaub und auf Reisen krank wurde oder sich in der Freizeit bei Sport und Spiel verletzte.

Wenn für die meisten Urlaubsreisenden Sonne nach wie vor die wichtigste Voraussetzung für einen gelungenen Urlaub ist, kann es nicht weiter verwundern, daß der Sonnenbrand auch an erster Stelle aller Urlaubs- und Freizeitverletzungen rangiert. Nach der Repräsentativumfrage des B.A.T Freizeit-

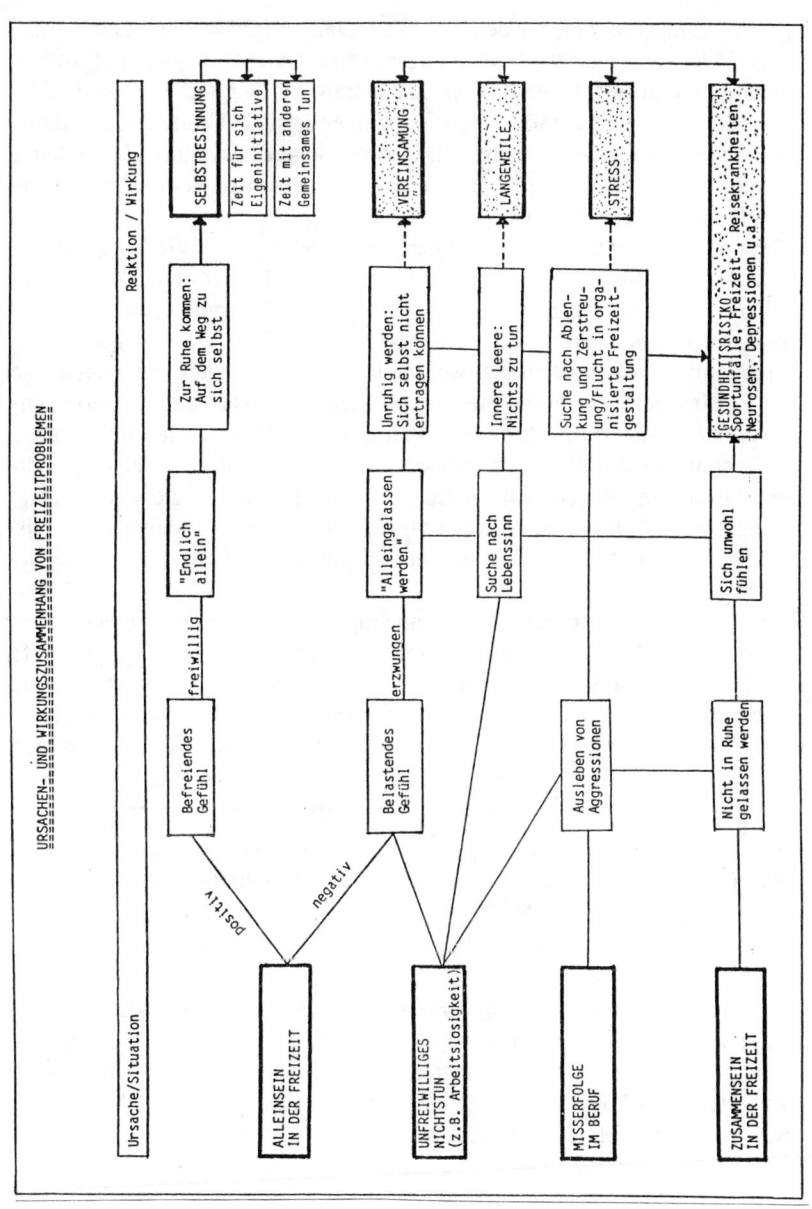

URSACHEN- UND WIRKUNGSZUSAMMENHANG VON FREIZEITPROBLEMEN

Ursache/Situation

Reaktion / Wirkung

SELBSTBESINNUNG

Zeit für sich
Eigeninitiative

Zeit mit anderen:
Gemeinsames Tun

VEREINSAMUNG

LANGEWEILE

STRESS

GESUNDHEITSRISIKO:
Sportunfälle, Freizeit-, Reisekrankheiten,
Neurosen, Depressionen u.a.

Zur Ruhe kommen:
Auf dem Weg zu
sich selbst

Unruhig werden:
Sich selbst nicht
ertragen können

Innere Leere:
Nichts zu tun

Suche nach Ablen-
kung und Zerstreu-
ung/Flucht in orga-
nisierte Freizeit-
gestaltung

"Endlich
allein"

"Alleingelassen
werden"

Suche nach
Lebenssinn

Sich unwohl
fühlen

Befreiendes
Gefühl

freiwillig

Belastendes
Gefühl

erzwungen

Ausleben von
Aggressionen

Nicht in Ruhe
gelassen werden

positiv

negativ

ALLEINSEIN
IN DER FREIZEIT

UNFREIWILLIGES
NICHTSTUN
(z.B. Arbeitslosigkeit)

MISSERFOLGE
IM BERUF

ZUSAMMENSEIN
IN DER FREIZEIT

Forschungsinstituts haben in den letzten fünf Jahren 7,2 Millionen Bundesbürger ab 14 Jahren wegen Hautverletzungen, insbesondere Sonnenbrand nach zu intensivem Sonnenbad, den *Arzt aufsuchen* müssen. Der Sonnenbrand (,,Erythema solare") führt zu lokalen Verbrennungen 1. bis 2. Grades, die ärztliche Behandlung erforderlich machen. Durch zu lange Einwirkung ultravioletter Strahlen kommt es neben heftigen lokalen Schmerzen zu Erscheinungen wie Schüttelfrost, Fieber und Übelkeit.

Den nachlässigsten Umgang mit der Sonnenbestrahlung pflegt die Jugend. Jeder vierte 14- bis 29jährige hat in den letzten fünf Jahren wenigstens einmal unliebsame Bekanntschaft mit zu intensiver Sonnenbestrahlung gemacht und trotz schützender Sonnenöle, -cremes oder -sprays Hautverletzungen davongetragen, die ärztlich behandelt werden mußten. Jeder vierte über 14jährige (25 %), aber nur jeder fünfzigste über 60jährige (2 %) ist von Hautverletzungen in den letzten fünf Jahren betroffen gewesen. Die soziale Funktion der Sonnenbräune hat offenbar für junge Leute eine wesentlich größere Bedeutung. Auffallend ist auch, daß der Anteil der Landbewohner, die von Hautverletzungen betroffen waren, doppelt so hoch ist (13 %) wie der Anteil der Großstadtbewohner (6 %). Subjektiv gesehen scheint hier wohl der Nachholbedarf größer zu sein.

Dermatologen registrieren derzeit eine rapide Zunahme der Hautverletzungen in den letzten Jahren und führen dies wesentlich auf das geänderte Freizeit- und Reiseverhalten zurück. In allen westlichen Industrieländern ist zudem eine deutliche Zunahme von Malignen Melanomen, muttermalähnlichen Geschwülsten, die plötzlich bösartig entarten, festzustellen. In einzelnen Regionen ist eine drei- bis fünffache Zunahme zu beobachten.

> Nicht mehr Braun-Werden im Urlaub, sondern Braun-Sein in der Freizeit galt in den letzten Jahren als erstrebenswertes Ziel. Braun-Sein war zum Ganzjahres-Attribut geworden und blieb nicht mehr auf die Sommerurlaubszeit beschränkt. So hatte die Haut keine Chance, sich zu erholen. Aber die Haut vergaß und vergißt auch nichts...

In den USA wird bereits der Spruch gehandelt: ,,Rösten Sie sich jetzt — zahlen Sie später". Auch in den nächsten Jahren wird in unseren Breitengraden für viele Menschen Sonnenbräune als Statussymbol attraktiv bleiben. Und eine wirksame Anti-Sonnen-Kampagne wird es so schnell nicht geben. Aber die Stimmen werden lauter, die intensives Sonnenbaden zum Gesundheits-Risiko erklären und eine tiefbraune Gesichtsfarbe nicht mehr als erstrebenswert erscheinen lassen.

> Für die Zukunft gilt: Die natürliche Sehnsucht nach Sonne bleibt, aber die verrückten Sonnenanbeter befinden sich auf dem Rückzug. Es hat sich ausgebrannt. Gesundheitsbräune ist angesagt.

Abb. 49:

Hautverletzungen nach Sonnenbrand

Jugendliche und Landbewohner am meisten gefährdet

Frage: „Wir haben hier einmal eine Reihe von Unfallrisiken ge-
sammelt, die in der Freizeit, im Urlaub, bei Sport und Spiel
entstehen können. Von welchen der folgenden Unfälle
oder Verletzungen sind Sie persönlich in den letzten fünf
Jahren betroffen gewesen, so daß eine ärztliche Behandlung erforderlich wurde?"

**„Hautverletzungen
(z. B. Sonnenbrand nach
zu intensivem Sonnenbad)":**

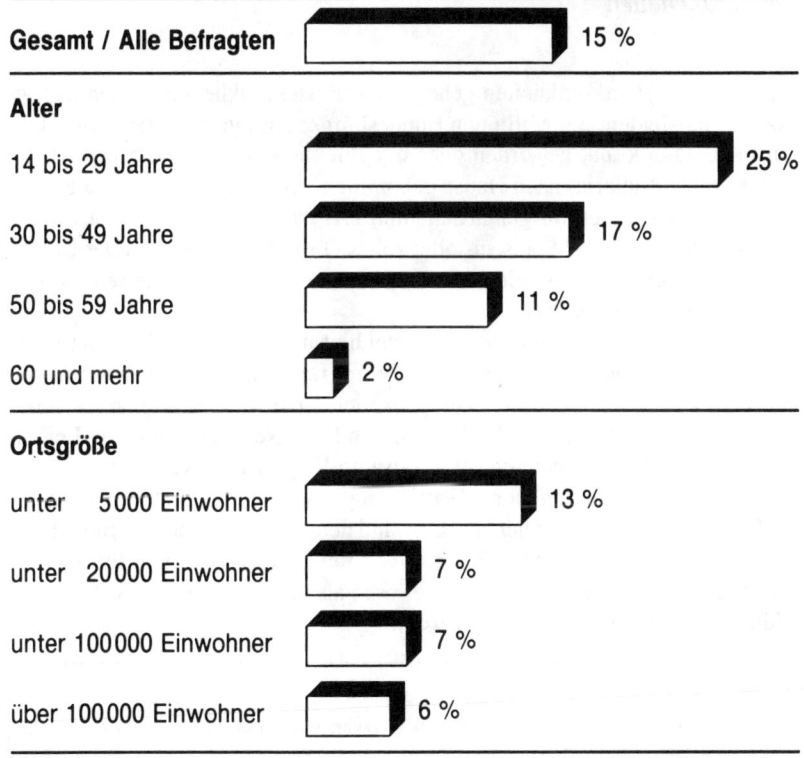

Gesamt / Alle Befragten	15 %
Alter	
14 bis 29 Jahre	25 %
30 bis 49 Jahre	17 %
50 bis 59 Jahre	11 %
60 und mehr	2 %
Ortsgröße	
unter 5 000 Einwohner	13 %
unter 20 000 Einwohner	7 %
unter 100 000 Einwohner	7 %
über 100 000 Einwohner	6 %

Repräsentativbefragung von 2 000 Personen ab 14 Jahre
Quelle: B·A·T Freizeit-Forschungsinstitut 1986

Dies bestätigt auch der Trend der letzten Jahre. Nach den vorliegenden Ergebnissen der Reiseanalysen verliert das Urlaubsmotiv „Braun werden" stetig an Bedeutung (vgl. RA '83, '84 und '85 des Studienkreises für Tourismus):

1983: 19,7 %
1984: 18,6 %
1985: 17,6 %.

Viele reisen ja heute schon gebräunt in den Urlaub.

Deutsche Urlaubsgebiete, die mit Schon- und Reizklima werben und zugleich mit Sonnenstudios und Solarienlandschaften den Sommer auch im Winter konservieren können, brauchen Teutonengrill und Ferntourismus kaum zu fürchten.

Reisekrankheiten

Neben den Hautkrankheiten gehören die Reisekrankheiten zu den häufigsten Urlaubsleiden. 3,9 Millionen Bundesbürger sind in den letzten fünf Jahren im Urlaub krank geworden oder mit Infektionen (z.b. Gelbsucht, Cholera, Typhus, Malaria) nach Hause gekommen. Klima-, Hygiene- und Ernährungsprobleme haben für gefährliche und z.T. nachhaltige „Reisesouvenirs" gesorgt. Ob Eiswürfel, Speiseeis oder rohes Obst, Hitze, Klima- oder Ernährungsumstellung — nicht alle Urlauber haben es gelernt, auf Reisen mit Gesundheitsrisiken zu leben.

Auch höhere Bildung schützt vor Krankheit nicht, wenn nicht gleichzeitig die Anschauungsweise zur Lebensweise wird. Im übrigen gilt: Wer sich in Gefahr begibt, riskiert auch viel. Und wer viel verreist, geht größere Gesundheitsrisiken auf Reisen ein. Die bekanntlich hohe Reiseintensität von Leitenden Angestellten und Beamten hat — etwa im Vergleich zu Rentnern und Pensionären — ein viermal höheres Erkrankungsrisiko (16 Prozent zu 4 Prozent) auf Reisen zur Folge. In gleicher Weise sind deutlich mehr Befragte mit Abitur oder Universitätsabschluß (19 Prozent) von Reisekrankheiten und Infektionen in den letzten fünf Jahren betroffen gewesen als z.B. Befragte mit Volksschulbildung ohne Lehrabschluß (4 Prozent).

Zu den häufigsten Reisekrankheiten zählen:

* Psychosomatische Belastungen durch Reiseverkehrsmittel (z.B. Flugzeug, Auto, Schiff)
* Infektionserkrankungen
* Klimatische Umstellungsschwierigkeiten
* Ernährungsstörungen
* Reiseunfälle

Abb. 50:

Urlaub als Krankheitsrisiko

Reisekrankheiten und Infektionen im Urlaub

Frage: „Wir haben hier einmal eine Reihe von Unfallrisiken ge-
sammelt, die in der Freizeit, im Urlaub, bei Sport und Spiel
entstehen können. Von welchen der folgenden Unfälle
oder Verletzungen sind Sie persönlich in den letzten fünf
Jahren betroffen gewesen, so daß eine ärztliche Behandlung erforderlich wurde?"

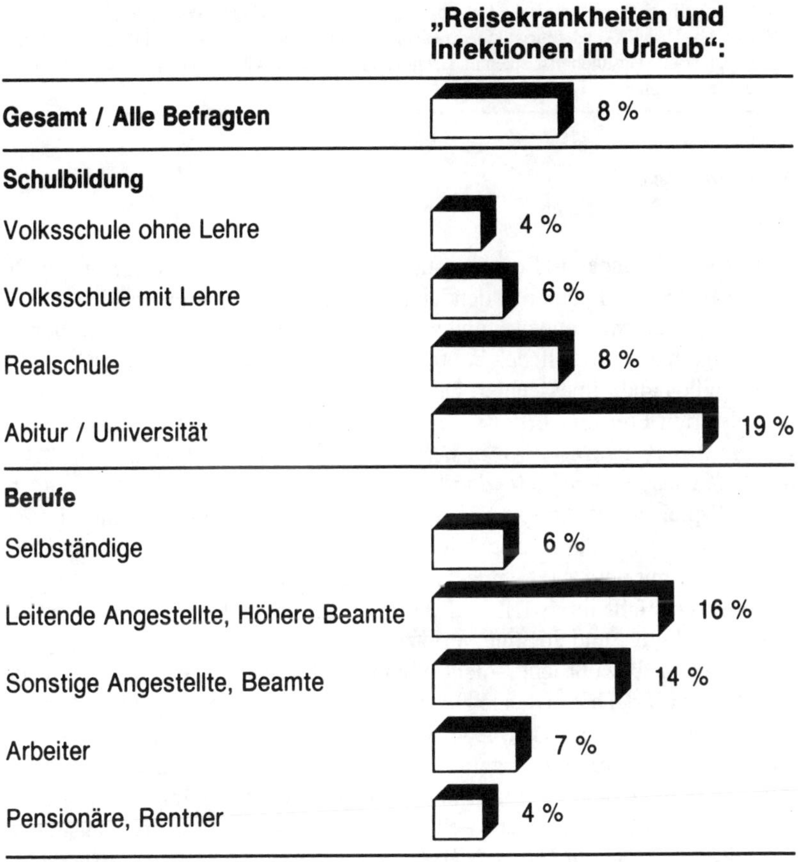

**„Reisekrankheiten und
Infektionen im Urlaub":**

Gesamt / Alle Befragten	8 %
Schulbildung	
Volksschule ohne Lehre	4 %
Volksschule mit Lehre	6 %
Realschule	8 %
Abitur / Universität	19 %
Berufe	
Selbständige	6 %
Leitende Angestellte, Höhere Beamte	16 %
Sonstige Angestellte, Beamte	14 %
Arbeiter	7 %
Pensionäre, Rentner	4 %

Repräsentativbefragung von 2000 Personen ab 14 Jahre
Quelle: B·A·T Freizeit-Forschungsinstitut 1986

175

Mit obligatorischen Schutzimpfungen und der Feststellung der Reise-, Flug- oder Tropentauglichkeit allein ist es nicht mehr getan. Die urlaubsmedizinische Erfahrung lehrt: Nicht jede Urlaubsreise ist und bringt Erholung. Nach vorliegenden Erkenntnissen der ,,Touristikmedizin" (vgl. Mohring 1977, S. 4) kehren etwa ein Drittel aller Urlaubsreisenden nicht oder nur ungenügend erholt nach Hause zurück. Vor allem viele Urlaubsreisende aus mediterranen Sonnenzielen lassen keine in medizinischem Sinne ausreichende Erholung erkennen. Die Urlaubsmedizin sieht hierin weniger Versäumnisse medizinischer Aufklärungspflicht und präventiver Beratung bei den Reiseveranstaltern oder Reisebüros, sondern bei der Ärzteschaft selbst.

Eine qualifizierte medizinische Urlaubsberatung setzt zusätzliches Wissen auf dem Gebiet der Reise-, Urlaubs- und Touristikmedizin voraus. Beratende Ärzte müssen in Zukunft mehr über potentielle Gesundheitsrisiken im Urlaub und auf Reisen wissen und dieses Wissen auch vermitteln können.

Sportunfälle

Bewegungsmangel im Beruf, gestiegenes Gesundheitsbewußtsein und mehr frei verfügbare Zeit haben in den letzten Jahren das Sporttreiben der Bundesbürger zu einer Massenbewegung werden lassen. 20 Millionen Bundesbürger sind eingetragene Mitglieder in 60.000 Vereinen. Hinzukommen rund 2.500 Sportstudios und Fitnesscenter. Deutlich zugenommen hat die Zahl der nicht organisierten Freizeitsportler — und die Unfallrisiken im Sport auch. *Die meisten Verletzungen zogen sich in den letzten fünf Jahren die Anhänger des Ballspiels (Fußball, Handball, Volleyball) zu:* Für 3,9 Millionen endete das Ballspiel in der Arztpraxis. Auch Wintersportler lebten gefährlich. 2,4 Millionen Abfahrts- und Langläufer, Schlittschuhläufer und Rodler haben Bekanntschaft mit dem Arzt gemacht. Modesportarten wie Tennis und Jogging forderten ebenfalls ihren Tribut: Jeweils 1,9 Millionen Freizeitsportler haben sich beim Tennis und Jogging verletzt. Wer prestigebewußt lebt — lebt offenbar gefährlich: Jeder vierte Leitende Angestellte (27 %) hat in den letzten fünf Jahren wegen einer Tennisverletzung den Arzt aufsuchen müssen, jeder fünfte wegen einer Verletzung beim Wintersport (20 %) oder beim Jogging (18 %) — ganz im Gegensatz zu den Arbeitern, die beim Tennis (3 %), Wintersport (3 %) oder Jogging (2 %) fast gar keine Unfallrisiken eingingen, weil sie diese Sportarten auch kaum ausübten. *Freizeitsport wird zum Unfallrisiko Nr. 1.* In Wartezimmern von Orthopäden und Chirurgen finden sich immer mehr Freizeitsportler ein: Überdehnung der Bänder, Sehnen und Gelenke, Muskelrisse und Knochenbrüche lauten die Beschwerden. In der Freizeit lebt man gefährlicher als in der Arbeit. Die meisten

Macht Freizeit krank?

Wachsende Unfall- und Krankheitsrisiken auf Reisen und beim Freizeitsport

Frage: „Wir haben hier einmal eine Reihe von Unfallrisiken ge-
sammelt, die in der Freizeit, im Urlaub, bei Sport und Spiel
entstehen können. Von welchen der folgenden Unfälle
oder Verletzungen sind Sie persönlich in den letzten fünf
Jahren betroffen gewesen, so daß eine ärztliche Behandlung erforderlich wurde?"

Antwort: Trifft zu (Mehrfachnennungen möglich)

1. Hautverletzungen (z. B. Sonnenbrand nach zu intensivem Sonnenbad)	7,3 Mio (15 %)
2. Reisekrankheiten im Urlaub (z. B. Infektionen, Magen-Darm-Erkrankungen, Gelbsucht, Cholera, Typhus)	3,9 Mio (8 %)
3. Verletzungen beim Ballspielen (z. B. Fußball, Handball, Volleyball)	3,9 Mio (8 %)
4. Verletzungen beim Wintersport (z. B. Abfahrts-, Langlauf, Schlittschuhlaufen, Rodeln)	2,4 Mio (5 %)
5. Verletzungen beim Fahrrad-, Motorradfahren in der Freizeit	2,4 Mio (5 %)
6. Verletzungen beim Tennis sowie Tischtennis, Squash, Golf	1,9 Mio (4 %)
7. Verletzungen beim Jogging und in der Leichtathletik	1,5 Mio (3 %)
8. Verletzungen beim Autofahren in der Freizeit	1,5 Millionen Bundesbürger (3 %)

Repräsentativbefragung von 2000 Personen ab 14 Jahre
Quelle: B·A·T Freizeit-Forschungsinstitut 1986

Unfälle passieren heute in der Freizeit — zu Hause und im Urlaub, bei Hobby,
Sport und Spiel. Freizeitunfälle rangieren in der Statistik schon deutlich vor
Verkehrsunfällen, vor Arbeits- und vor Schulunfällen. Für Freizeitunfälle
kommt die gesetzliche Unfallversicherung nicht auf und auch Berufsgenossen-

schaften zahlen nur bei Arbeitsunfällen. Kommt es bei Freizeitunfällen gar zu vorübergehender Arbeitsunfähigkeit, kann dies im Einzelfall Verdienstausfall zur Folge haben.

Selbst so harmlose Freizeitbeschäftigungen wie Fahrradfahren werden immer mehr zum Unfallrisiko: Nach der B.A.T Umfrage gab es in den letzten fünf Jahren 2,4 Millionen Bundesbürger, die Fahrrad- und Motorradfahren zur Freizeitbeschäftigung machten und dabei verunglückten. Hiervon besonders betroffen war jeder siebte Jugendliche im Alter von 16 bis 19 Jahren (15 %). Nach Informationen der Deutschen Gesellschaft für Mund-, Kiefer- und Gesichtschirurgie zeigt gerade in ausgesprochenen Fahrrad-Städten wie Münster die Unfallkurve mit schweren Kopfverletzungen (Jochbein- und Schädelbasisbrüchen) steil nach oben.

Die Ursachen

Der *Facharzt für Freizeitmedizin* wird in Zukunft ein neues Betätigungsfeld finden. Neben der Arbeitsmedizin wird es künftig auch eine freizeitorientierte Medizin geben müssen, die sich den neuen Aufgaben der Prävention und Gesunderhaltung in der Freizeit stellt. Die volkswirtschaftlichen Kosten durch Sportunfälle liegen inzwischen bei 850 bis 930 Millionen Mark pro Jahr.

Weil es eine kompetente freizeitmedizinische Beratung nicht gibt, verwechseln Millionen von Bundesbürgern die Bewegungslust mit Bewegungswut.

Gestreßt von der Arbeit kommen sie am Feierabend nicht zur Ruhe: Zu wenig ausgeruht und entspannt stürzen sie sich in das Reiseabenteuer Urlaub, schwimmen auf jeder Fitneßwelle mit, tummeln sich in Volks- und Marathonläufen oder messen ihre Kräfte im Wettkampfsport.

Übermüdung, Überschätzung und Überlastung sind die Hauptursachen für Freizeitunfälle.

90 Prozent aller Freizeitunfälle sind vermeidbar. Nach den Erkenntnissen des Verbands der Haftpflicht-, Unfall-, Auto- und Rechtsschutzversicherer (HUK-Verband) sind fast alle Freizeitunfälle auf *gravierende Verhaltensfehler* zurückzuführen. Nur an weniger als einem Prozent aller Unfälle ist schadhaftes Gerät schuld. Allerdings ist das persönliche Problem- und Schuldbewußtsein hierfür allgemein unterentwickelt. Bei Freizeitunfällen wird selten von ,,Unfall'' gesprochen. Wem so etwas ,,Dummes'' passiert, der hat eben ,,Pech'' gehabt. Im subjektiven Empfinden hat Unfall etwas mit Ursache und Schuld und Verantwortung zu tun — und wer möchte das schon eingestehen? Die Unfallursache wird daher nicht im eigenen Handeln gesucht, sondern als ,,Tücke des Objekts'' ent-schuldigt, als etwas, was einem schicksalhaft von außen zustößt, gegen das man sich fast nicht wehren kann (Pfundt 1985, S. 194).

Athlete's foot (Fuß-Mykose)
Black heels (Sportschuh-Bluterguß)
Bowling Ellenbogen (Insertionstendopathie)
Boxer-Nase (Deformierung)
Disco felon (Nagelbettentzündung bei Modetanz
Disco-Schwerhörigkeit (Lärmtrauma)
Fechter-Ellenbogen (Insertionstendopathie)
Fernseh-Thrombose (Beinvenenthrombose durch Ruhestellung)
Frisbee finger (Haut-Abrasion an der Wurfhand
Fußballer-Knie (Bänder- und Meniskusschaden)
Goggle migraine (Schwimmbrillen-Migräne mit Hemianopsie)
Golfer-Ellenbogen (Insertionstendopathie)
Golf-Schulter (Entzündung der Bizeps-Sehne)
Jogger's ankle (Schaden an der Achillessehne durch Dauerlauf)
Jogger's foot (Tenosynovitis bzw. Belastungsfraktur nach Dauerlauf)
Jogger's knee (Synovitis bzw. Chondromalazie am Knie nach Dauerlauf)
Judo-Jogger's itch (Pruritus nach Judo, Dauerlauf)
LASER-Disco maculopathia (Macula-Schädigung durch Laser)
Plastikgeschoß-Traumen (Demonstrations-Verletzungen)
Ringer-Herpes (Kontakt-Infektion)
Roller-discos-injuries (Verletzungen durch Rollschuhlaufen, Skateboard)
Ski-Stiefelrand-Bruch (Fraktur durch fehlerhafte Sicherheitsbindungen
Slot-machine Tendinitis (Entzündung der Bizepssehne durch Maschinenbe-
    dienung im Spielkasino)
Soralien-Erythem (Dermatitis solaris nach Sonnenbad)
Space-invader wrist (Überlastungsschaden am Handgelenk nach Steuerknüp-
    pel-Betätigung beim Videospiel)
Surfer-Knoten (Bursitis infrapatellaris)
Taucher Flöhe (Intradermale Gasblasen nach übereiltem Auftauchen)
Tennis-Bein (Muskelriß des M. gastrocnemius)
Tennis-Ellenbogen (Insertionstendopathie)
Tennis-Schulter (Überdehnungsschaden)
Waterskier's enema (Analerythem, Meläna nach Aufprall bei Wasserski-Fah-
    ren

Quelle: J. Thürauf: Freizeit-Krankheiten und freizeittypische Unfälle
    In: Deutsches Ärzteblatt, Jg. 82, H. 9 (1985)

Dies läßt sich an einem Beispiel aus der Statistik des Wintersports verdeutlichen. Der Deutsche Skiverband rechnet pro Wintersaison mit durchschnittlich 71.000 Skiunfällen. Die Zahl der schweren Verletzungen hat seit 1980 um 17 Prozent zugenommen, die Zahl der Verletzten mit stationärer Behandlung im Krankenhaus um 6 Prozent. Während die Unterschenkelverletzungen aufgrund verbesserter Skibindungen deutlich rückläufig sind, blieb der Anteil der Kopf- und Rumpfverletzungen, die zumeist auf überhöhte Geschwindigkeit zurückzuführen sind, konstant. Ein deutlicher Anstieg ist hingegen bei den tödlichen Skiunfällen zu beobachten, bei denen fast immer Fehlverhalten bzw. Eigenverschulden vorliegt — entweder durch Zusammenstoß mit Skifahrern oder durch Aufprall an Bäumen, Absperrungen oder Lichtmasten.

> Fast die Hälfte aller Unfalle geschieht an Samstagen und Sonntagen zwischen 14 und 16 Uhr. Bei Schönwetter und ungehinderter Sicht ist das Unfallrisiko am größten.

Entgegen weit verbreiteter Ansicht ist das Ansteigen schwerer Skiunfälle nicht auf Alkoholismus zurückzuführen, sondern auf Übermüdung, Überschätzung und Überlastung der Freizeitskifahrer, insbesondere auf ihren *dürftigen Trainings- und Konditionszustand.* Der Anteil nicht oder nur ungenügend trainierter Freizeitskifahrer beträgt rund 70 bis 80 Prozent: ,,Zum Aufwärmen vor der Abfahrt oder für gelegentliche Erholungspausen bleibt in der selbstauferlegten Hektik des Ausnutzen-Müssens eines Skipasses kaum mehr Zeit'' (Berghold 1986).

> Häufigste Unfallursachen sind:
> * Ungenügendes Training
> * Mangelndes Gefahrenbewußtsein
> * Erhöhte Risikobereitschaft
> * Überhöhte Fahrgeschwindigkeit
> * Geringe oder fehlende Eigenverantwortung.

Mit der Installierung zusätzlicher Sicherheitseinrichtungen (z.B. Schutz- oder Fangnetze) ist es nicht getan. Dies würde nur ein trügerisches Sicherheitsbewußtsein hervorrufen, die Risikobereitschaft noch weiter erhöhen und damit für neue Gefahrenquellen sorgen.

Mehr Information, Aufklärung und Eigenverantwortung

So kommt als Problemlösung nur mehr Information und multimediale Aufklärung infrage mit dem Ziel, die Eigenverantwortung des Freizeitsportlers zu erhöhen. Jeder Freizeitsportler muß sich in der freien Natur die Linien seines Bewegungsspielraums selbst ziehen: ,,Er selbst muß das Netz sein, das ihn sichert'' (E. Ulmrich/DSV), d.h. er muß die Unfallgefahren kennen und einschätzen können und sich seiner Eigenverantwortung (und damit auch möglichen Eigenschuld) bewußt werden.

> Die Steigerung der Eigenverantwortung des Individuums ist der einzig wirksame Ansatz — auch für eine Neuorientierung der Gesundheitspolitik. Bisher wurden Gesundheit und Medizin meist gleichgesetzt. Doch nicht die Medizin, sondern das individuelle Verhalten, der Lebensstil ist der wichtigste gesundheitsbestimmende Faktor.

Die Gesundheit läßt sich zu etwa 50 Prozent durch Veränderungen von Lebensstil und Lebensgewohnheiten beeinflussen. Weitere 20 Prozent gehen auf Umwelteinflüsse, 10 Prozent auf human-biologische Faktoren und lediglich 20 Prozent auf das Gesundheitssystem und die medizinische Versorgung zurück (vgl. Hauser 1983 und 1984). Für Politiker heißt das konkret: Die vielbeschworene Kostenexplosion im Gesundheitswesen läßt sich am ehesten durch Veränderungen im Lebensstil der Menschen und weniger durch das Gesundheitssystem selbst verhindern.

Das bedeutet aber auch: Sportunfälle, Freizeit- und Reisekrankheiten lassen sich in ihren Ursachen nicht auf ,,Schicksal" oder ,,persönliches Pech" zurückführen. Sie müssen zum größten Teil als Folge menschlichen Fehlverhaltens gesehen werden. Ändern sich Verhaltens- und Lebensweise, ändern sich auch Gesundheits- oder Krankheitszustand. Dies entspricht im übrigen dem Lebensweisen-Konzept der Weltgesundheitsorganisation.

Warnung vor Dramatisierung

Die Medizin kennt mittlerweile rund 70 Freizeiterkrankungen, wobei Tennisarm und Golfellenbogen, Joggerknie und Surferknoten inzwischen traurige Berühmtheit erlangten. Gleichzeitig nahmen psychosomatische Erkrankungen wie Wochenendneurosen und Feiertagsdepressionen, Sonntagskopfschmerzen und Urlaubsmigräne zu. Mit mehr Freizeit und Urlaub kommen neue Aufgaben der Prävention und Gesunderhaltung auf die Medizin und die medizinische Ausbildung der Ärzte zu. Die Freizeitentwicklung wird zur Herausforderung für Gesundheitspolitik und gesetzliche Gesundheitserziehung, die bisher nur ‚Arbeitsfähigkeit' und ‚Arbeitsunfähigkeit' als kassenärztliche Leitbegriffe kennen. Diese Auffassung wird auch von Vertretern der Medizin und Gesundheitspolitik geteilt.

Gesundheitsbezogene Freizeitberatung als Präventivmaßnahme

In der Bundesrepublik Deutschland gibt es vereinzelte Ansätze einer therapeutischen Freizeitberatung in Kliniken und Sanatorien, in denen Langzeitpatienten beraten und aktiviert werden. Was bisher fehlt, ist eine mehr präventiv- und gesundheitsbezogene Freizeitberatung. Sie läge im öffentlichen Interesse, wäre eine ebenso soziale wie gesundheitspolitische Aufgabe. Eine gesundheitsbezogene Freizeitberatung könnte Unfall- und Krankheitsrisiken in Freizeit und Urlaub mindern und langwierige Behandlungen und Therapien verhindern helfen. Dies könnte geschehen durch Information, Aufklärung und Beratung in

— Kindergärten,
— Schulen,
— Sportvereinen und -verbänden,
— Kurorten, Kliniken und Sanatorien,
— Kommunalverwaltungen und
— Medien.

Insbesondere in den Schulen wird bisher zu wenig darüber aufgeklärt, daß *richtig dosierte Freizeitsportaktivität und gesunder Lebensstil zusammengehören* und neben dem Wettkampf- und Leistungssport *der Life-time-Gedanke und die ganzheitliche Betreuung im Freizeitsport wichtiger werden.*

Eine gesundheitsbezogene Freizeitberatung wäre systematisch einzuordnen als Teil einer umfassenden Daseinsvorsorge für den Bürger. Für die Politik besteht ein gesundheits- und freizeitpolitischer Handlungsbedarf, der immer dringender wird, zumal das öffentliche nichtkommerzielle Freizeitangebot heute noch so dürftig ist wie zu Zeiten der Vollbeschäftigung Anfang der 70er Jahre. Vor dem Hintergrund einer wachsenden Zahl von Nichterwerbstätigen, von Arbeitslosen, Vorruheständlern und Sozialhilfeempfängern wird es in Zukunft auch *„soziale Freizeitdienste"* (Opaschowski 1973) geben müssen — Angebote und Hilfen für Bevölkerungsgruppen, die vom kommerziellen Freizeitangebot weitgehend ausgeschlossen bleiben.

Resümee

Es muß wohl nicht eigens darauf hingewiesen werden, daß die Behandlung medizinischer Freizeitprobleme nur die Schattenseite darstellt. Der Frage „Macht Freizeit krank?" kann in gleicher Weise die Frage „Macht Freizeit glücklich und gesund?" vorgeschaltet werden.

Unbestritten ist: Das gestiegene Gesundheitsbewußtsein in der Bevölkerung, die Breiten-sportbewegung und die Fitnesswelle haben es geschafft, daß der Tod durch Herzinfarkt (insbesondere bei den über 50jährigen) deutlich rückläufig ist. Und: Viele Menschen werden krank, wenn sie sich vom Arbeitsstreß erholen und zur Ruhe kommen. So gesehen sind manche sogenannten ,,Freizeit"-Krankheiten schon vorher da und nicht ursächlich in Freizeit oder Urlaub entstanden.

Solange Sporttreiben nicht übertrieben wird, ist regelmäßige Bewegung geradezu lebensnotwendig. Wer indessen den Unfallrisiken im Freizeitsport ganz aus dem Weg gehen will, indem er nun gar nichts mehr tut und seine Freizeit nur noch hinter dem Ofen oder vor dem Fernsehschirm verbringt, dem droht ein anderes Freizeitleiden: Die ,,Fernseh-Thrombose", die Bildung von Blutgerinnseln in den Beinen und Blutleere im Gehirn auch. Bewegungsmuffel leben genauso gefährlich.

Freizeitkrankheiten in Zahlen (Ergebnisse der B.A.T Umfrage)	
Reisekrankheiten:	Jährlich etwa 0,65 Millionen Bundesbürger ab 14 Jahren (das sind 2,3 % aller 27,6 Millionen Urlaubsreisenden ab 14 Jahren)
Sportunfälle:	Jährlich etwa 1,8 Millionen Bundesbürger ab 14 Jahren (das sind 8,2 % der ,,Sport treibenden Bevölkerung ab 14 Jahren" = 22 Mio/45 %)
Freizeitunfälle: (Sport, Fahrrad, Motorrad)	Jährlich etwa 2,4 Millionen Bundesbürger ab 14 Jahren (zum Vergleich: HUK-Schätzung 1985: 2,4 bis 3 Mio)

5. Freizeit als Gegenstand der Forschung

5.1 Identitätskrise in den 60er und 70er Jahren

Die Freizeitforschung steckte bis Ende der 70er Jahre in einer Identitätskrise. Die Erkenntnisse führten in eine Sackgasse und bescherten uns ,,Datenfriedhöfe". Die Hauptursache: Freizeitforschung war fast ausschließlich beschreibend und weniger begründend und ursachenerforschend angelegt. Es fehlten Lebensstilanalysen und Erklärungen über Prozesse sozialen Wandels.

Ideologische Prämissen

Stattdessen ging die Freizeitforschung fast einheitlich von ideologischen Prämissen aus. Und so sahen die Hauptaussagen aus:

1. Freizeit ist ein Produkt der Industriegesellschaft
Weil die Freizeit unter dem ,,gesellschaftlich notwendigen Diktat der Arbeit" (Habermas) steht, gilt sie als ,,Produkt der modernen industriellen Revolution (Giesecke), als ,,typisches Produkt industrieller Gesellschaften" (Schneider) und hat infolgedessen ,,noch nicht einmal oder im Höchstfall das Alter einer durchschnittlichen Generationszeit" (Strzelewicz).

2. Freizeit ist ein Gegenpol zur Arbeit
Freizeit wird als ,,Antipode" (Sternheim), ,,Gegengewicht" (Küchenhoff), ,,polarexistentieller Lebensraum" (Blücher), ,,Komplementärbegriff" (Schelsky), ,,zeitliche Restkategorie", die ,,frei ist von Berufsarbeit" (Jütting), ,,Reaktion auf verbindlich gewordene Arbeit" (Eichler), ,,notwendiges Korrelat" (Achinger) und ,,kompensatorisches Erlebnisfeld zu Beruf und Arbeit" (Haseloff) gesehen, d.h. ,,Freizeit" und ,,Arbeit" gelten als zwei ,,grundsätzlich voneinander geschiedene Welten" (Kluth).

3. Freizeit ist ein eigenständiger Lebensbereich
Freizeit wird als ,,eigenständiger Lebensbereich" (Nahrstedt), als ,,neue Lebensform der Gesellschaft" (Zahn), ,,struktureller Sektor" (Hansen/Lüdtke), ,,Größe ,sui generis'" und als ,,Raum mit Eigenwert" (Blücher) verstanden.

4. Freizeit ist eine Sphäre des Privaten

In der Industriegesellschaft zerfällt die menschliche Existenz in eine ,, ‚öffentliche' und eine ‚private' Existenz" (Scheuch), in eine ,,berufliche Sphäre und eine private Freizeitexistenz" (Blücher), in eine ,,öffentliche und pflichtgemäße" und eine ,,private und eigene Existenz" (Lichtenstein), in ,,Dienst und Arbeit auf der einen, Freizeit und Privatheit auf der anderen Seite" (Schelsky).

5. Freizeit ist ein Raum der Selbstbestimmung

Wachsende Monotonie und ‚Sinnentleerung' der modernen Arbeit geben der Freizeit eine ,,Äquivalenz- und Ausgleichs-Funktion" (Schelsky), die ,,Erfüllung" (Habermas) verspricht: ,,Freizeit ist der Anfang der Menschenwürde" (König). Der ,,Fremdbestimmung im Arbeitsleben" steht die ,,Selbstbestimmung im Freizeitleben" (Bornemann/Böttcher) gegenüber.

Das vorherrschende Freizeitverständnis und Freizeitverhalten wurde in bedenklich unkritischer Weise mit fundamentalen Freizeitbedüfnissen gleichgesetzt. Der Freizeitforschung der 60er und 70er Jahre mußte der Vorwurf gemacht werden, daß sie ohne soziologische Denkweise, ohne Vorstellungskraft und ,,imagination" (C. Wright Mills) operierte und sich in datensammlenden Verfahren erschöpfte. Der Freizeitforschung mangelte es an sozialer Phantasie, an der Fähigkeit, sich die Welt anders vorstellen zu können als sie ist. Soziale Phantasie entwickeln, heißt, sich Neues vorstellen und alternative Positionen formulieren zu können. Imagination und Intuition, verbunden mit Sozialkritik und einer Vorstellung von Gesellschaft überhaupt, — diese sozialwissenschaftlichen Qualitäten zeichneten die damalige Freizeitforschung nicht aus.

Die von der Freizeitforschung ermittelten fünf Hauptkennzeichen der modernen Freizeit basierten auf einem *falschen sozialhistorischen Ansatz,* so daß zwangsläufig falsche Schlüsse gezogen wurden, die zu falschen planerischen und politischen Maßnahmen geführt haben. Freizeit wurde als Gegensatz zur Arbeitszeit festgeschrieben und als Bereich individuell frei verfügbarer Zeit definiert. Dabei wurde übersehen, daß

1. das Hauptkennzeichen der Freizeit — die Disponibilität - mehrdeutig und nicht auf einen bestimmten Zeitabschnitt festlegbar ist,
2. die Polarisierung von Arbeit und Freizeit kein Naturgesetz, sondern das Ergebnis einer bestimmten sozialgeschichtlichen Entwicklung und damit auch veränderbar ist.

Während des zweiten deutschen Freizeitkongresses im September 1972 in Gelsenkirchen fiel erstmals das folgenschwere Wort von der ,,Verdoppelung der Wirklichkeit". Die Pädagogen warfen den Vertretern der Freizeitsoziologie vor, sie machten die Freizeitforschung zu einem ,,ausbeutungsfähigen Abfallprodukt" der Arbeitswelt. Die soziologische Freizeitforschung erschöpfte sich darin, schon vorhandene Verhältnisse oder Vorhergesagtes (eben weil es vorhergesagt war) zu bestätigen, damit die Privilegien der Freizeitindustrie erhalten blieben. Bloße Datensammlungen (z.B. Zeit-Budget-Forschungen) und unzureichende Forschungsinstrumentarien (etwa die Fragestellungen) führten dazu, daß die Ergebnisse in der Regel mit den vorherigen Erfahrungen übereinstimmten. Geglaubtes Wissen würde nicht infragegestellt. Soziologische Freizeitforschung sei eine unkritische Erfahrungswissenschaft ohne gesellschaftspolitisches Konzept. In Zukunft müßten verstärkt Fragen nach den strukturellen Veränderungen in unserem Sozialsystem gestellt und Alternativen aufgezeigt werden. Künftige Freizeitforschung dürfe nicht nicht nur falsche Zustände diagnostizieren und zementieren, sie müsse vielmehr das von Hartmut von Hentig auf dem Kongreß vorgetragene Konzept aufgreifen und ,,Erfahrungen mit anderen Möglichkeiten möglich machen".

Minderheitenforschung

Die soziologische Freizeitforschung war der bloße Reflex einer als schicksalhaft empfundenen Zweiteilung des modernen Lebens in ein ,,Arbeitsleben" und ein ,,Freizeitleben". Die Freizeitforschung war ein Opfer ihrer eigenen Ideologie geworden, die vorgab, das Leben von Kleinkindern, Hausfrauen und Rentnern, von Landwirten, selbständigen Kaufleuten und Top-Managern sei ebenso einem zwangsgesetzlichen Tagesdualismus von Arbeitszeit und Freizeit unterworfen wie das der in der Fließbandproduktion Beschäftigten.
Die soziologische Freizeitforschung war zur Minderheitenforschung geworden. Für das Freizeitverhalten der Mehrheit der Bevölkerung in der Bundesrepublik, nämlich der Gruppe der *Nicht-Erwerbstätigen* (ca. 58 Prozent) fand sie so gut wie keine Erklärung. Um dem Dilemma aus dem Wege zu gehen, flüchtete sie sich meist in Verlegenheitslösungen. So sagte Hanhart: ,,Deshalb können wir auch weder beim vorschulpflichtigen Kinde, noch beim pensionierten Beamten von Freizeit reden, ohne den Begriff über Gebühr zu forcieren... Die Freizeit des Jugendlichen, des Pensionierten und die Freizeit der Frau (der berufstätigen Frau wie der Hausfrau) sind zum Teil so anders gelagert, daß wir uns hier mit diesen Fragestellungen nicht beschäftigen können" (Hanhart 1964, S. 32). Ähnlich Scheuch: Bei Nur-Hausfrauen ,,sind diese Perioden von Nicht-Arbeit keineswegs gleichbedeutend mit Freizeit. Ebenso entfällt bei den meisten Pensionären mit Fortfall der Arbeit die Voraussetzung, den Zuwachs an freier Zeit auch als Zuwachs an Freizeit zu deuten; erhebungstechnisch drückt sich dies als Schwierigkeit aus..." (Scheuch 1977, S. 80).

Weil sich bestimmte Tätigkeiten als „freizeitindifferent" erwiesen, war eine Abgrenzung zwischen Arbeitszeit und Freizeit kaum oder gar nicht möglich:

○ Die in der *Landwirtschaft* Tätigen kennen keinen äußeren zeitlichen „Tagesdualismus" (Schelsky). Bei dieser Berufsgruppe sind Wohn- und Arbeitsstätte in der Regel nicht voneinander getrennt. Die überwiegend selbstbestimmten Tätigkeiten verhindern die Entstehung eines polarexistentiellen Verhältnisses von Arbeit und Freizeit.

○ In *freien (selbständigen) Berufen* lassen sich Arbeitszeit und Freizeit weder messen noch gegeneinander abheben. Durchführung und Einteilung der Arbeit sind nicht vorgeschrieben und bestimmte Tageszeiten nicht festgesetzt. Selbst private Einladungen, Restaurantbesuche, Parties und ähnliches können nicht als ausschließliche Freizeitaktivitäten gewertet werden, da sie mit geschäftlichen Gesprächen verquickt sind oder gar geschäftliche Entscheidungen zur Folge haben.

○ Im *Top-Management* verwischen berufliches Engagement und Repräsentationspflichten die Grenze zwischen Arbeit und Nicht-Arbeit. Kreativität, Geselligkeit und Freundschaften werden oft innerhalb des Berufes „gefunden". Mit der einseitigen Fixierung auf Arbeit und Beruf wächst auch der Wunsch nach mehr Zeit für außerberufliche Tätigkeiten.

○ Die Lebenssituation der *Hausfrauen* ist nicht durch eine Zweiteilung des Tagesablaufs charakterisiert. Arbeitstätigkeiten und Freizeitaktivitäten gehen ineinander über, sind integrale Bestandteile, nicht eigenständige Bereiche ihres Lebensfeldes. Deshalb vergleichen die Freizeitsoziologen die Tätigkeit der Hausfrauen mit der „vorindustriellen Arbeitssituation", wobei „vorindustriell" eine Art von Arbeitsvollzug bezeichnet, bei dem die Arbeit über den ganzen Tag verteilt mit sehr unterschiedlicher Intensität ausgeführt wird. Hausfrauen können die Hausarbeiten beliebig dehnen (oder straffen), also mehr (oder weniger) Zeit aufwenden als unbedingt dafür erforderlich wäre. Die Beschäftigung mit den Kindern zum Beispiel ist für den berufstätigen Ehemann Bestandteil seiner Freizeit, nicht jedoch für die Hausfrau, die im objektiven Sinne auch innerhalb ihrer frei verfügbaren Zeit keine Freizeit hat.

○ Mit Erreichen der Pensionierung wird die neue Lebenssituation für viele *Ruheständler* zum Problem. Dieses Problem ist nicht eigentlich ein Freizeitproblem, sondern dessen Produkt, das heißt eine Folge der lebenslangen Polarisierung von Arbeit und Freizeit. An die Stelle des einen Lebenspols („Arbeit") tritt mit dem Ende der Erwerbstätigkeit ein Vakuum — das zweipolig konstruierte „Lebensgehäuse" bricht zusammen. Aus diesem Grund ist für Angehörige „freier Berufe" diese zeitliche Lebensdauer weniger problematisch. Ein Teil der Lehrer beschäftigt sich zum Beispiel intensiver als vor der Pensionierung mit einem dem früheren Unterrichtsfach nah verwandten Interessengebiet. Den Angehörigen freier Berufe fällt das Ausscheiden aus dem Beruf deshalb leichter, weil es während ihres Lebens keine Kluft zwischen beruflicher und nichtberuflicher Existenz gab.

Stagnation der Begriffsbildung

Eine Hilflosigkeit der Freizeitsoziologie gegenüber diesen Fragen und Problemen war festzustellen. Infolge eines zu eng gefaßten Kategoriensystems, das nur zwischen ,,Arbeitszeit" und ,,Freizeit", zwischen ,,Reich der Notwendigkeit" und ,,Reich der Freiheit" unterschied, stand die soziologische Freizeitforschung der Erfassung und Systgematisierung vieler sogenannter ,,Freizeitkativitäten" hilflos gegenüber. Die mittlerweile schon populärwissenschaftlich anmutende Frage, ob es Arbeit oder Freizeit ist, wenn beispielsweise

○ ein Schüler an Sportveranstaltungen innerhalb der Schule teilnimmt,
○ eine Hausfrau sich über den Zaun mit der Nachbarin unterhält,
○ ein Industriearbeiter ein Fachbuch liest,
○ ein Rechtsanwalt Gartenarbeiten verrichtet,
○ ein Geschäftsman sich zum Essen im Restaurant verabredet,

machte seit Jahren in mehr oder minder variierter Form in der sich interdisziplinär entwickelnden Freizeitforschung die Runde, ohne daß die Freizeitsoziologie eine befriedigende Antwort darauf gefunden hätte. Mit H. Lüdtke war daher zu Recht für den Bereich der empirischen Freizeitforschung eine Stagnation der Begriffsbildung festzustellen: ,,Das Dilemma einer eindimensionalen Klassifikation von Freizeitaktivitäten" wurde deutlich, die ,,Unfähigkeit des Ansatzes, einen theoretischen Freizeitbegriff zu konzipieren, der mehr umfaßt als die Menge der nominal definierten Aktivitäten" (Lüdtke 1972a, S. 78).

Hinsichtlich der Begriffsbildung erzielte die Freizeitforschung in den letzten fünfzig Jahren keinen wesentlichen Fortschritt. Bereits 1934 hatten Lundberg, Komarovsky und Mc Inerny die Freizeit definiert als ,,die Zeit, in der wir frei sind von den mehr äußeren und formalen Pflichten, die uns die bezahlte Berufsarbeit oder eine andere obligatorische Beschäftigung auferlegt" (Lundberg u.a. 1934, S. 21).

Geradezu als Rückschritt mußte es erscheinen, was D.H. Jütting nach seinen umfangreichen Analysen 1976 vorschlug. Einerseits wollte er auf eine plausible Definition der ,,Freizeit für ,alle' " (S. 19) verzichten, andererseits forderte er, die Freizeit ausschließlich nach erkenntnisleitenden Interessen zu definieren, was dann bei Jütting so aussah: ,,Freizeit ist die Zeit im Leben eines Menschen, die frei ist von Berufsarbeit, den beruflichen Wegezeiten und der physischen Regenerationszeit (Schlaf, Hygiene, Mahlzeiten)" (Jütting 1976, S. 19). Hierbei handelte es sich um die fast wortgetreue Abschrift der für pragmatisch-empirische Zwecke formulierten Freizeitdefinition von Schmitz-Scherzer (Schmitz-Scherzer 1974, S. 11). Die Innovation blieb aus. 1979 beschritt G. Eichler einen anderen Weg, um der feststellbaren Stagnation der Begriffsbildung zu entgehen:

○ Er zweifelte die ,,Existenzberechtigung" des Begriffs an und wollte den Begriff ,,Freizeit" (im Sinne von ,,Freiraum") ganz fallenlassen.

○ In Ermangelung eines anderen (alternativen) Wortes entschied er sich dennoch für eine weitere Verwendung des Begriffs Freizeit, weigerte sich aber, den Begriff zu definieren: ,,Wir müssen also darauf verzichten, ,unseren' Begriff von Freizeit vorzustellen und schlagen vor, wieder ,ganz am Anfang' zu beginnen: Bei der Untersuchung *arbeitsfreier Zeit"* (*Eichler* 1979, S. 140).

Eichler stand 1979 wieder da, wo Habermas 1958 aufgehört hatte — bei der Unterscheidung von Arbeitszeit und Nicht-Arbeitszeit. Wie Habermas entschied er sich für eine negative Verwendung des Begriffs — ausschließlich bezogen auf die ,,Freizeit des Berufstätigen" (S. 140). Eichlers selbstkritischer und konsequenter Theorieansatz verdient Anerkennung — die Stagnation von Begriffsbildung und Theoriediskussion aber ist geblieben.

5.2 Freizeitforschung als Zeitbudgetforschung

Die internationale Zeitbudgetforschung stellt einen bedeutsamen Teil der empirischen Freizeitforschung dar. Durch methodisch weitgehend identische Befragungen in verschiedenen Ländern gelingt es, grundlegende Erkenntnisse über Zeitaufwand (Umfang) und Zeitverbrauch (Nutzung) in vergleichbaren Industriegesellschaften zu gewinnen. Im Mittelpunkt der Untersuchungen steht die freie Zeit, also die für das Individuum frei und persönlich verfügbare Zeit. Da ein großer Teil der Freizeittätigkeiten kaum oder gar nicht bewußt bzw. nicht zielgerichtet ausgeführt wird, und freie Zeit gerade durch ein Mindestmaß an Zeitplanung und damit auch an Zielbewußtsein gekennzeichnet ist, stellen sich erhebungstechnisch große Schwierigkeiten ein, weil nicht alle Aktivitäten erfaßt werden können. Hinzu kommt das Nebeneinander und gleichzeitige Ausüben von mehreren Aktivitäten (z.B. Radio hören, Lesen). Zeitbudgetergebnisse haben mehrdeutigen Charakter. Neben prinzipiellen theoretischen und methodischen Mängeln haben Zeitbudgetstudien immerhin den

Vorzug, ,,daß sie erste brauchbare empirische Anhaltspunkte liefern, die die gröbsten Illusionen und Spekulationen über die ,Freizeit' eindeutig widerlegen" (Dahlmüller u.a. 1974, S. 42f.).
Als derzeit wichtigste Erhebungsmethoden für das Zeitbudget (vgl. Andritzky 1977, S. 13) können gelten:

1. Selbstaufzeichnungen über einen *Brief-Fragebogen.* Bei entsprechend konkreten Fragestellungen bringen die Selbstaufzeichnungen relativ genaue und gültige Ergebnisse.
2. Selbstaufzeichnungen durch ein *Tagebuch.* Die Selbstaufzeichnung ist stark vom individuellen Ausdrucksvermögen *und* der Mitarbeiterwilligkeit des Befragten abhängig.
3. Interview kombiniert mit einer *Aktivitäten-Checkliste.* Ein Abfragen im persönlichen Interview führt zu schnellem Ermüden, da eine große Zahl der aufgeführten Aktivitäten nicht zutrifft.
4. Persönliches *Standard-Interview.* Vollstandardisierte Fragen wie ,,Haben Sie Tätigkeit X ausgeübt?" berücksichtigen zu wenig schichtspezifische Aspekte bzw. unterschiedliche Bedeutungen gleicher Freizeitaktivitäten, die sich aus der Verschiedenheit der sozialen Lebenswelt ergeben.
5. Interview mit Erinnerungshilfe *(,,Gestern-Interview").* Erinnerungshilfen mit Check-Listen bringen relativ umfassende Berichte auch über selten ausgeübte Aktivitäten, sind aber stark an Mittelschicht-Werten orientiert.

Am günstigsten ist immer noch die Kombination mehrerer Methoden (z.B. Gestern-Interview + Tagebuchaufzeichnung + Erinnerungs-Interview).

5.3 Freizeitforschung als Lebenszeitforschung

Das Definitionsproblem ist das unbewältigte Problem, Freizeit immer nur in Abhängigkeit von Erwerbsarbeit zu sehen. Die positive Dimension der Freizeit als freie Zeit, d.h. frei verfügbare Zeit gerät dabei aus dem Blick. Das Verständnis von freier Zeit bezeichnet etwas Neues.
Bisher gehörte der Begriff Freizeit — ebenso wie der Gesundheitsbegriff und der Friedensbegriff — zu den sogenannten ,,Negativbegriffen": Gesundheit bezeichnete die Abwesenheit von Krankheit, Frieden die Abwesenheit von Krieg und Freizeit die Abwesenheit von Arbeit. In gleicher Weise, wie dies in der Gesundheits- und Friedensforschung schon praktiziert wird, muß auch die Freizeitforschung den positiven Stellenwert ihres Zentralbegriffs hervorheben. Nach dieser Neubewertung kann

○ Gesundheit als körperliches, seelisch-geistiges und soziales Wohlbefinden,

○ Frieden als soziale Gerechtigkeit im Sinne gleicher Verteilung von Macht und Ressourcen,

○ Freie Zeit als frei wählbare und selbstbestimmbare Lebenszeit

verstanden werden.

Die in der sozialwissenschaftlichen Literatur weit verbreitete, auf Karl Marx zurückgehende Auffassung, der arbeitende Mensch verkaufe seine Arbeitskraft und reproduziere sie in seiner arbeitsfreien Zeit, muß zur Klärung der gegenwärtigen Problematik erweitert werden. Mehr und mehr wird heute Arbeit als *verkaufte Lebenszeit* verstanden. Ein Unternehmer kauft dem Arbeitenden nicht seine Arbeitskraft, sondern seine Zeit ab (,,Zeitlohn"). Arbeitet der Arbeitnehmer über den vertraglich vereinbarten Zeitpunkt hinaus, dann macht er ,,Überstunden". Setzt sich ein Unternehmer für technische Verbesserungen in seinem Betrieb ein, so will er in erster Linie Zeit sparen und nicht so sehr ,,humanitär" wirken. Der Jahresurlaub wird nach ,,Arbeitstagen" berechnet, und die Nationalökonomen gebrauchen für die Berechnung der Produktionskosten oder der Fortschritte in der Produktivität den Begriff der ,,Arbeitsstunden" (vgl. auch Begriffe wie ,,Arbeitspause", ,,Arbeitswoche", ,,Arbeitsjahr"). Während Arbeitskraft regenerierbar ist, bleibt verkaufte, also bezahlte Lebenszeit unersetzbar. So gesehen kann gewonnene Zeit unvergleichlich kostbarer und wertvoller als Geld sein.

Das Freizeitverständnis hat sich grundlegend gewandelt. Quantitativ und qualitativ unterscheidet sich die Freizeit heute von früheren Freizeitformen. Auch gegenwärtig findet Erholung von der Arbeit in der Freizeit statt, aber die Freizeit ist nicht nur Erholungszeit. Für die überwiegende Mehrheit der Bundesbürger hat die Freizeit einen eigenständigen Wert bekommen. So vertreten 70 % der Deutschen die Auffassung, daß Freizeit in erster Linie die Zeit ist, in der man tun und lassen kann, was einem Spaß macht.

Aus dem negativen Freizeitbegriff, der Freizeit lediglich als Abwesenheit von der Arbeit definierte, entwickelte sich ein positives Freizeitverständnis: Freizeit ist eine Zeit, in der man ,,für" etwas frei ist. Selbst der berufstätige Bundesbürger denkt bei der Frage nach seiner eigenen Freizeitdefinition weniger an Erholung vom Berufsstreß (46 %) als vielmehr erst einmal an den eigenen Spaß (72 %).

5.4 Freizeitforschung als qualitative Forschung

In der bisherigen Freizeitforschung ging es in erster Linie um die quantitative Bestimmung von Freizeitaktivitäten — um die Frage, ,,wer" ,,was"

,,wann" und ,,wie lange" in der Freizeit macht. Hingegen hatte die Erforschung der Freizeit, ihrer Ursachen, ihrer Verwendung und deren Wirkungen mit dem tatsächlichen Bedeutungszuwachs der Freizeit nicht Schritt halten können. Das ,,Warum" und ,,Wie" des Freizeitverhaltens ist bis dahin weitgehend unerforscht geblieben, obwohl gerade das Wissen hiervon die Bereiche Wohnungsbau und Stadtentwicklung, Gesundheit und Sport, Bildung und Kultur wesentlich bereichert.

Abb. 53:

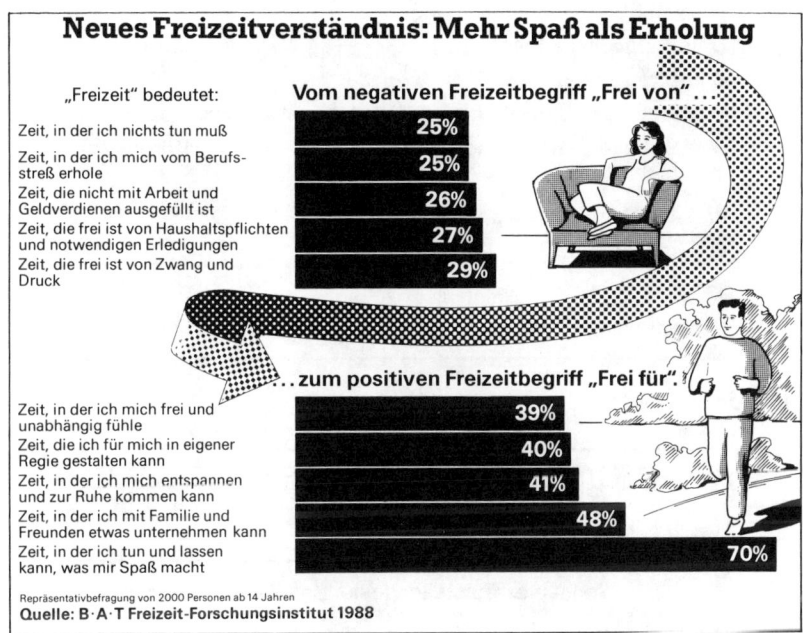

Neues Freizeitverständnis: Mehr Spaß als Erholung

„Freizeit" bedeutet:

Vom negativen Freizeitbegriff „Frei von"...

Zeit, in der ich nichts tun muß	25%
Zeit, in der ich mich vom Berufsstreß erhole	25%
Zeit, die nicht mit Arbeit und Geldverdienen ausgefüllt ist	26%
Zeit, die frei ist von Haushaltspflichten und notwendigen Erledigungen	27%
Zeit, die frei ist von Zwang und Druck	29%

...zum positiven Freizeitbegriff „Frei für".

Zeit, in der ich mich frei und unabhängig fühle	39%
Zeit, die ich für mich in eigener Regie gestalten kann	40%
Zeit, in der ich mich entspannen und zur Ruhe kommen kann	41%
Zeit, in der ich mit Familie und Freunden etwas unternehmen kann	48%
Zeit, in der ich tun und lassen kann, was mir Spaß macht	70%

Repräsentativbefragung von 2000 Personen ab 14 Jahren
Quelle: B·A·T Freizeit-Forschungsinstitut 1988

,,Die von den Sozialwissenschaftlern so genannten Freizeitaktivitäten der Bevölkerung sagen wenig oder gar nichts über tatsächliche Freiheitsgrade des Verhaltens aus. Deshalb läßt sich auch freie Zeit nicht daran erkennen, was einer tut, sondern warum und wie er es tut, aus welchen Beweggründen, mit welcher Zielsetzung und inneren Teilnahme. Wurden bisher beispielsweise ‚Fernsehen', ‚Lesen' und ‚Wandern' als selbstverständliche Freizeit-Inhalte angesehen, so lassen sich nun erst aufgrund von Motivationsanalysen genaue Aussagen über Intensität und Qualität von Freie-Zeit-Tätigkeiten machen" (Opaschowski 1976, S. 57 u. 109).

Im Mittelpunkt qualitativer Freizeitforschung (vgl. Bundesminister für Raumordnung, Bauwesen und Städtebau 1977, S. 24) stehen

Abb. 54a:

GRUPPENDYNAMISCHE ANALYSE

Feierabend: Fortbestehen des Arbeitsrhythmus

»Feierabend ist etwas, was es gar nicht gibt«
»Feierabend ist der blanke Hohn«

voll von Übergangsphänomenen, z. B.:

● Verkehrschaos, Staus

● hastiges Bier auf dem Heimweg

● Waschritual/Umziehen = aus der Arbeitshaut schlüpfen

● zahlreiche Telefone, meistens mit abgenommenen Hörern
= Kontakt zur Arbeitswelt bleibt bestehen

und Abschalt-/Untertauchsignale, z. B.:

● Fernsehgeräte

● Bier/Schnaps

Fehlen sozialer Symbole

Abb. 54b:

GRUPPENDYNAMISCHE ANALYSE

Feierabend: Ritualisierungsneigung

	Spontanes Aufstellen fester Zeit-Aktions-Pläne, z. B.
17.00	Verlassen des Büros
17.10	Bier im Stehen
17.20	U-Bahn
17.50	Ankommen zu Hause / Frau bekommt Küßchen
18.00	Waschen (mit ein bißchen Sinnieren) Umziehen
18.20	Essen mit Familie – Diskussion
ab 19.00	Fernsehen (gestört von Gesprächsversuchen der Frau)
ab 22.00	Verstärkung des Trinkens / Einlullen / Hinübergleiten in Schlaf

---

- Zeitliche Strukturen des Freizeitverhaltens
  (z.B. der Ausübung von Tätigkeiten am Werktagnachmittag oder -abend,
  Samstag-/Sonntagvormittag, -mittag, -abend, im „Urlaub zu Hause"; Zeitplanung, Zeitvertreib, Zeitvergeudung in der Freizeit);
- Verhaltensänderungen
  (z.B. Wandel der Freizeitgewohnheiten im Zeitvergleich, Entwicklungs-
  tendenzen im Freizeitverhalten, Veränderungen des subjektiven Verständ-
  nisses von Freizeit, neue Freizeitinteressengebiete)
- Freizeiterleben
  (z.B. Vielfalt und Intensität des Freizeiterlebens, Freizeitzufriedenheit,
  Gefühle der Leere, Langeweile, Initiativbereitschaft, Entwicklung spezifi-
  scher Freizeitlebensstile).

Für die qualitative Freizeitforschung reicht der Ansatzpunkt klassischer, soziologischer Forschungsmethoden, die mehr das „Außen" und die „Bewußt-
seinsebenen" erfassen, nicht mehr aus. Die Grenzen der klassischen Befragungsmethoden werden deutlich, wenn man über die Erfassung von Verhaltensweisen, Meinungen und Einstellungen hinaus in tiefere Persönlichkeits-
schichten vordringen will.

5.5 Methoden der qualitativen Freizeitforschung

Hier muß man beim Persönlichkeitskern ansetzen, bei den Motivationen,
Bedürfnisstrukturen, Antriebskräften usw., d.h. die qualitative Freizeitforschung muß die Bewußtseinssphäre verlassen und sich auch und gerade dem
vorbewußten/unbewußten Bereich zuwenden. Je weiter es gelingt, in tiefere
Persönlichkeitsbereiche vorzudringen, desto mehr verläßt man die rationale
und rationalisierende Ebene und kommt zu echten emotionalen Reaktionen.

Erste Konsequenz: Qualitative Freizeitforschung ist auf Methoden zur Analyse sonst schwer zugänglicher Motivations- und Bedürfnisstrukturen angewiesen.

Zweite Konsequanz: Durch tiefenpsychologische Analysemethoden wird emotionale Spontaneität provoziert. Die „Tiefenpersönlichkeit" prägt auch den
Kommunikationsstil in der Freizeit. Inhalte dieses psychischen Bereichs sind
ihrer Natur nach weitgehend sprachunfähig. Die Probleme sind nicht mehr
aussprechbar; sie verlieren ihre Verbalisierungsfähigkeit.

Dritte Konsequenz: Zur Analyse von Wünschen, Hoffnungen und Sehnsüchten, von Problemen, Ängsten und Konflikten in der Freizeit werden non-
verbale Methoden benötigt, die eine Bild- und Symbol-,,Sprache" fördern
und Formulierungsschwierigkeiten und Sprachbarrieren verhindern.

Vierte Konsequenz: Non-verbale Analysemethoden durchbrechen Rationalisierungs- und Kontrollierungsversuche und helfen, soziale Tabus auszuschalten. Während das rational bewußte Freizeitverhalten weitgehend vergangenheitsorientiert ist, d.h. auf gesammelten Erfahrungen aufbaut, sind Motive und Bedürfnisse aktiv-dynamischer Natur, drängen auf Veränderungen, weisen auf Lücken und Mangelzustände hin. Im Mittelpunkt qualitativer Freizeitforschung steht die Gruppen-,,Arbeit", das dynamische Miteinander. Was in Gruppen-,,Diskussionen" bereits ansatzweise geschieht, wird in der qualitativen Freizeitforschung konsequent zu Ende geführt: Es werden ausschließlich Gruppenleistungen und Teamarbeiten gewertet (und keine Einzelprodukte). Voraussetzung für dieses gruppendynamische Verfahren ist das Vorhandensein einer Kleingruppe (8-10 Personen), die einen Tag oder mehrere Stunden intensiv miteinander agiert.

Fünfte Konsequenz: Gruppendynamische Analysemethoden zeigen kollektive Vorstellungen auf und machen auf grundsätzliche, allgemeine Bedürfnisse aufmerksam. Das spielerische Miteinander-Agieren und -Gestalten macht den Teilnehmern Spaß, engagiert sie nachhaltig und langfristig. Ermüdungserscheinungen und Desinteresse am Freizeit-Thema werden durch die Gruppendynamik leicht überbrückt.

Sechste Konsequenz: Die Kombination von tiefenpsychologischen und gruppendynamischen Analysemethoden in Verbindung mit Anregungen durch Animateure (Psychologen) garantieren Motivation, Interesse und Engagement der Teilnehmer am Untersuchungsthema. Die Teilnehmer bleiben hierbei nicht passiv, werden nicht befragt, müssen nicht reagieren, sondern werden selbst zu Agierenden, die — zu Spontaneität, Phantasie und Aktivität motiviert — an einer Gruppenleistung mitarbeiten und zu Problemlösungen beitragen. Die phantasiebetonte, dynamische Interaktion in der Gruppe führt zu Leistungen und Ansätzen, die weit über das Leistungsvermögen eines einzelnen Teilnehmers hinausgehen.

Siebte Konsequenz: Der tiefenpsychologische und gruppendynamische Ansatz der qualitativen Freizeitforschung potenziert individuelle Phantasiearbeit und kreative Leistungsfähigkeit (kollektive Kreativierung) und regt zur gemeinsamen aktiven Problemlösung an. Die Teilnehmer lockern sich und relaxen, gehen in der Gruppe aus sich heraus und geben (teilweise) ihr Rollenbewußtsein auf (vgl. Abb. 55 ,,Methoden zur Untersuchung von Freizeitproblemen").

Resümee: Die tiefenpsychologisch-gruppendynamischen Analysemethoden der qualitativen Freizeitforschung bieten sich als *Ergänzung* zu herkömmlichen Untersuchungs- und Befragungsmethoden an, insbesondere dort, wo man auf Bewußtseinsschranken (z.B. Tabus) oder Sprachbarrieren stößt oder wo Rollen- und Prestigedenken die Auseinandersetzung blockieren.

Zur Erreichung dieses Ziels müssen unterschiedliche verbale und non-verbale Techniken angewendet werden wie z.B.

Non-verbale Techniken
— Collagen
— Kollektives Malen
— Masken gestalten
— Pantomimen usw.

Verbale Techniken
— Sketche, Rollenspiele
— Phantasiereisen
— Tagträume
— Assoziationsübungen usw.

Dazwischen werden verschiedene gruppendynamische Übungen eingesetzt mit dem Ziel, die Teilnehmer zu entspannen, zu sensibilisieren und zu konzentrieren.

5.6 Zusammenfassung und Ausblick

Psychologie und Soziologie der Freizeit sind kein Stiefkind empirischer Forschung mehr. Die Stagnation in den Theorie- und Forschungsansätzen ist überwunden. Auch begriffsakrobatische Pflichtübungen gehören der Vergangenheit an.

> Pragmatik und Praktikabilität bestimmen die Diskussion: Freizeit ist das, was die Mehrheit der Bevölkerung als Freizeit empfindet — im Gegensatz zu den 60er und 70er Jahren, in denen es so viele Definitionen wie Autoren gab.

Jede Zeit hat ihre eigene Forschung. Fünf Phasen der Freizeitforschung zeichnen sich ab:

○ In den 50er Jahren entwickelte sich eine anthropologisch und kulturphilosophisch bestimmte Freizeitdiskussion.
○ In den 60er Jahren sorgten Soziologie und Ökonomie für Grundlagendaten in der Freizeitforschung.
○ In den 70er Jahren gaben — im Gefolge der 68er Zeit — Pädagogik und Politik den Ton an. Freizeitpädagogische und freizeitpolitische Programme wurden auf breiter Ebene diskutiert.
○ In den 80er Jahren gingen wesentliche Impulse der Freizeitforschung von der Psychologie und Ökologie aus. Freizeitforschung war immer auch qua-

Abb. 55:

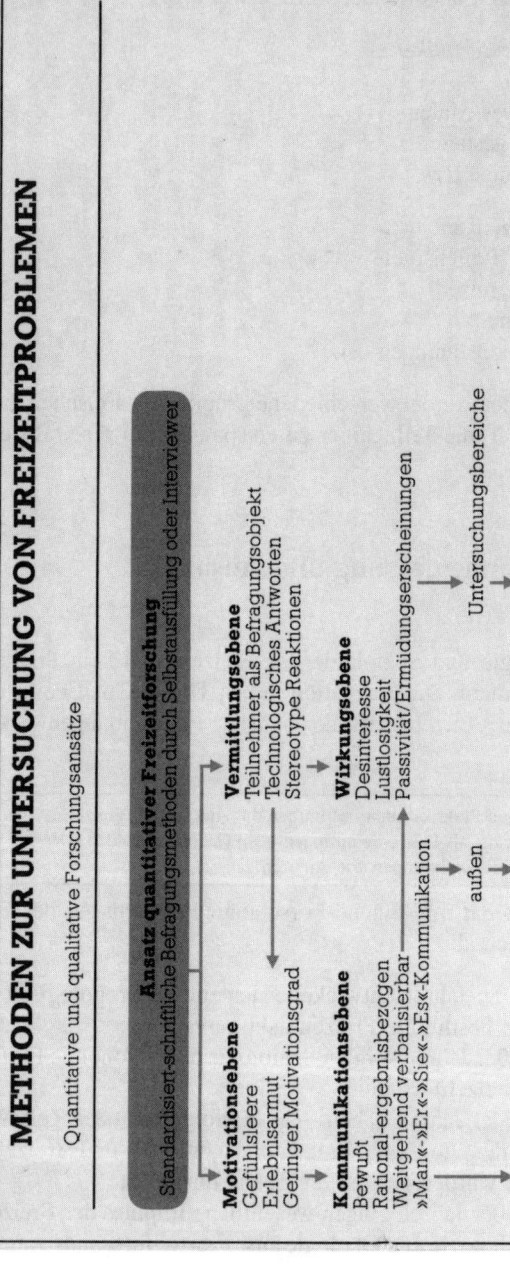

METHODEN ZUR UNTERSUCHUNG VON FREIZEITPROBLEMEN

Quantitative und qualitative Forschungsansätze

Ansatz quantitativer Freizeitforschung
Standardisiert-schriftliche Befragungsmethoden durch Selbstausfüllung oder Interviewer

Vermittlungsebene
Teilnehmer als Befragungsobjekt
Technologisches Antworten
Stereotype Reaktionen

Wirkungsebene
Desinteresse
Lustlosigkeit
Passivität/Ermüdungserscheinungen

Untersuchungsbereiche

Motivationsebene
Gefühlsleere
Erlebnisarmut
Geringer Motivationsgrad

Kommunikationsebene
Bewußt
Rational-ergebnisbezogen
Weitgehend verbalisierbar
»Man«-»Er«-»Sie«-»Es«-Kommunikation

außen

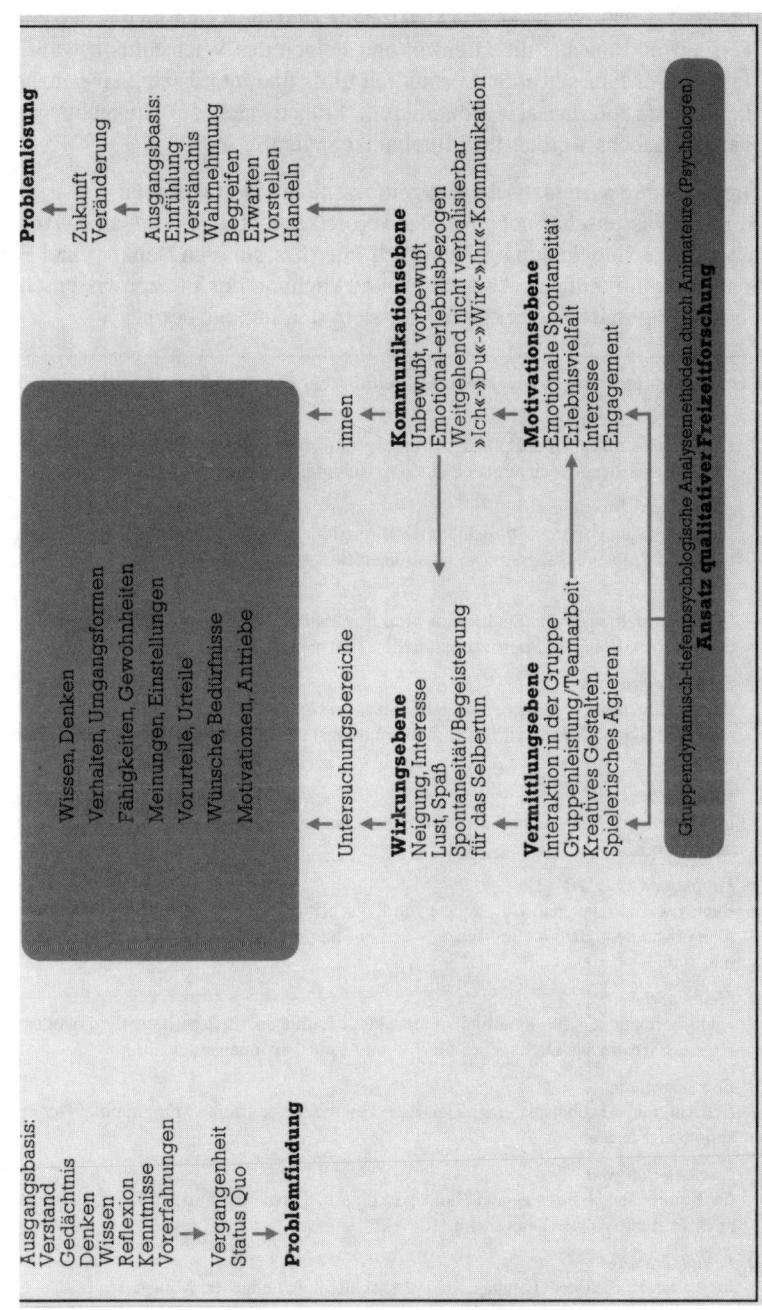

○ litative Forschung, deckte die Diskrepanz zwischen Wunsch und Wirklichkeit auf und machte die Grenzen und Folgen des Wachstums bewußt.

○ In den 90er Jahren werden vermutlich Ethik und interdisziplinär-ganzheitliche Forschungsansätze dominieren. Fragen nach der Sinngebung des ganzen Lebens werden im Mittelpunkt stehen.

Dreißig Jahre systematische Freizeitforschung sind nicht folgenlos geblieben. Einzelwissenschaftliche Ansätze verdichten sich immer mehr. Zwar stehen wir in der Entwicklung ganzheitlich-interdisziplinären Denkens und Forschens noch am Anfang. Aber die Verwirklichung der Freizeitwissenschaft als interdisziplinäre Freizeitforschung steht unmittelbar bevor.

Was machen und wozu braucht man Freizeitforscher eigentlich?

1. *Grundlagenforschung*
   Disziplinäre und interdisziplinäre Grundlagenforschung; Zeitbudgetforschung; Repräsentativerhebungen; Zeitvergleichsstudien; Zukunftsforschung u.a.

2. *Angewandte Forschung*
   Begleitforschung in Praxisprojekten; Handlungsforschung; Projektstudien; Problemanalysen und Problemlösungsansätze; Basisdaten/Basisstudien für die praktische Arbeit u.a.

3. *Lehrtätigkeit*
   Lehrveranstaltungen für Studierende freizeitrelevanter Studiengänge (Pädagogen, Psychologen, Soziologen, Sportwissenschaftler, Betriebswirtschaftler u.a.)

4. *Fortbildungstätigkeit*
   Fortbildung von Lehrern, Seelsorgern, Sozialpädagogen, Erwachsenenbildnern, Kommunalpolitikern, Managern, Fach- und Führungskräften im Freizeit- und Touristikbereich u.a.

5. *Vortragstätigkeit*
   in Akademien, Volkshochschulen, Fachhochschulen, Universitäten, Verbänden, Unternehmen u.a.

6. *Publikationstätigkeit*
   Buchveröffentlichungen; Herausgabe von Zeitschriften, Forschungsstudien, Lehrbriefen für Fernstudien; Beiträge in Fachzeitschriften, Sammelwerken, Lexika, Enzyklopädien u.a.

7. *Medientätigkeit*
   Fachinformationen für Rundfunk, Fernsehen, Zeitungen, Zeitschriften; Radiokollegs; Exposés/Treatments/Drehbücher für TV- und Film-Dokumentationen u.a.

8. *Praxisberatung*
   Bedarfs- und Angebotsplanung, Zielgruppenanalysen, -konzepte, -programme; Qualifikationsprofile u.a.

9. *Gutachtertätigkeit*
   für Kommunen, Industrie- und Handelskammern, Forschungsförderungsorganisationen (z.B. Stiftung Volkswagenwerk) u.a.

10. *Politikberatung*
    für Parteien, Politiker, Landtage, Gewerkschaften, Arbeitgeber, Ministerien u.a.

Literaturverzeichnis

Kapitel 1: Freizeiterleben zwischen Wunsch und Wirklichkeit

Donald, M.N., u. R.J. Havighurst: Die subjektiven Bedeutungen der freien Zeit. In: R. Schmitz-Scherzer (Hrsg.): Freizeit, Frankfurt/M. 1974, S. 358-368

Eichler, G.: Spiel und Arbeit. Zur Theorie der Freizeit, Stuttgart-Bad Cannstatt 1979

Giegler, H.: Dimensionen und Determinanten der Freizeit, Opladen 1982

Hanhart, D.: Arbeiter in der Freizeit. Eine sozialpsychologische Untersuchung, Bern/Stuttgart 1964

Lehr, U.: Freizeit aus psychologischer Sicht. Der Mensch und seine Freizeit, Berlin 1961

Lüdtke, H.: Jugendliche in organisierter Freizeit. Ihr soziales Motivations- und Orientierungsfeld als Variable des inneren Systems von Jugendfreizeitheimen, Weinheim/Basel 1972

Meyer-Abich, K.M., u. D. Birnbacher: Was braucht der Mensch, um glücklich zu sein? Bedürfnisforschung und Konsumkritik, München 1979

Neulinger, J.: The psychology of leisure, Springfield/Ill. 1974

Postman, N.: Wir amüsieren uns zu Tode, Frankfurt/M. 1985

Rosenmayr, L.: Illusion und Realität in der Freizeit. In: E.K. Scheuch/R. Meyersohn (Hrsg.): Soziologie der Freizeit, Köln 1972

Scitovsky, T.: Psychologie des Wohlstands („The Joyless Economy", 1976), Frankfurt/M. 1977

Schmidtchen, G.: Neue Technik, neue Arbeitsmoral. Eine sozialpsychologische Untersuchung über die Motivation in der Metallindustrie, Köln 1984

Schmitz-Scherzer, R.: Sozialpsychologie der Freizeit, Stuttgart 1974

Schmitz-Scherzer, R.: Freizeitpsychologie. In: R. Asanger/G. Wenninger (Hrsg.): Handwörterbuch der Psychologie, Weinheim/Basel 1980, S. 150-154

Thomae, H.: Beziehungen zwischen Freizeitverhalten, sozialen Faktoren und Persönlichkeitsstruktur. In: R. Schmitz-Scherzer (Hrsg.): Freizeit, Frankfurt/M. 1974, S. 349-357

Tokarski, W.: Aspekte des Arbeitserlebens als Faktoren des Freizeiterlebens, Frankfurt a.M./Bern/Las Vegas 1979

Winter, G.: Psychologische Beiträge zu einer Theorie der Freizeit. In: F.G. Vahsen (Hrsg.): Beiträge zur Theorie und Praxis der Freizeitpädagogik, Hildesheim 1983, S. 151-176

Kapitel 2: Empirische Daten zur Freizeit

B.A.T Freizeit-Forschungsinstitut/Deutsche Gesellschaft für Freizeit: Handbuch Freizeit-Daten, Hamburg/Düsseldorf 1982

B.A.T Freizeit-Forschungsinstitut: Zukunftsfaktor Freizeit, Hamburg 1986

Deutsche Gesellschaft für Freizeit: Freizeit Lexikon (Bearb. S. Agricola), Ostfildern 1986

Deutsche Gesellschaft für Freizeit/B.A.T Freizeit-Forschungsinstitut: Quo vadis, Freizeit?, Düsseldorf/Hamburg 1987

Opaschowski, H.W.: Konsum in der Freizeit (Band 7 der B.A.T Schriftenreihe zur Freizeitforschung), Hamburg 1987

Opaschowski, H.W.: Sport in der Freizeit (Band 8 der B.A.T Schriftenreihe zur Freizeitforschung), Hamburg 1987
Opaschowski, H.W.: Wie leben wir nach dem Jahr 2000? Szenarien über die Zukunft von Arbeit und Freizeit (B.A.T Projektstudie), 2. Aufl., Hamburg 1988
Parker, S.: The sociology of leisure, London 1976
Prahl, H.-W.: Freizeitsoziologie, München 1977
Rosner, A.: Beiträge zur Soziologie der Freizeit, Diss. Köln 1974
Scheuch, E.K./B. Meyersohn (Hrsg.): Soziologie der Freizeit, Köln 1972
Scheuch, E.K.: Soziologie der Freizeit. In: R. König (Hrsg.): Handbuch der empirischen Sozialforschung, Band 11, 3. Auflage, Stuttgart 1977
Tokarski, W./R. Schmitz-Scherzer: Freizeit, Stuttgart 1985
Uttlitz, P.: Freizeitverhalten im Wandel, Diss. Köln 1985

Kapitel 3: Freizeit in verschiedenen Lebensaltern

3.1 Freizeit in der Familie

Brocher, T.: Einsamkeit in der Zweisamkeit, In: H.J. Schultz (Hrsg.): Einsamkeit, Stuttgart 1980, S. 162-172
Opaschowski, H.W.: Probleme im Umgang mit der Freizeit (Band 1 der B.A.T Schriftenreihe zur Freizeitforschung), 2. Aufl., Hamburg 1986
Riesman, D.: Die einsame Masse, Hamburg 1958
Seifert, F.: Lernen, sich selbst zu ertragen. In: psychologie heute 7/2 (1980), S. 24-25
Willi, J.: Therapie der Zweierbeziehung, Reinbek b. Hamburg 1978

3.2 Allein in der Freizeit

Cox, H.: Stadt ohne Gott? Stuttgart/Berlin 1971
Datzer, R.: Reiseart: Organisierte Rund- und Studienreise. In: Der Fremdenverkehr/Das Reisebüro 4 (1980), S. 5-7
Dittrich, G.G. (Hrsg.): Wohnen Alleinstehender, Stuttgart 1972
GETAS (Gesellschaft für angewandte Sozialpsychologie): Motivation, Lebensgefühl, Lebensgestaltung von Alleinlebenden. In: H. Schreiber: Singles, München 1978, S. 235-320
Hachmann, H.: Urlaub — Station einer Sehnsucht? Das Reiseverhalten unverheirateter Frauen. In: Der Fremdenverkehr 11 (1977), S. 10-18
Hahn, H.: Alleinreisende. In: Loccumer Protokolle 18 (1977), S. 3-6
Lemaire, J.G.: Leben als Paar, Olten/Freiburg 1980
Loccumer Protokolle: Themenheft ,,Allein im Urlaub" (Loccumer Tourismus-Tagung 1977), Heft 18 (1977)
Opaschowski, H.W.: Allein in der Freizeit (Band 2 der B.A.T Schriftenreihe zur Freizeitforschung), 2. Auflage, Hamburg 1986
Schmitz-Bunse, W.: Verlust des Partners. In: H.J. Schultz (Hrsg.): Einsamkeit, Stuttgart 1980, S. 216-227
Schreiber, H.: Singles. Allein leben. Besser als zu zweit?, München 1978
Tubbesing, I.: Eine verschworene Gemeinschaft. in: DIE ZEIT Nr. 36, Hamburg 29. August 1980, S. 41

3.3 Freizeit im Ruhestand

Attias-Donfut, C.: Freizeit, Lebensablauf und Generationenbildung. In: L. Rosenmayr (Hrsg.): Die menschlichen Lebensalter, München 1978, S. 354-375

Blaschke, D., u. J. Franke: Freizeitverhalten älterer Menschen. Exemplarische Untersuchung zur interdisziplinären Gerontologie im Rahmen eines Modellversuchs, Stuttgart 1982

Deutsches Zentrum für Altersfragen e.V. (Hrsg.): Alltag in der Seniorenfreizeitstätte. Soziologische Untersuchungen zur Lebenswelt älterer Menschen, Berlin 1983

Friedemann, P., u. S. Weimer: Arbeitnehmer zwischen Erwerbstätigkeit und Ruhestand, Frankfurt a.M./New York 1982

Lubnau, E., u. E. Siggelkow: Das Freizeitproblem alter Menschen. In: Zeitschrift für Alternsforschung 34/3 (1979), S. 231-235

Opaschowski, H.W.. Freizeit im Ruhestand (Band 5 der B.A.T Schriftenreihe zur Freizeitforschung), Hamburg 1984

Schmitz-Scherzer, R.: Alter und Freizeit, Stuttgart/Berlin/Köln/Mainz 1975

Schmitz-Scherzer, R.: Pensionierung und Freizeit. In: F. Stoll (Hrsg.): Kindlers Psychologie des 20. Jahrhunderts (Arbeit und Beruf, Band 2), Weinheim/Basel 1983, S. 566-587

Tokarski, W., u. R. Schmitz-Scherzer: Alter: Leben ohne Arbeit — Leben für die Freizeit? In: Öffentliches Gesundheits-Wesen 45 (1983), S. 7-11

Kapitel 4: Psychosoziale Probleme der Freizeit

4.1 Vereinsamung

B.A.T Freizeit-Forschungsinstitut: Repräsentativumfrage ,,Vereinsamung in der Freizeit``, Hamburg 17. September 1986

Binder, W.: Einsamkeit als Thema der Literatur. In: H.J. Schultz (Hrsg.): Einsamkeit, Stuttgart 1980, S. 92-104

Bitter, W. (Hrsg.): Einsamkeit in medizinisch-psychologischer, theologischer und soziologischer Sicht, Stuttgart 1967

Brocher, T.: Einsamkeit in der Zweisamkeit. In: H J Schultz (Hrsg.): Einsamkcit, Stuttgart 1980, S. 162-172

Bungard, W.: Isolation und Einsamkeit im Alter, Köln 1975

Burckhardt, L.: Familie und Wohnung — zwei anpassungsfähige Systeme. In: Bauwelt 9 (1975)

Dreitzel, H.P.: Einsamkeit als soziologisches Problem, In: Wissenschaft und Praxis in Kirche und Gesellschaft 59 (1970)

Graf von Merveldt, D.: Großstädtische Kommunikationsmuster, Köln 1971

Gripp, H.: Einsamkeit als gesellschaftliches Phänomen. In: Loccumer Protokolle 18 (1977), S. 21-33

Gronemeyer, R., u. H.E. Bahr (Hrsg.): Nachbarschaft im Neubaublock, Weinheim/Basel 1977

Heil, K.: Kommunikation und Entfremdung, Stuttgart 1971

Jungk, R.: Mechanismen der Trennung. In: H.J. Schultz (Hrsg.): Einsamkeit, Stuttgart 1980, S. 124-134

Krantzler, M.: Der Weg aus dem Scheidungsschock, Bern/München/Wien 1975

Lotz, J.B.: Von der Einsamkeit des Menschen, Frankfurt/M. 1957

Mehrabian, A.: Räume des Alltags oder wie die Umwelt unser Verhalten bestimmt, Frankfurt a.M./New York 1978

Parkes, C.M.: Vereinsamung. Die Lebenskrise bei Partnerverlust, Reinbek bei Hamburg 1978

Richter, H.E.: Patient Familie, Reinbek bei Hamburg 1970

Riesman, D.: Die einsame Masse (The Lonely Crowd, 1950), Darmstadt 1958

Rubinstein, C./P. Shaver/L.A. Peplau: Einsamkeit: Die Kluft zwischen Wunsch und Wirklichkeit. In: psychologie heute 7/2 (1980), S. 27-33

Schultz, H.J. (Hrsg.): Einsamkeit, Stuttgart 1980

Schwedler, W.: Lauern aufs Stichwort. In: DIE ZEIT Nr. 50 v. 7. Dezember 1984

Seidmann, P.: Tiefenpsychologische Konfliktanalyse von Partnerproblemen, München 1979

Shorter, E.: Die Geburt der modernen Familie, Reinbek bei Hamburg 1977

Tanner, I.J.: Nie mehr einsam sein! Rüschlikon-Zürich 1975

Wenke, B.: Vereinsamung im Alter. In: H.J. Schultz (Hrsg.): Einsamkeit, Stuttgart 1980, S. 188-201

Willi, J.: Die Zweierbeziehung, Reinbek bei Hamburg 1975

4.2 Langeweile

Auer, A.: Ethos der Freizeit, Düsseldorf 1972

Becker, R. (Hrsg.): Die freie Zeit. Probleme der Freizeit in der Industriegesellschaft (VI. Europäisches Gespräch vom 24. bis 27. Juni 1957 i.A. des Dt. Gewerkschaftsbundes), Düsseldorf 1958

Bell, D.: Die Zukunft der westlichen Welt, Frankfurt/M. 1976

Bertaux, P.: Mutation der Menschheit. Zukunft und Lebenssinn, Frankfurt/M. 1979

Boesch, E.E.: Psychopathologie des Alltags, Bern/Stuttgart/Wien 1976

Bleistein, R.: Therapie der Langeweile, Freiburg i.Br. 1973

Bleistein, R.: Freizeit — wofür?, Würzburg 1978

Bleistein, R.: Freizeit ohne Langeweile, Freiburg i.Br. 1982

Bovet, T.: Zeit haben und frei sein, Hamburg 1970

Breitenstein, R.: Die große Hoffnung, Düsseldorf/Wien 1980

Eisenreich, H.: Das Leben als Freizeit, Düsseldorf 1976

Keen, S.: Sich Zeit nehmen für die Langeweile. In: Lebenswandel. Die Veränderungen des Alltags, Basel 1981, S. 87-94

Kierkegaard, S.: Entweder/Oder, 1. Teil, Düsseldorf 1956

Müller, E.H.: Erfüllte Gegenwart und Langeweile, Heidelberg 1969

Opaschowski, H.W.: Im Anfang war die Langeweile. In: Ders.: Probleme im Umgang mit der Freizeit (Band 1 der B.A.T-Schriftenreihe zur Freizeitforschung), Hamburg 1980, S. 11-13

Opaschowski, H.W.: Langeweile: Zur Freizeit verurteilt? In: Animation, Heft 1 (1983), S. 2-7

Opaschowski, H.W.: Das Fernsehen der 80er Jahre. Langeweileverursacher oder Langeweileverhinderer? In: Animation, Heft 3 (1983)

Pascal, B.: Pensées. Hrsg. v. L. Chevalier, Heidelberg 1954

Patrick, G.: Langeweileklinik: Vorbereitung auf Freizeitberatung im Psychiatrischen Zentrum von Portsmouth, unveröff. Manuskript, Portsmouth/Virginia 1978

Peccei, A.: Einführung. In: Berichte an den Club of Rome. Der Weg ins 21. Jahrhundert, München 1983

Revers, W.J.: Die Psychologie der Langeweile, Meisenheim 1949

Seifert, T.: Lernen, sich selbst zu ertragen. In: psychologie heute 7/2 (1980), S. 24-25

Themenheft „Langeweile". In: psychologie heute 7/10 (Oktober 1980)

Vagt, G., u. W. Kraschinski: Dimensionen und Korrelate subjektiver Probleme mit der Freizeit bei Erwachsenen. In: Zeitschrift für Sozialpsychologie 9 (1979), S. 257-265

Völker, L.: Langeweile, München 1975

4.3 Streß

Cooper, C.L.: Streßbewältigung: Person, Familie, Beruf, München/Wien/Baltimore 1981

Elias, N.: Über die Zeit. Arbeiten zur Wissenssoziologie. Hrsg. v. M. Schröter, Frankfurt/M. 1985²

Filipp, S.-H. (Hrsg.): Kritische Lebensereignisse, München/Wien/Baltimore 1981

Fromm, E.: Die Revolution der Hoffnung, Reinbek bei Hamburg 1974

Fromm, E.: Haben oder Sein. Die seelischen Grundlagen einer neuen Gesellschaft, München 1979

Gehlen, A.: Das gestörte Zeit-Bewußtsein. In: Merkur, Jg. XVII (1963), S. 313-321

Geißler, K.A.: Zeit leben. Vom Hasten und Rasten, Arbeiten und Leben, Leben und Sterben, Weinheim/Basel 1985

Gray, J.: Angst und Streß. Entstehung und Überwindung von Neurosen und Frustrationen, München 1971

Hohn, H.-W.: Die Zerstörung der Zeit. Wie aus einem göttlichen Gut eine Handelsware wurde, Frankfurt/M. 1984

Katschnig, H. (Hrsg.): Sozialer Streß und psychische Erkrankung. In: Fortschritte der Sozialpsychiatrie, Band 5 (1980)

Knobloch, J.: Streß und Streßanfälligkeit. Eine psychophysiologische Untersuchung an Sportlern und Nichtsportlern, Diss. Univ. Freiburg i.Br. 1977

Lazarus, R.S.: Der kleine Ärger, der krank macht. In: psychologie heute 3 (1982), S. 46-49

Le Goff, J.: Für ein anderes Mittelalter. Zeit, Arbeit und Kultur im Europa des 5.-15. Jahrhunderts, Wien 1984

Lindemann, H.: Überleben im Streß. Autogenes Training, München 1973

Linder, S.B.: Warum wir keine Zeit mehr haben, Frankfurt/M. 1973

Mackenzie, R.A.: Die Zeitfalle. Sinnvolle Zeiteinteilung und Zeitnutzung („The time trap", New York 1972), Heidelberg 1977

Müller-Wichmann, Chr.: Zeitnot. Untersuchungen zum „Freizeitproblem" und seiner pädagogischen Zugänglichkeit, Weinheim/Basel 1984

Nitsch, J.R. (Hrsg.): Streß. Theorien, Untersuchungen, Maßnahmen, Bern 1981

Opaschowski, H.W.: Freie Zeit ist Bürgerrecht. Plädoyer für eine Neubewertung von ‚Arbeit' und ‚Freizeit'. In: Aus Politik und Zeitgeschichte. Beilage zur Wochenzeitung ‚Das Parlament' B 40/74, 5. Oktober 1974, S. 18-38

Orendi, B.: Streßbewältigung — Möglichkeiten und Grenzen. In: psychosozial Heft 1 (1982), S. 55-66

Rinderspacher, J.P.: Gesellschaft ohne Zeit. Industrielle Zeitverwendung und soziale Organisation der Arbeit, New York 1985

Selye, H.: Streß beherrscht unser Leben, Düsseldorf 1957

Soule, G.: Mehr Zeit zum Leben (,,Time for Living", 1955), Frankfurt/M. 1956
Streß. Probleme und Forschungsergebnisse (Schwerpunktthema). In: psychosozial. Zeitschrift für Analyse, Prävention und Therapie psychosozialer Konflikte und Krankheiten, Heft 1 (1982)
Tschakert, R.: Zur streßmodifizierenden Bedeutung der sozialen Situation. In: J.R. Nitsch (Hrsg.): Streß, Bern 1981, S. 546-561
Vester, F.: Phänomen Streß. Wo liegt sein Ursprung, warum ist er lebenswichtig, wodurch ist er entartet?, Stuttgart 1978
Wendorf, R.: Zeit und Kultur. Geschichte des Zeitbewußtseins in Europa, Opladen 1980

4.4 Gesundheitsrisiko

Ammon, G.: Arbeit macht krank — Freizeit auch. In: X-Magazin 3/8 (1971), S. 26-31
B.A.T Freizeit-Forschungsinstitut: Repräsentativumfrage ,,Macht Freizeit krank?", Hamburg 26. August 1986
Berghold, F.: Schwere und tödliche Skiunfälle — Das Problem der Pistensicherung und des Pistenrandes. In: DSV Skischule 4-1/86
Berghold, F.: Das Verletzungsrisiko beim Skisport. In: DSV Skischule 1 (1986), 4-1/86
Gläser, H.: Veränderungen und Tendenzen im Ski-Unfallgeschehen. In: DSV Skischule 1 (1986), 1-1/86
Grunow-Lutter, V./W. Nahrstedt: Freizeitberatung. Konzepte und Modelle, Baltmannsweiler 1982
Hauser, J.A.: Ansatz zu einer ganzheitlichen Theorie der Sterblichkeit. In: Zeitschrift für Bevölkerungswissenschaft 9/2 (1983), S. 159-186
Hauser, J.A.: Von der Gesundheitspolitik zur Politik der Gesundheit. In: Neue Zürcher Zeitung v. 11. November 1983
Pfund, K.: Bedeutung und Charakteristik von Heim- und Freizeitunfällen. Ergebnisse von 90.000 Haushaltsbefragungen. Hrsg. v. HUK/Verband der Haftpflichtversicherer, Unfallversicherer, Autoversicherer und Rechtsschutzversicherer e.V., Köln 1985
Thürauf, J.: Gesundheitswidriges Eigenverhalten. Ausmaß und Bedeutung. In: Zbl. Bakt. Hyg., Orig. B. 178 (1984), S. 417-431
Thürauf, J.: Freizeit-Krankheiten und freizeittypische Unfälle. In: Deutsches Ärzteblatt 76/9 (27. Februar 1985), S. 588 ff.
Thürauf, J.: Freizeitkrankheiten und Freizeitunfälle. In: moderne praxis 6/1-2 (1986), S. 6-9

Kapitel 5: Freizeit als Gegenstand der Forschung

Andritzky, W.: Die Zeitbudgeterhebung als Instrument der Freizeitplanung. In: Analysen und Prognosen (1977), S. 13-16
Dahlmüller, G. (u.a.): Freizeit und Medienkonsum. In: Ders. (u.a.): Politische Fernsehfibel, Reinbek bei Hamburg 1974
Eichler, G.: Spiel und Arbeit, Stuttgart-Bad Cannstatt 1979
Föppl, Chr.: Halbe Arbeit — Doppelter Lohn, Düsseldorf 1973
Jütting, D.M.: Freizeit und Erwachsenensport, München/Basel 1976
Lüdtke, H.: Freizeit in der Industriegesellschaft, Opladen 1972
Lüdtke, H. (u.a.): Methoden der Freizeitforschung, Opladen 1986

Lundberg, G.M. (u.a.): Leisure. A suburban Study, New York 1934

Nauck, B.: Konkurrierende Freizeitdefinitionen und ihre Auswirkungen auf die Forschungspraxis der Freizeitsoziologie. In: Kölner Zeitschrift für Soziologie und Sozialpsychologie 39/2 (1983)

Opaschowski, H.W.: Freizeitforschung ohne soziale Phantansie. In: Frankfurter Hefte 5 (1973), S. 347-356

Opaschowski, H.W.: Freizeittheoretische Ansätze. In: ,,Das Parlament", Bonn 9. August 1975

Opaschowski, H.W.: Freizeitwissenschaftliche Hochschulforschung. In: Ders.: Pädagogik der Freizeit, Bad Heilbrunn 1976, S. 240-242

Opaschowski, H.W.: Analysemethoden in der qualitativen Freizeitforschung. In: Ders.: Probleme im Umgang mit der Freizeit, Hamburg 1980, S. 29-32

Scheuch, E.K.: Soziologie der Freizeit. In: Handbuch der empirischen Sozialforschung, Stuttgart 1977, S. 1-92

Schmitz-Scherzer, R.: Sozialpsychologie der Freizeit, Stuttgart 1974

Schmitz-Scherzer, R., u. G. Rüdinger: Anmerkungen zu einigen methodischen Problemen in der Freizeitforschung. In: R. Schmitz-Scherzer (Hrsg.): Freizeit, Frankfurt/M. 1974, S. 7-14

Tokarski, W., u. R. Schmitz-Scherzer: Die Suche nach neuen Wegen. Zum Stand der Freizeitforschung. In: Lüdtke, a.a.O., S. 21-26

Winter, G.: Traditionen, Sackgassen und neue Möglichkeiten der Freizeitforschung. In: Lüdtke, a.a.O., S. 27-56.

Neuerscheinung

Helmut E. Lück
Psychologie sozialer Prozesse

Eine Einführung zum Selbststudium der
Sozialpsychologie
2., überarbeitete Auflage. 240 Seiten.
Kart. 24,80 DM.
ISBN: 3-8100-0626-2
Gebunden 39,- DM.
ISBN: 3-8100-0675-0

Nicht nur unser Wissen und Denken,
sondern auch unser Fühlen und Handeln
werden wesentlich durch soziale Einflüsse bestimmt. Diese Einflüsse anschaulich werden zu lassen, zu untersu-
chen und zu Theo-
rien zu integrieren, ist Aufgabe der Sozialpsychologie und Inhalt dieses
Buches.

Ausgehend von einigen typischen
und zum Teil bahnbrechenden Untersuchungen schildert der Verfasser Studien
zur sozialen Isolation, zur sozialen Interaktion, zu Gruppenprozessen, Organisationen und schließlich zu Massen- und
sozialen Bewegungen. Dabei orientiert
er sich sowohl an Alltagserfahrungen
und -beobachtungen als auch an markan-
ten Forschungsergebnissen. Daran
schließt sich die Entwicklung von Mo-
dellen und Theorien an. Die Themen-
auswahl ist nicht zuletzt an dem möglichen praktischen Nutzen für den Leser
orientiert.

Aus dem Inhalt:
1. **Soziale Isolation und Gesellungsstreben**
   Soziale Prozesse durch Untersu-
   chungsbeispiele dargestellt — The-
   matische Eingrenzung — Soziale Isolation und Gesellungsstreben.
2. **Kommunikations- und
   Interaktionsprozesse**
   Soziale Aktivierung — Berührung,
   Distanz und Blickkontakt — Körper-
   haltung, Gestik und Mimik — Kom-
   munikation, Interaktion, Sprache —
   Gesprächsführung.
3. **Gruppenprozesse**
   Einige typische Gruppenprozesse —
   Erfassung von Gruppenprozessen —
   Beziehungen zwischen Gruppen —
   Massen, Mengen, soziale Bewe-
   gungen.
4. **Soziale Prozesse in Organisationen**
   Führungsprobleme — Motivation und
   Arbeitszufriedenheit —
   Organisationsentwicklung.

Leske + Budrich